W&G
anwenden und verstehen

D1696081

W&G
anwenden und verstehen

Wirtschaft und Gesellschaft
B-Profil
Theorie und Aufgaben

2. Semester

VERLAG:SKV | kv bildungsgruppe schweiz

Team

Dieses Lehrmittel ist ein Gemeinschaftswerk von ausgewiesenen Lehrpersonen mit jahrelanger Praxis in Schule und Betrieb. Aktuell zeichnet sich folgendes Team für die Inhalte verantwortlich.

Finanzwirtschaftliche Zusammenhänge

Dr. Daniela Fluder verfügt über langjährige Lehrerfahrung als Handelslehrerin und Dozentin Weiterbildung, u.a. an der Wirtschaftsschule KV Zürich.

Betriebswirtschaftliche Zusammenhänge

Karin Wild, Handelslehrerin, Handelsschule KV Basel

Recht und Staat

Dominik Müller, Handelslehrer, Leiter Berufsmaturität BM, WKS KV Bildung Bern

Gesamtwirtschaftliche und gesellschaftliche Zusammenhänge

Corinne Sylla, Handelslehrerin, KV Zürich

Prof. Dr. Roman Dörig wirkte als wissenschaftlicher Berater in fachlicher und methodisch-didaktischer Hinsicht mit und war Dozent am Institut für Angewandte Medienwissenschaft (IAM) an der Zürcher Hochschule für Angewandte Wissenschaften (ZHAW) sowie Privatdozent an der Universität St. Gallen.

Haben Sie Fragen, Anregungen, Rückmeldungen oder Kritik?
Kontaktieren Sie uns unter feedback@verlagskv.ch.
Das Autorenteam freut sich auf Ihr Feedback.

6. Auflage 2021
Bundle ohne Lösungen: ISBN 978-3-286-34616-1
Bundle mit digitalen Lösungen: ISBN 978-3-286-34876-9
© Verlag SKV AG, Zürich
   www.verlagskv.ch

Alle Rechte vorbehalten.
Ohne Genehmigung des Verlags ist es nicht gestattet,
das Buch oder Teile daraus in irgendeiner Form zu reproduzieren.
Projektleitung: Jeannine Tresch
Umschlagbild: Shutterstock

Zu diesem Buch

Konzept

Das Lehrmittel «W&G anwenden und verstehen» zeichnet sich durch folgende Punkte aus:

- exakt abgestimmt auf die Inhalte und die Semesterreihung gemäss Bildungsplan (BIVO 2012)
- pro Semester ein Band
- im Theorie- und Aufgabenteil konsequent nach Lernschritten aufgebaut
- verständlich formuliert mit anschaulichen Strukturdarstellungen
- mit vielen Zusatzaufgaben für den differenzierten Unterricht oder das individuelle Lernen
- als gebundenes Lehrmittel oder in Ordnerform einsetzbar
- vielfältige digitale Begleitmaterialien (Enhanced Book, Wissens-Check etc.) für Lehrpersonen und Lernende

Aufbau

Das Lehrmittel ist unterteilt in vier Fachbereiche, entsprechend den Richtzielen des Bildungsplans:

1.5.1 **Finanzwirtschaftliche Zusammenhänge (FWZ)**
1.5.2 **Betriebswirtschaftliche Zusammenhänge (BWZ)**
1.5.3 **Recht und Staat (R&S)**
1.5.4 **Gesamtwirtschaftliche und gesellschaftliche Zusammenhänge (GWZ)**

Mit der Erarbeitung der Theorie und dem Lösen aller Aufgaben eines Bandes ist sichergestellt, dass die Leistungsziele eines Semesters umfassend behandelt und geübt werden.
Eine Inhaltsübersicht über alle Semesterbände steht den Lehrpersonen im Bookshelf zur Verfügung. Der sechste Semesterband enthält eine zielgerichtete Repetition als Vorbereitung auf die Abschlussprüfung.

Aufgabensystematik

Der systematische Aufbau von Theorie und Aufgaben in Lernschritten erlaubt, die Lerninhalte deduktiv oder induktiv zu vermitteln.

Aufgabentyp	Beschreibung
Einführend	Nach Lernschritten geordnete Aufgaben, die ins Leistungsziel einführen
Weiterführend	Nach Lernschritten geordnete Aufgaben, die der Festigung und Automatisierung dienen
Kontrollfragen	Wissensfragen, welche mithilfe des Theorieteils selbstständig gelöst werden können (mit Lösungen)
Zusatz	Nach Lernschritten geordnete Zusatzaufgaben (mit Lösungen), welche der Repetition, der individuellen Förderung und dem differenzierten Unterricht dienen

Kontrollfragen und Zusatzaufgaben stehen digital zur Verfügung und können selbstständig gelöst sowie kontrolliert werden.

Begleitmaterialien

Im Bundle sind vielfältige digitale Begleitmaterialien inklusive: Mit dem Enhanced Book steht beispielsweise das gesamte Lehrmittel digital mit diversen Zusatzfunktionen und Hilfsmitteln zur Verfügung. Die Begleitmaterialien können mit beiliegendem Lizenzschlüssel unter **bookshelf.verlagskv.ch** aktiviert werden.

Lernortkooperation

Der konsequente Aufbau des Lehrmittels nach den schulischen Leistungszielen gemäss Bildungsplan ermöglicht eine direkte Verknüpfung mit den betrieblichen Leistungszielen. Das Enhanced Book kann als Plattform für eine aktive Lernortkooperation dienen. Es ermöglicht, z.B. in den Überbetrieblichen Kursen (ÜK) auf dem Schulstoff aufbauend die betrieblichen Leistungsziele zu vertiefen und mit Beispielen aus Branche und Betrieb anzureichern. Umgekehrt kann in der Schule das im ÜK erworbene praktische Wissen direkt einfliessen.

Aktualisierung der Inhalte

Das Lehrmittel wird regelmässig überarbeitet und weiterentwickelt. Neuerungen respektive Änderungen in Bezug auf die Inhalte oder die Rahmenbedingungen werden dabei berücksichtigt. Rückmeldungen zum Lehrmittel fliessen mit ein.

Inhaltsübersicht

Theorie und Aufgaben

Finanzwirtschaftliche Zusammenhänge

3 System der doppelten Buchführung	1
4 Rechnungsabschluss und Kontenrahmen	43

Recht und Staat

3 Rechtsquellen und Gesetzgebungsverfahren auf Bundesebene	97
4 Privatrecht	113
5 Prozessrecht	133
6 Entstehung der Obligation	143
7 Allgemeine Vertragslehre	161
8 Kaufvertrag	195
Stichwortverzeichnis	VIII

3 Finanzwirtschaftliche Zusammenhänge
System der doppelten Buchführung

Inhaltsverzeichnis

	Theorie	Aufgaben
3.1 Doppelte Verbuchung von Buchungstatsachen	2	12
3.2 Verbuchung von Vorgängen innerhalb der Bilanzkonten	4	20
3.3 Verbuchung von Erfolgsvorgängen	5	25

Leistungsziele	11

3 System der doppelten Buchführung

Einführungsfall

Antonio Agosti hat seinen Pizzakurierdienst planmässig eingerichtet. Sämtliche Anschaffungen, seine Kapitaleinlage wie auch das Darlehen von seinem Onkel hat er fachgerecht in die notwendigen Aktiv- und Passivkonten verbucht. Ihm fällt auf, dass er für jeden Beleg zwei Konteneinträge vornehmen muss. Da muss doch mehr System dahinterstecken! Wie kann er sich die Arbeit erleichtern und nicht alles zweimal in die Hände nehmen? Wie kann er kontrollieren, ob er tatsächlich alle Beträge zweimal gebucht hat?

3.1 Doppelte Verbuchung von Buchungstatsachen

Bisher wurde meistens beim Buchen einer Buchungstatsache die Wirkung auf nur ein Konto dargestellt. Es ist aber tatsächlich so, dass alle Zu- und Abgänge in einem Konto immer auch eine Auswirkung auf ein anderes Konto haben.

Beispiel Es wird ein neuer Computer für CHF 3000 gekauft und bar bezahlt: Das Konto «Kasse» nimmt ab und das Konto «Büromaschinen» nimmt zu. Folglich muss in einem Konto die Zunahme und in einem anderen die Abnahme gebucht werden:

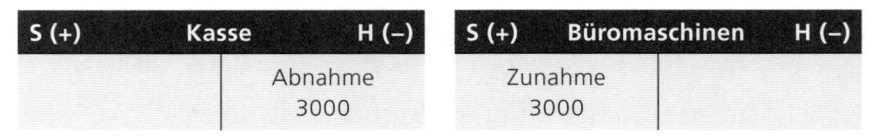

S (+)	Kasse	H (–)	S (+)	Büromaschinen	H (–)
	Abnahme 3000		Zunahme 3000		

Merke Jeder finanzielle Vorgang (Buchungstatsache) wird doppelt «gebucht», das heisst in zwei verschiedenen Konten einmal im Soll und einmal im Haben festgehalten.

3.1.1 Beleg

Die Grundlage jeder Buchung ist ein **Beleg**, der sämtliche Informationen über den zu buchenden Geschäftsfall aufzeigt. Als Beleg dienen z.B. Quittungen, Kontoauszüge der PostFinance, Rechnungen, Gutschrifts- oder Belastungsanzeigen der Bank.

Merke Keine Buchung ohne Beleg!

3.1.2 Buchungssatz

Jede Buchungstatsache bewirkt sowohl einen **Solleintrag** als auch einen **Habeneintrag** in zwei Konten, wird also doppelt verbucht. Dies macht sich der Buchhalter zunutze, indem er jeder Buchungstatsache einen Buchungssatz zuordnet, der zuerst das Sollkonto und dann das Habenkonto angibt.
Der **Buchungssatz** ist gleichzeitig eine Verbuchungsanweisung und -kontrolle. Häufig wird der Buchungssatz auf dem Beleg bereits vermerkt, damit der Buchende weiss, in welche Konten er den Geschäftsfall zu buchen hat.

Beispiel Kasse/Bankguthaben CHF 40 bedeutet: Im Konto «Kasse» werden CHF 40 im Soll eingetragen und im Konto «Bankguthaben» CHF 40 im Haben.

Beim Aussprechen fügt man häufig statt eines Schrägstrichs das Wörtchen «an» zwischen die beiden Konten: «Kasse an Bankguthaben.» Das Wort «an» hat den Sinn, die beiden Konten beim Aussprechen zu verbinden, darf also nicht wörtlich genommen werden.

→ 4.4 In der Praxis wird jedem Konto eine Nummer zugewiesen. Diese sogenannten Kontennummern ersetzen den Kontennamen im Buchungssatz, werden am Computer eingegeben und elektronisch direkt in die beiden Konten gebucht.

Merke Im **Buchungssatz** wird zuerst dasjenige Konto, in dem im **Soll** gebucht wird, dann dasjenige, in dem im **Haben** gebucht wird, und zuletzt der **Betrag** aufgeführt.
Buchungssatz: Konto Soll / Konto Haben   Betrag

3.1.3 Journal und Hauptbuch

Jeder Konteneintrag wird mit dem entsprechenden Buchungssatz in einer separaten Aufstellung, dem **Journal**, festgehalten. Das dient auch der Kontrolle, ob jedem Solleintrag ein Habeneintrag gegenübersteht. Das **Journal** ist eine Art **Tagebuch**. Darin hält man dem Buchungsdatum folgend (chronologisch) sämtliche Konteneinträge fest, die im sog. **Hauptbuch**, der **Sammlung aller Konten**, vorgenommen werden. Das geschieht in Form von Buchungssätzen, die durch einen erklärenden Text ergänzt werden. Damit man die Belege rascher wiederfindet, werden sie meistens, je nach Bedarf des Unternehmens, mit einer **Belegnummer** gekennzeichnet, die im Journal in einer separaten Spalte aufgeführt wird.

Bei der elektronischen Kontenführung reicht es, wenn der Journaleintrag eingegeben wird. Die Verbuchung in die beiden Konten geschieht dann automatisch.

Schema der Buchführung: vom Beleg zum Kontoeintrag

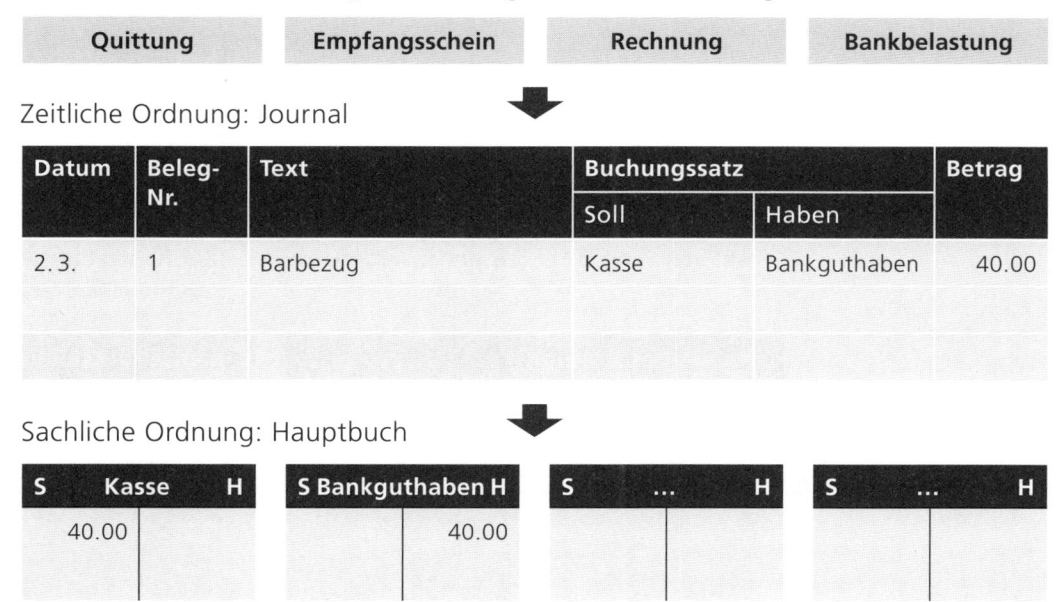

| Quittung | Empfangsschein | Rechnung | Bankbelastung |

Zeitliche Ordnung: Journal

Datum	Beleg-Nr.	Text	Buchungssatz		Betrag
			Soll	Haben	
2.3.	1	Barbezug	Kasse	Bankguthaben	40.00

Sachliche Ordnung: Hauptbuch

S Kasse H	S Bankguthaben H	S ... H	S ... H
40.00	40.00		

Lösung Einführungsfall Antonio Agosti kann sich die Arbeit erleichtern, indem er jeden Beleg mit einem Buchungssatz versieht, ein Journal führt und jede Buchungstatsache von Anfang an doppelt, das heisst in zwei sich entsprechenden Konten, verbucht. Die Buchungssätze dienen ihm zur Kontrolle, ob er jeden Betrag einmal im Soll und einmal im Haben verbucht hat.

A E-Aufgaben 1 bis 5, W-Aufgaben 6 bis 8

3.2 Verbuchung von Vorgängen innerhalb der Bilanzkonten

Es gibt vier Arten von Buchungen, welche nur die Bilanz betreffen: Aktiv- und Passivtausch, Kapitalbeschaffung und -rückzahlung.

Beispiel Zahlt ein Kunde seine Rechnung auf das Bankkonto, nimmt der Bestand im Konto «Forderungen LL» ab und derjenige im Konto «Bankguthaben» nimmt zu. Es findet also ein Tauschvorgang zwischen zwei Aktivkonten statt.

Soll (+)	Forderungen LL	Haben (−)
		Abnahme

Soll (+)	Bankguthaben	Haben (−)
Zunahme		

Wird hingegen ein Kredit aufgenommen, um eine neue Produktionsanlage zu finanzieren, nimmt sowohl der Bestand im Aktivkonto «Maschinen» als auch derjenige des Passivkontos «Bankdarlehen» zu. Die Aktiven nehmen zu, die Passiven nehmen zu, die Bilanzsumme wird grösser.

Soll (+)	Maschinen	Haben (−)
Zunahme		

Soll (−)	Bankdarlehen	Haben (+)
		Zunahme

Wirkungen der vier Vorgänge auf die Bilanz

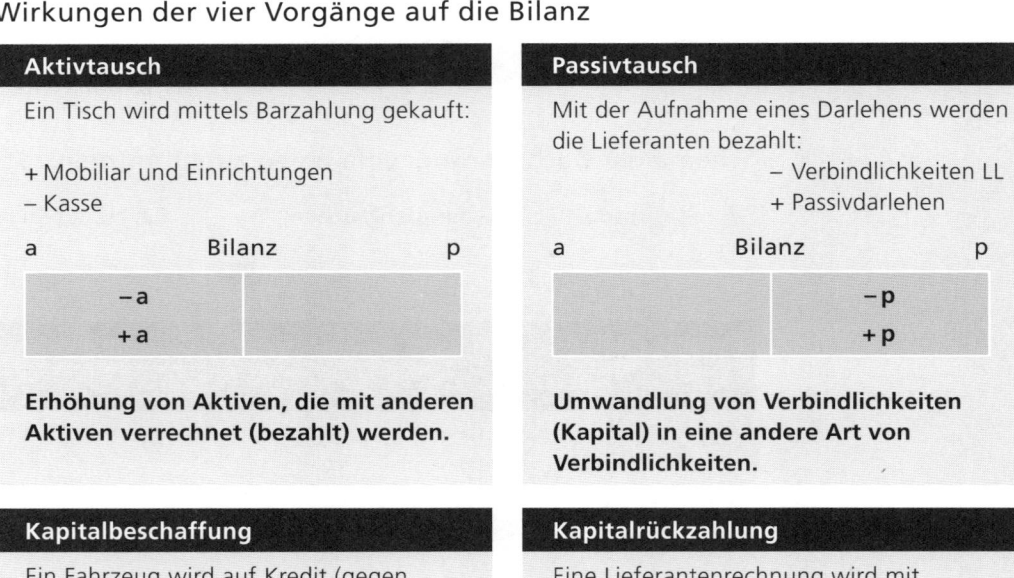

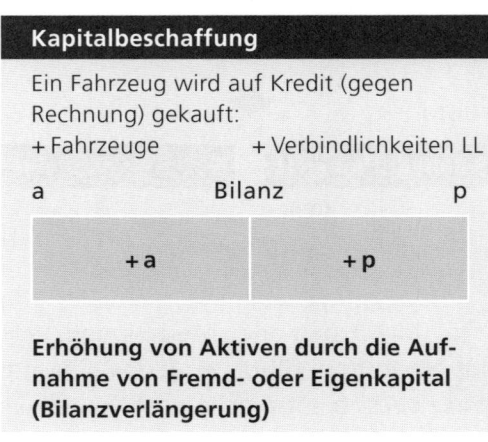

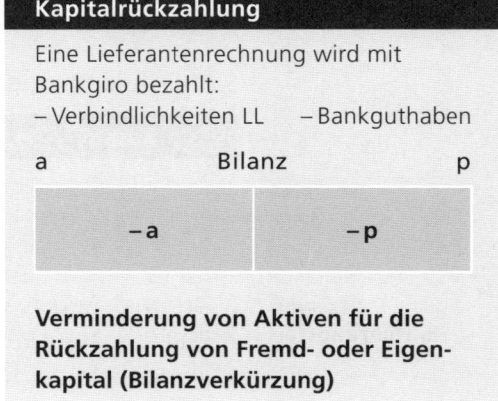

Aktivtausch

Ein Tisch wird mittels Barzahlung gekauft:

+ Mobiliar und Einrichtungen
− Kasse

a	Bilanz	p
−a		
+a		

Erhöhung von Aktiven, die mit anderen Aktiven verrechnet (bezahlt) werden.

Passivtausch

Mit der Aufnahme eines Darlehens werden die Lieferanten bezahlt:

− Verbindlichkeiten LL
+ Passivdarlehen

a	Bilanz	p
		−p
		+p

Umwandlung von Verbindlichkeiten (Kapital) in eine andere Art von Verbindlichkeiten.

Kapitalbeschaffung

Ein Fahrzeug wird auf Kredit (gegen Rechnung) gekauft:
+ Fahrzeuge   + Verbindlichkeiten LL

a	Bilanz	p
+a		+p

Erhöhung von Aktiven durch die Aufnahme von Fremd- oder Eigenkapital (Bilanzverlängerung)

Kapitalrückzahlung

Eine Lieferantenrechnung wird mit Bankgiro bezahlt:
− Verbindlichkeiten LL   − Bankguthaben

a	Bilanz	p
−a		−p

Verminderung von Aktiven für die Rückzahlung von Fremd- oder Eigenkapital (Bilanzverkürzung)

Wenn der Soll- wie auch der Habeneintrag in einem Bestandeskonto vorgenommen werden, bleibt die Bilanz im Gleichgewicht.

A E-Aufgaben 9 bis 11, W-Aufgabe 12

3.3 Verbuchung von Erfolgsvorgängen

Einführungsfall Für die Eröffnung des Pizzalieferdienstes in zwei Wochen lässt der Inhaber Antonio Agosti 10 000 Flyer drucken. Die Verbuchung der Rechnung der Druckerei bereitet ihm Kopfzerbrechen. Dass der Rechnungsbetrag ins Haben des Kontos «Verbindlichkeiten LL» muss, ist ihm klar. Aber wo soll er den Solleintrag für die Flyer vornehmen, die er ja sofort an alle Haushalte in der Umgebung verteilen wird? Die Flyer sind ja kein Vermögen. Auch überlegt er, wie er später die Einnahmen aus dem Verkauf der Pizzen buchen soll. Zu «Kasse» fällt ihm kein Gegenkonto ein.

3.3.1 Aufwand und Ertrag

Die Herstellung und der Verkauf von Gütern und Dienstleistungen erfordern den Verbrauch von Mitteln für Rohstoffe, Löhne, Abnutzung der Maschinen, Energie, Raummiete usw. Man bezeichnet dies als **Aufwand**.

Umgekehrt führt der Verkauf dieser Güter und Dienstleistungen zu einem Wertzuwachs. Hier handelt es sich um **Ertrag**.

Beispiel Um seinen Kunden die Haare zu färben, braucht Coiffeur Leonardo unter anderem Färbemittel. Diese bestellt er bei seinem Lieferanten auf Rechnung. Das ist ein Wertverbrauch, denn der Coiffeur hat mehr Schulden und wenn er die Rechnung bezahlt hat, weniger Flüssige Mittel.

Die Kundin bezahlt fürs Färben, Schneiden und Föhnen CHF 145. Das ist ein Wertzuwachs, denn Leonardo hat mehr Geld in der Kasse.

→ 4.2 Eine Übersicht über alle **Aufwände** und **Erträge** eines **Zeitraums** (= Rechnungsperiode) liefert die **Erfolgsrechnung**. Die Differenz zwischen Ertrag und Aufwand nennt man **Erfolg** (Gewinn oder Verlust).

3.3.2 Verbuchung von Aufwänden

Ein **Aufwand** bewirkt einen **Wertverbrauch**, entweder als Vermögensabnahme im Haben eines Aktivkontos oder als Zunahme von Verbindlichkeiten im Haben eines Passivkontos. Er führt also immer zu einer **Habenbuchung** in einem **Bilanzkonto**. Die Gegenbuchung trägt man im **Soll** des **Aufwandskontos** ein, das den Namen der Ursache (z.B. Lohnaufwand) des Wertverbrauchs trägt.

Beispiel Das Färbemittel kann bar bezahlt werden, was eine Abnahme im Haben der Kasse (– a) zur Folge hat. Es kann aber auch auf Rechnung gekauft werden, was zu einer Zunahme im Haben der Verbindlichkeiten führt (+ p). Die Gegenbuchung erfolgt in beiden Fällen im Soll des Kontos «Materialaufwand».

Merke Aufwand ist ein Wertverbrauch, der sich in den Bilanzkonten als Vermögensabnahme oder als Schuldzunahme zeigt.

Aufwandsminderungen

Es ist denkbar, dass ein bereits verbuchter Aufwand sich aus irgendeinem Grund vermindert, weil beispielsweise nachträglich noch ein Rabatt gewährt, wegen frühzeitiger Zahlung ein Skonto abgezogen oder mangelhafte Ware zurückgegeben wird. Das wird mit einer Buchung im **Haben** als **Aufwandsminderung** korrigiert.

Kontenabschluss

Die Aufwandskonten werden am Ende der Rechnungsperiode nach den Regeln der Aktivkonten mit dem Saldoeintrag auf der Habenseite abgeschlossen. Dieser zeigt den gesamten Aufwand während der Rechnungsperiode.

Beispiel Fahrzeugaufwand

Datum	Text	Soll	Haben
2. 4.	Rechnung für Service an Lieferwagen	340.00	
4. 4.	Tankauffüllung, bar	98.55	
12. 4.	Skontoabzug auf Rechnung Service		*8.80
15. 4.	Rechnung Pneuwechsel	120.00	
30. 4.	Monatsrechnung diverse Tankfüllungen	350.25	
30. 4.	Saldo (= Total Fahrzeugaufwand im April)		900.00
		908.80	908.80

* Korrektur von am 2.4. zu viel gebuchtem Aufwand

Aufwand bedeutet immer eine Wertabnahme im Haben eines Bestandeskontos (dem Unternehmen geht es finanziell schlechter) und wird im Aufwandskonto im Soll gebucht.

Buchungsregeln für Aufwandskonten

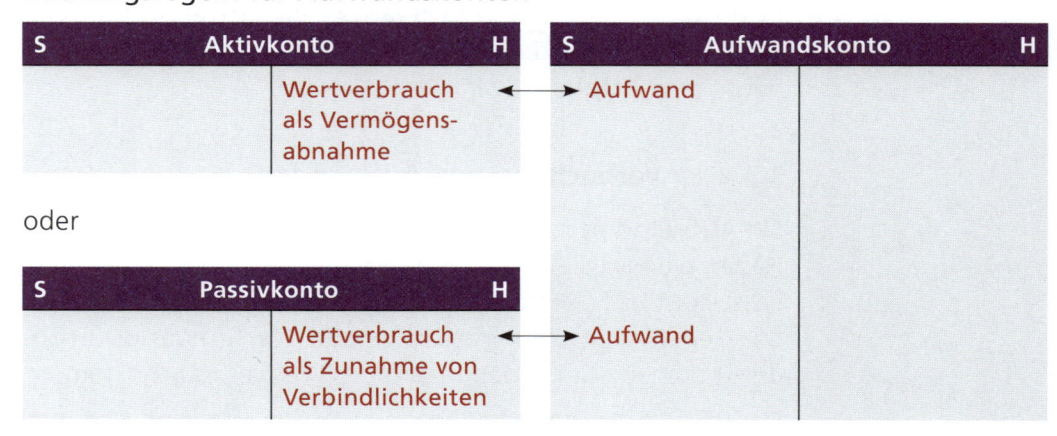

S	Aktivkonto	H		S	Aufwandskonto	H
		Wertverbrauch als Vermögensabnahme ←→		Aufwand		

oder

S	Passivkonto	H		S	Aufwandskonto	H
		Wertverbrauch als Zunahme von Verbindlichkeiten ←→		Aufwand		

Finanzwirtschaftliche Zusammenhänge

Gebräuchliche Aufwandskonten	
Materialaufwand	Auslagen für Rohstoffe, Werkstoffe, Hilfs- und Verbrauchsmaterial, die bei der Herstellung in das Produkt eingehen
Handelswarenaufwand (Warenaufwand)	Auslagen für die Beschaffung von zugekauften Waren, die unverändert weiterverkauft werden
Lohnaufwand	Entgelt für die Arbeitsleistung der Mitarbeitenden
Sozialversicherungsaufwand	Vom Unternehmen bezahlte Beiträge an die Sozialversicherungen wie AHV, IV, Arbeitslosenversicherung, Pensionskasse
Übriger Personalaufwand	Kosten für die Beschaffung von Personal, Spesenentschädigung, Weiterbildung usw.
Raumaufwand	Auslagen wie Miete, Heizung und Reinigung für die Benutzung von Räumen
Unterhalt, Reparaturen, Ersatz (URE)	Reparaturen an Maschinen und Werkzeugen, Ersatzanschaffungen
Fahrzeugaufwand	Alle mit den Fahrzeugen in Zusammenhang stehenden Auslagen wie Service, Benzin, Reparaturen, Versicherungen usw.
Versicherungsaufwand	Prämien für diverse Betriebsversicherungen
Energie- und Entsorgungsaufwand	Strom, Wasser, Gas, Kehrichtabfuhr
Verwaltungsaufwand	Diverse Sekretariatsauslagen für Büroverbrauchsmaterial, Telefon, Porto usw.
Werbeaufwand	Auslagen für Werbeinserate, Werbedrucksachen, Schaufensterdekorationen, Sponsoring, Ausstellungen usw.
Sonstiger Betriebsaufwand	Betriebliche Aufwendungen, die zusätzlich bei der Leistungserstellung anfallen und sich nicht anderen Konten zuordnen lassen
Abschreibungen	Abnützung und sonstige Wertabnahmen der langfristigen Sachanlagen
Finanzaufwand	Zinsaufwand aus Finanzverbindlichkeiten wie Bankkontokorrent, Darlehen, Hypotheken sowie Bank- und Postspesen

3.3.3 Verbuchung von Erträgen

Ein **Ertrag** bewirkt einen **Wertzuwachs**, entweder als Vermögenszunahme im Soll eines Aktivkontos oder als Abnahme von Verbindlichkeiten im Soll eines Passivkontos. Er führt also immer zu einer **Sollbuchung** in einem **Bilanzkonto**. Die Gegenbuchung trägt man im **Haben** eines **Ertragskontos** ein, das den Namen der Ursache (z.B. Handelserlöse) des Wertzuwachses trägt.

Beispiel Die Kundin des Coiffeurs kann bar bezahlen, was eine Zunahme im Soll der Kasse (+a) zur Folge hat. Sie kann aber auch mit ihrer Bankkarte direkt aufs Passivkonto «Bankverbindlichkeiten» bezahlen, was zu einer Abnahme im Soll der Bankverbindlichkeiten des Coiffeurs (–p) führt. Die Gegenbuchung erfolgt in beiden Fällen im Haben des Kontos «Dienstleistungserlöse».

System der doppelten Buchführung

Merke Ertrag ist ein Wertzuwachs, der sich in der Bilanz als Vermögenszunahme oder als Schuldabnahme zeigt.

Ertragsminderungen

Auch bei den Erträgen sind nachträglich noch Korrekturen zu bereits verbuchtem Ertrag denkbar. Es handelt sich dabei vor allem um nachträglich gewährte Rabatte, Skonti und Gutschriften wegen mangelhafter Lieferungen oder Dienstleistungen. Solche Ertragsminderungen werden mit einer Buchung im Soll als **Ertragsminderung** korrigiert.

Kontenabschluss

Die Ertragskonten werden am Ende der Rechnungsperiode nach den Regeln der Passivkonten mit dem Saldo im Soll abgeschlossen. Dieser zeigt den gesamten Ertrag während der Rechnungsperiode.

Beispiel Ertrag aus Verkauf von Waren

Datum	Text	Soll	Haben
5.4.	A. Peyer, Rechnung für Warenlieferung		1 200.00
9.4.	A. Peyer, Preisnachlass wegen Reklamation	*120.00	
12.4.	E. Noldi, Rechnung für Warenlieferung		2 400.00
15.4.	P. Bischof, Rechnung für Warenlieferung		4 500.00
21.4.	E. Noldi, 1% Skontoabzug bei Zahlung	*24.00	
30.4.	Saldo (= Total Erlös aus Verkauf von Waren im Monat April)	7 956.00	
		8 100.00	8 100.00

*Korrekturen von zu viel gebuchten Erträgen

Ertrag bedeutet immer einen Wertzuwachs im Soll eines Bestandeskontos (dem Unternehmen geht es finanziell besser) und wird im Ertragskonto im Haben gebucht.

Buchungsregeln für Ertrag

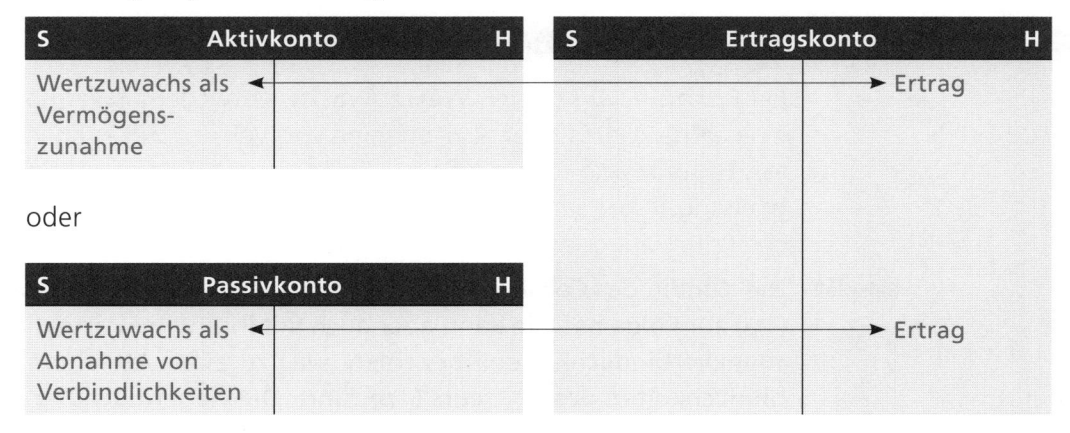

S	Aktivkonto	H		S	Ertragskonto	H
Wertzuwachs als Vermögenszunahme ←						→ Ertrag

oder

S	Passivkonto	H
Wertzuwachs als Abnahme von Verbindlichkeiten ←		

→ Ertrag

Finanzwirtschaftliche Zusammenhänge

Gebräuchliche Ertragskonten	
Produktionserlöse (Produktionsertrag)	Einnahmen aus dem Verkaufen von selbst hergestellten Produkten
Handelserlöse (Warenertrag)	Einnahmen aus Verkauf von Handelswaren, das heisst Waren, die zugekauft und in unverändertem Zustand weiterverkauft werden
Dienstleistungserlöse	Einnahmen für das Erbringen von Dienstleistungen wie Beratung, Schulung, Transport, Gutachten, Programmierung usw.
Übrige Erlöse (Übriger Ertrag)	Betriebliche Erlöse, für die kein spezielles Konto geführt wird
Finanzertrag	Zinsen oder andere Erträge für zur Verfügung gestelltes (investiertes) Kapital (Bankguthaben, Darlehen, Wertschriften usw.)

Da jeder Eintrag in ein Aufwands- oder in ein Ertragskonto zu einer Veränderung des Erfolgs (Gewinn oder Verlust) führt, nennt man diese beiden Kontoarten zusammenfassend **Erfolgskonten**. Buchungssätze, die ein Aufwands- oder ein Ertragskonto beinhalten, nennt man folglich **erfolgswirksame Buchungen** oder **Erfolgsvorgänge** – im Gegensatz zu Vorgängen innerhalb der Bilanzkonten, welche **erfolgsunwirksam** sind.

System der doppelten Buchführung

	Erfolgsunwirksame Vorgänge			
	Aktiven (a)		Passiven (p)	
	+a			+p	Kapitalbeschaffung
		−a	−p		Kapitalrückzahlung
Aktivtausch	+a	−a			
			−p	+p	Passivtausch

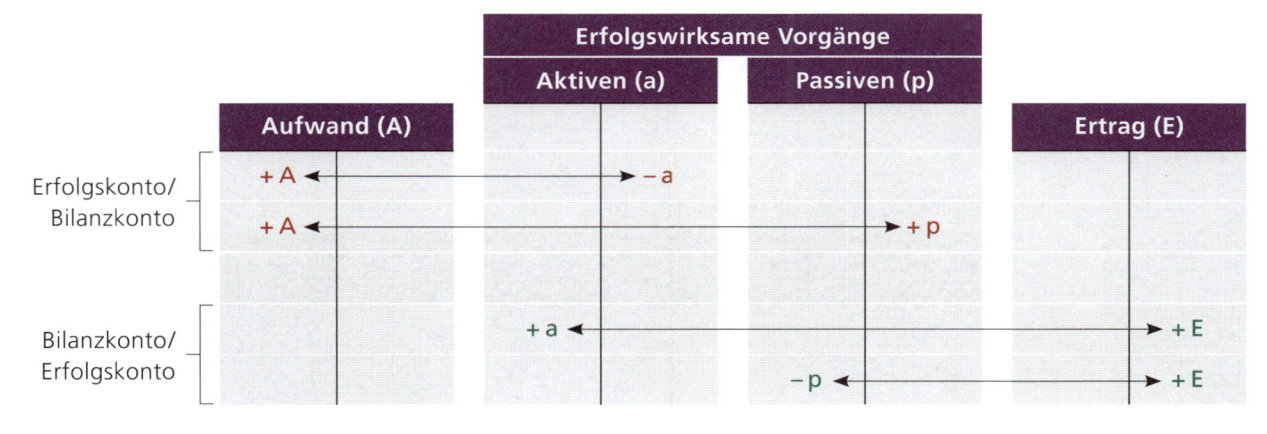

	Erfolgswirksame Vorgänge			
	Aktiven (a)		Passiven (p)	
Aufwand (A)				**Ertrag (E)**
Erfolgskonto/Bilanzkonto: +A ← −a				
+A ← → +p				
Bilanzkonto/Erfolgskonto: +a ← → +E				
−p ← → +E				

Lösung Einführungsfall

Da die 10 000 Flyer alle verteilt werden, können sie nicht als Aktivzunahme gebucht werden. Stattdessen muss Antonio Agosti die Druckkosten als Wertverbrauch in einem Aufwandskonto, z.B. «Werbeaufwand», im Soll buchen. Umgekehrt bedeuten die Einnahmen aus dem Verkauf von Pizzen Wertzunahmen, die im Haben eines Ertragskontos, z.B. «Ertrag aus Verkauf von Produkten», zu buchen sind.

A E-Aufgaben 13 bis 19, W-Aufgaben 21 bis 23

3.3.4 Verbuchung von Aufwands- und Ertragsminderungen

Es kommt häufig vor, dass auf dem Bruttopreis einer Ware oder Dienstleistung ein **Rabatt** gewährt wird. Dies geschieht aus unterschiedlichen Gründen: Kauf von grossen Mengen (Mengenrabatt), mangelhafte Ware oder Dienstleistung (Mängelrabatt), Ausverkauf oder ganz einfach, um dem Kunden preislich entgegenzukommen. Diese Preisminderung wird meistens in Prozenten des Bruttopreises angegeben. Einen besonderen Rabatt stellt der **Skonto** dar, den der Kunde vom Rechnungsbetrag abziehen kann, wenn er innert einer vorgegebenen Frist vor dem abgemachten Zahlungstermin bezahlt.

Wird ein Rabatt bereits auf der Rechnung abgezogen, erübrigt sich eine spezielle Rabattverbuchung. Die Rechnung wird **netto** (Bruttobetrag abzüglich Rabatt) zum Rechnungsbetrag verbucht.

Da bei der Verbuchung einer Rechnung noch nicht feststeht, ob diese innerhalb der dafür vorgegebenen Frist bezahlt wird, darf der **Skonto** vorläufig noch nicht abgezogen werden. Erst wenn er bei der Zahlung tatsächlich beansprucht wurde, wird er wie andere nachträgliche Preisminderungen mit der **Umkehrbuchung** zurückgebucht.

Merke

Aufwandsminderung: Verbindlichkeiten LL / Aufwand
Ertragsminderung: Ertrag / Forderungen LL

Beispiel

Die Werbe AG schickt am 12. August 20_9 der Larisch GmbH für die Gestaltung neuer Prospekte eine Rechnung für brutto CHF 4500, zahlbar innert 30 Tagen. Sie gewährt 10% Treuerabatt und bei Zahlung innert 10 Tagen 2% Skonto. Die Zahlung erfolgt nach Abzug des Skontos per Banküberweisung am 21. August 20_9.

Buchungen bei der Werbe AG

Datum	Text	Forderungen LL	Dienstleistungs-erlöse	Bank-guthaben
12.8.	Rechnung netto (Faktura)	4050		4050
21.8.	Bankgutschrift 98%		3969	3969
21.8.	Rückbuchung 2% Skonto		81	81

Buchungen bei der Larisch GmbH

Datum	Text	Verbindlich-keiten LL	Werbeaufwand	Bank-guthaben
12.8.	Rechnung netto (Faktura)		4050	4050
21.8.	Bankbelastung 98%	3969		3969
21.8.	Rückbuchung 2% Skonto	81		81

A E-Aufgabe 20, W-Aufgaben 24 und 25

Buchungsregeln für die Erfolgskonten

Die Buchungsregeln für Aufwands- und Ertragskonten sind spiegelverkehrt.

Soll	Aufwandskonto	Haben	Soll	Ertragskonto	Haben
+ Aufwand		− Korrekturen von zu viel gebuchtem Aufwand	− Korrekturen von zu viel gebuchtem Ertrag		+ Ertrag
		Saldo (Aufwand der Rechnungsperiode)	Saldo (Ertrag der Rechnungsperiode)		

Leistungsziele

1.5.1.1 Aufbau Bilanz und Erfolgsrechnung
Einführung in die doppelte Buchhaltung

- Ich gliedere Bilanzen von KMU mit den Gruppen UV, AV, kurz- und langfristiges FK und EK und erkläre die Gliederungsprinzipien.
- Ich zeige anhand von Beispielen der Kapitalbeschaffung, Kapitalrückzahlung, der Vermögensbeschaffung und des Vermögensabbaus die Auswirkungen auf die Bilanz auf (Aktiv-/Passivtausch).
- Ich erläutere den Aufbau der Erfolgsrechnung. Ich eröffne die Buchhaltung, verbuche einfache Belege, führe Journal und Hauptbuch und schliesse die Buchhaltung mit der Verbuchung des Erfolgs ab.
- Ich erkläre die Auswirkungen von erfolgswirksamen, nicht erfolgswirksamen, liquiditätswirksamen und nicht liquiditätswirksamen Geschäftsfällen auf die Bilanz und die Erfolgsrechnung. Ich ordne Geschäftsfälle zu.
- Ich erkläre den Aufbau und die Konten einer Buchhaltung anhand der Klassen, Hauptgruppen und Einzelkonti 1–9 des Kontenrahmens KMU. Ich ordne die Konten zu.

Diese Leistungsziele werden in den Kapiteln 2 bis 4 abgedeckt.

E 3.1 Doppelte Verbuchung von Buchungstatsachen

1. **Konteneinträge vornehmen und Buchungssätze bilden**

a) Andres Berger gründet eine Beratungsfirma für Steuerprobleme. Verbuchen Sie seine ersten Buchungstatsachen in die Konten.

Buchungstatsachen Steuerberatung Berger

1. A. Berger eröffnet ein Geschäftskonto bei der Raiffeisenbank Aarau und zahlt von seinem Privatvermögen CHF 30 000 ein.
2. Der Lieferant Mobimo AG schickt die Rechnung für gelieferte Büromöbel im Betrag von CHF 12 600.
3. A. Berger bezieht CHF 2000 vom Bankkonto und legt sie in die Geschäftskasse.
4. Kauf eines Notebooks, Zahlung mit Maestro-Karte CHF 1200
5. Sein Büropartner P. Weber gewährt ihm ein Darlehen. Er überweist die Darlehenssumme von CHF 15 000 auf das Bankkonto.
6. A. Berger begleicht die Rechnung an Mobimo AG per E-Banking (Nr. 2).
7. A. Berger bezieht CHF 500 aus der Kasse für sich privat (Kapitalrückzug).

S (+) Kasse H (−)	S (+) Bankguthaben H (−)	S (+) Mobiliar und Einrichtungen H (−)

S (−) Verbindlichkeiten LL H (+)	S (−) Darlehen P. Weber H (+)	S (−) Eigenkapital H (+)

b) Tragen Sie in die Tabelle (Journal) ein, in welchen Konten Sie im Soll und im Haben gebucht haben, und nennen Sie den Betrag.

Nr.	Buchungssatz		Betrag
	Soll	Haben	
1			
2			
3			
4			
5			
6			
7			

2. Aus dem Kontoeintrag den Buchungssatz bestimmen

In den unten dargestellten Konten sind verschiedene Geschäftsfälle einer Privatschule verbucht worden (AB = Anfangsbestand, Zahlen in CHF 1000).

Hauptbuch (Auszug)

Bankguthaben		Forderungen LL		Eigenkapital		Verbindlichkeiten LL		Mobiliar und Einrichtungen	
2) 100	1) 30	AB 50	3) 20		AB 100	1) 30	AB 70	AB 45	5) 6
3) 20		5) 6			2) 100	40	4) 7	4) 7	

a) Formulieren Sie die Buchungssätze für die Buchungstatsachen 2 bis 5 sowie einen kurzen Text aus Sicht der verbuchenden Schule. Vom Text muss eindeutig auf den Buchungssatz geschlossen werden können. Vergleichen Sie dazu das Beispiel Nr. 1.

Nr.	Soll	Haben	Betrag	Text
1	Verbindlichkeiten LL	Bankguthaben	30	Eine Lieferantenrechnung von 30 wird durch Banküberweisung bezahlt.
2				
3				
4				
5				

b) Erklären Sie, worüber der Buchungssatz Auskunft gibt.

System der doppelten Buchführung

3. Journal und Hauptbuch führen

Führen Sie das Journal der Garage Manz sowie die vier abgebildeten Konten. Die Anfangsbestände sind schon eingetragen. Die Konten sind abzuschliessen und die Endbestände mit S_{Bi} (= Saldo Bilanzkonto) zu bezeichnen.

1. Bezug von CHF 1000 Bargeld am Geldautomaten der Bank, Einlage in Kasse
2. Paul Manz überweist von seinem Privatvermögen CHF 5000 auf das Bankkonto.
3. Banküberweisung für eine offene Lieferantenrechnung von CHF 3000
4. Bargeld im Betrag von CHF 2500 wird am Bankschalter einbezahlt.
5. Eine Lieferantenrechnung von CHF 1055 wird über das Bankkonto beglichen.
6. Paul Manz bezahlt eine Lieferantenrechnung von CHF 300 mit seinem privaten Bargeld.

Journal Garage Manz

Nr.	Text	Buchungssatz		Betrag

Hauptbuch

+	Kasse	−
AB	4 000	

+	Bankguthaben	−
AB	6 000	

−	Verbindlichkeiten LL	+
	AB	4 500

−	Eigenkapital	+
	AB	20 000

4. Journal führen

Führen Sie das Journal für die Geschäftsfälle des Transportunternehmens Zullig Transporte. Es sind die üblichen Aktiv- und Passivkonten zu verwenden.

Geschäftsfälle der Zullig Transporte

1. Aus seinem Privatvermögen bezahlt Inhaber P. Zullig CHF 7000 aufs Bankkonto des Geschäfts ein.
2. Bancomatbezug CHF 1000, Einlage in Geschäftskasse.
3. Ein Drucker wird gekauft und bar bezahlt CHF 800.
4. Ein PC im Wert von CHF 2000 wird auf Kredit verkauft.
5. Kunden werden für fällige und schon verbuchte Rechnungen im Wert von CHF 500 gemahnt.
6. Der Käufer des PC (Nr. 4) überweist den Verkaufspreis von CHF 2000.
7. Ein neuer Lieferwagen wird für CHF 25 000 auf Kredit gekauft.
8. P. Zullig nimmt bei der Bank einen langfristigen Kredit von CHF 20 000 auf. Die Zahlung erfolgt auf das Geschäftskonto.
9. Der neue Lieferwagen (Nr. 7) wird per Banküberweisung bezahlt.
10. P. Zullig bezieht CHF 100 vom Bankkonto, um seiner Tochter ein Geburtstagsgeschenk zu kaufen.
11. Mit Iris Otter wird telefonisch vereinbart, dass sie den alten Lieferwagen für CHF 3500 übernehmen wird.
12. Die Möbel AG liefert und montiert neue Lagergestelle im Wert von CHF 450 gegen Rechnung.
13. Iris Otter (Nr. 11) holt den Lieferwagen ab und bezahlt ihn bar.

Journal Zullig Transporte

Nr.	Text	Soll	Haben	Betrag

5. Geschäftsverkehr in Hauptbuch und Journal verbuchen, Bilanz erstellen

Eröffnen Sie die Konten der Scherrer GmbH auf der nächsten Seite und führen Sie das Journal und das Hauptbuch. Schliessen Sie anschliessend die Konten ab, bezeichnen Sie den Saldo mit S_{Bi} (= Saldo Bilanzkonto) und erstellen Sie die Bilanz. Der zusammengefasste und vereinfachte Geschäftsverkehr der Firma Scherrer GmbH sieht wie folgt aus (Zahlen in CHF 1000):

1. Kauf von Einrichtungsgegenständen auf Kredit für 60
2. Erhöhung des Kapitals von Eigentümer Scherrer durch Bankeinlage in Höhe von 360
3. Banküberweisung für fällige Lieferantenrechnungen im Betrag von 200
4. Verkauf nicht mehr benötigtes Mobiliar auf Kredit für 40
5. Teilrückzahlung des Darlehens in bar 50
6. Bareinzahlungen auf Bankkonto 30
7. Banküberweisungen für Privatrechnungen des Eigentümers Scherrer 130
8. Eigentümer Scherrer überschreibt dem Geschäft sein Privatauto für 15.

Journal Scherrer GmbH

Nr.	Text	Soll	Haben	Betrag

Finanzwirtschaftliche Zusammenhänge

Die Konten sind mit den folgenden Anfangsbeständen zu eröffnen:
Kasse 100, Bankguthaben 150, Forderungen LL 400, Mobiliar und Fahrzeuge 100,
Verbindlichkeiten LL 250, Darlehensschuld 200, Eigenkapital 300

Hauptbuch Scherrer GmbH

Kasse		Bankguthaben		Forderungen LL	

Mobiliar und Fahrzeuge	

Verbindlichkeiten LL		Darlehen		Eigenkapital	

Aktiven	Bilanz		Passiven
Kasse		Verbindlichkeiten LL	
Bankguthaben		Darlehen	
Forderungen LL		Eigenkapital	
Mobiliar und Fahrzeuge			

System der doppelten Buchführung

W 3.1 Doppelte Verbuchung von Buchungstatsachen

6. Buchungstatsachen bestimmen

Bestimmen Sie, welche Geschäftsfälle die Buchungssätze verursacht haben könnten.
Tipp: Tragen Sie den Buchungssatz wie aufgezeigt in die Konten ein. Die Antwort lässt sich so einfacher finden.

Nr.	Buchungssatz	Buchungstatsache	Lösungshilfe
1	Bankverbindlichkeiten/Liegenschaften	Bankzahlung bei Liegenschaftsverkauf	− Bankverb. + / + Lieg. − (x / x)
2	Bankguthaben/Liegenschaften		
3	Bankguthaben/Forderungen LL		
4	Fahrzeuge/Verbindlichkeiten LL		
5	Bankguthaben/Darlehen an A		
6	Eigenkapital/Bankguthaben		
7	Darlehen von B/Bankverbindlichkeiten		
8	Kasse/Darlehen von W		
9	Bankguthaben/Eigenkapital		
10	Eigenkapital/Fahrzeuge		
11	Mobiliar und Einrichtungen/Verbindlichkeiten LL		
12	Darlehen an S/Forderungen LL		

7. Buchungssätze bestimmen

Setzen Sie die Buchungssätze der Molkerei Bertschi ein. Verwenden Sie die gebräuchlichen Konten. Die Geldbewegungen auf dem Konto der PostFinance verbucht die Molkerei im Konto «Bankguthaben PF». Beim Bankkonto handelt es sich um ein Passivkonto (= Bankverbindlichkeiten).

Nr.	Buchungstatsache	Soll	Haben	Betrag
1	Bareinzahlung auf das Postkonto CHF 2560	Bankguthaben PF	Kasse	2560
2	Zahlung von Lieferantenrechnungen per Post CHF 890	Verbindlichkeiten aus L+L	Bankguthaben PF	890
3	Inhaber R. Bertschi erhöht seine Kapitaleinlage durch Einzahlung von CHF 10 000 auf das Bankkonto.	Bank	Eigenkapital	10 000
4	Kauf von Verkaufsregalen auf Kredit für CHF 1900	Mobiliar	Verbindlichkeiten aus L+L	1900
5	Zur Verminderung der Bankverbindlichkeiten werden CHF 3800 in bar einbezahlt.	Bank	Kasse	3800
6	Kunden zahlen Rechnungen im Betrag von CHF 3000 aufs Bankkonto.	Bank	Forderungen aus L+L	3000
7	Rücksendung eines Teils der Verkaufsregale. Der Lieferant schreibt CHF 400 gut.	Verbindlichkeiten aus L+L	Mobiliar	400
8	Die Bank wird beauftragt, Lieferantenrechnungen im Betrag von CHF 2400 zu begleichen.	Verbindlichkeiten aus L+L	Bank	2400
9	Barbezug ab Postkonto CHF 1200; Einlage in Kasse	Kasse	Bankguthaben PF	1200
10	Inhaber R. Bertschi bezieht CHF 1000 aus der Geschäftskasse für private Zwecke.	Privat	Kasse	1000
11	Abzahlung (= Amortisation) der 2. Hypothek per Banküberweisung CHF 10 000	Hypothek	Bank	10 000
12	Inhaber R. Bertschi nimmt ein Fahrzeug im Wert von CHF 2000 aus dem Geschäft und schenkt es seinem Sohn.	Privat	Fahrzeuge	2000

System der doppelten Buchführung

8. Buchungstatsachen bestimmen

Bestimmen Sie, welche Buchungstatsachen die Buchungssätze verursacht haben könnten.

Nr.	Buchungssatz	Buchungstatsache
1	Kasse/Bankverbindlichkeiten	
2	Verbindlichkeiten LL/Bankguthaben	
3	Forderungen LL/Mobiliar und Einrichtungen	
4	Bankverbindlichkeiten/Eigenkapital	
5	Geschäftsliegenschaften/Bankguthaben	
6	Geschäftsliegenschaften/Hypothek	
7	Darlehen an D/Bankguthaben	
8	Bankguthaben/Darlehen an M	
9	Verbindlichkeiten LL/Darlehensschuld	
10	Bankguthaben/Kasse	
11	Verbindlichkeiten LL/Bankverbindlichkeiten	

E 3.2 Verbuchung von Vorgängen innerhalb der Bilanzkonten

9. Auswirkung von Geschäftsfällen auf die Bilanzkonten erkennen

Anton Meissner gründet eine Fahrschule, indem er eine Kapitaleinlage von CHF 30 000 auf ein neu eröffnetes Bankkonto macht.

a) Die Bilanz ist die Gegenüberstellung der Aktiven und Passiven zu einem bestimmten Zeitpunkt:
   1) Zeigen Sie, wie die Bilanz nach jeder Buchungstatsache neu aussehen würde.
   2) Bestimmen Sie, wie sich die Bestände an Aktiven (a) oder Passiven (p) durch seine Handlungen verändern.
   3) Geben Sie an, um was für einen Vorgang es sich handelt.

Finanzwirtschaftliche Zusammenhänge

Buchungstatsachen	Bilanzen				Vorgang	
	Aktiven	**Bilanz per 1. Februar**		**Passiven**	**Soll**	**Haben**
1.2. Kapitaleinlage auf Bankkonto CHF 30 000	Bankguthaben	30 000	Eigenkapital	30 000	+ a	+ p
		30 000		30 000	Kapitalbeschaffung	

	Aktiven	**Bilanz per 3. Februar**	**Passiven**	**Soll**	**Haben**
3.2. Kauf eines Autos auf Kredit CHF 25 000					

	Aktiven	**Bilanz per 5. Februar**	**Passiven**	**Soll**	**Haben**
5.2. Teilzahlung der Autorechnung per Banküberweisung CHF 10 000					

	Aktiven	**Bilanz per 10. Februar**	**Passiven**	**Soll**	**Haben**
10.2. Aufnahme eines Darlehens zur Zahlung der Schuld an den Autolieferanten					

	Aktiven	**Bilanz per 12. Februar**	**Passiven**	**Soll**	**Haben**
12.2. Bargeldbezug ab Bankkonto CHF 3000, Einlage in Kasse					

b) An welchen Daten verändert sich die Bilanzsumme?

....

System der doppelten Buchführung

10. Auswirkungen von Geschäftsfällen auf die Bilanz bestimmen

Geben Sie an, wie sich die genannten Geschäftsfälle auf die Aktiven (+ a / – a) bzw. die Passiven (+ p / – p) und auf die Bilanz auswirken.

Aktivtausch = AT   Passivtausch = PT   Kapitalbeschaffung = KB   Kapitalrückzahlung = KR

Nr.	Geschäftsfall	Soll	Haben	Auswirkung auf Bilanz
1	Kauf von Mobiliar auf Kredit	+ a	+ p	KB
2	Rückzahlung Darlehensschuld durch Banküberweisung (Passivkonto)	– p	– a	KR
3	Überweisung von Kunden auf das Postkonto	+ a	– a	AT
4	Barkauf von Büromöbeln	+ a	– a	AT
5	Aufnahme Darlehen, Gutschrift auf Bankkonto (Aktivkonto)	+ a	+ p	KB
6	Immobilien mit Banküberweisung gekauft	+ a	– a	AT
7	Maschinen auf Rechnung gekauft	+ a	+ p	KB
8	Banküberweisung (Aktivkonto) an Lieferanten	– p	– a	KR
9	Banküberweisung (Passivkonto) an Lieferanten	– p	+ p	PT

11. Auswirkungen von Geschäftsfällen auf die Bestandeskonten bestimmen

a) Bestimmen Sie, welche Kontenbestände durch die Geschäftsfälle verändert werden, und geben Sie an, ob sie grösser oder kleiner werden.
b) Bestimmen Sie zusätzlich, um welchen Vorgang innerhalb der Bilanz es sich handelt.

AT = Aktivtausch   PT = Passivtausch   KB = Kapitalbeschaffung   KR = Kapitalrückzahlung

Nr.	Geschäftsfall	Kontenveränderung		AT	PT	KB	KR
1	Bargeldbezug ab Postomat	+ Kasse	– Bankguthaben PostFinance	☒	☐	☐	☐
2	Barkauf von Mobiliar			☐	☐	☐	☐
3	Überweisung ab Passivkonto Bank für die Zahlung einer Lieferantenrechnung			☐	☐	☐	☐
4	Verkauf eines Fahrzeugs, bar			☐	☐	☐	☐
5	Rückzahlung der Hypothek durch Überweisung ab Aktivkonto Bank			☐	☐	☐	☐
6	Geschäftsinhaber überschreibt seine Liegenschaft dem Geschäft.			☐	☐	☐	☐
7	Kunde begleicht die Rechnung, indem er dem Unternehmen einen PC überlässt.			☐	☐	☐	☐
8	Geschäftspartner gewährt ein Darlehen, das er auf das Aktivkonto der Bank überweist.			☐	☐	☐	☐
9	Umtausch von zehn Zehnernoten in eine Hunderternote			☐	☐	☐	☐
10	Geschäftsinhaber bezieht Bargeld für sich privat.			☐	☐	☐	☐
11	Kauf einer Maschine gegen Rechnung			☐	☐	☐	☐
12	Geschäftsinhaber überträgt Geld von seinem privaten Sparkonto auf das Bankkonto (Bankverbindlichkeiten).			☐	☐	☐	☐
13	Bestellung eines neuen PC			☐	☐	☐	☐
14	Lieferant wandelt sein Guthaben in ein Darlehen um.			☐	☐	☐	☐

W 3.2 Verbuchung von Vorgängen innerhalb der Bilanzkonten

12. Geschäftsfälle und ihre Auswirkung auf die Bilanz bestimmen

a) Umschreiben Sie präzise die Geschäftsfälle, die zu den Buchungssätzen 2–10 geführt haben könnten.
b) Bestimmen Sie, ob es sich um Aktivtausch (AT), Passivtausch (PT), Kapitalbeschaffung (KB) oder Kapitalrückzahlung (KR) handelt.

Tipp: Tragen Sie den Buchungssatz in die Kontenkreuze ein.

Nr.	Buchungssatz Soll	Buchungssatz Haben	Umschreibung des Geschäftsfalls	AT PT KB KR	Lösungshilfe
1	Bankguthaben	Eigenkapital	Kapitaleinlage des Inhabers durch Banküberweisung	KB	+ Bankg. – – EK + / x	x
2	Bankverbindlichkeiten	Wertschriften			
3	Fahrzeuge	Mobiliar und Einrichtungen			
4	Forderungen LL	Maschinen			
5	Bankguthaben / Hypotheken	Liegenschaften / Bankguthaben			
6	Kasse	Bankverbindlichkeiten			
7	Mobiliar und Einrichtungen	Bankguthaben			
8	Wertschriften	Bankguthaben			
9	Verbindlichkeiten LL	Darlehensverbindlichkeiten			
10	Fahrzeuge	Eigenkapital			

E 3.3 Verbuchung von Erfolgsvorgängen

13. Aufwand und Ertrag, Wertverbrauch und Wertzuwachs

a) Bilden Sie die Buchungssätze für die folgenden Buchungstatsachen.
b) Bestimmen Sie bei jeder Buchungstatsache, ob sie im Bestandeskonto einen Wertzuwachs (+ a oder − p) und/oder einen Wertverbrauch (− a oder + p) bewirkt.
c) Bestimmen Sie die Art der Buchungstatsache. Setzen Sie die dafür folgenden Abkürzungen ein:
   AT = Aktivtausch   PT = Passivtausch   KB = Kapitalbeschaffung
   KR = Kapitalrückzahlung   A = Aufwand   E = Ertrag

Nr.	Buchungstatsache	Sollkonto	Habenkonto	Wertzuwachs/-verbrauch	Art
1	Kauf von Mobiliar (Bezahlung mit Maestro-Karte)	Mobiliar und Einrichtungen	Bankguthaben	+a/−a	AT
2	Zahlung an Lieferanten ab Bankkonto				
3	Lohnzahlung an die Mitarbeitenden ab Bankkonto				
4	Rechnung für Werbeinserate in diversen Zeitungen				
5	Barbezug ab Bankkonto (Bankschuld)				
6	Überweisung der Miete an Vermieter				
7	Rechnung an C. Clavis für die Führung seiner Buchhaltung				
8	Urban Häni überweist auf das Bankkonto (Bankschuld) den Zins für das ihm gewährte Darlehen.				
9	Kunde C. Clavis begleicht seine Rechnung, indem er den Rechnungsbetrag auf das Bankkonto überweist.				
10	Die Maschinen weisen Ende Jahr durch den Gebrauch eine Wertabnahme auf.				

d) Die Buchungstatsachen Nr. 1 und Nr. 3 bewirken beide einen Wertverbrauch beim Bankkonto. Beschreiben Sie, worin sich die beiden aber grundsätzlich unterscheiden.

System der doppelten Buchführung

e) Leiten Sie aus Ihren Einträgen ab, auf welcher Seite Aufwände bzw. Erträge gebucht werden müssen, damit die Regel Soll = Haben eingehalten wird.

....

....

....

f) Ergänzen Sie die folgenden Darstellungen mit den Begriffen «Aufwandszunahme», «Aufwandsminderung», «Ertragszunahme», «Ertragsminderung» und «Saldo».

Aufwandskonto	

Ertragskonto	

g) Nennen Sie Gründe für Aufwands- oder Ertragsminderungen.

....

....

h) Je nach Branchen führt man unterschiedliche Aufwands- und Ertragskonten. Nennen Sie den typischen Hauptaufwand und -ertrag für die folgenden Betriebsarten.

Betriebsart	Typischer Aufwand	Typischer Ertrag
Beratungsfirma		
Warenhandelsbetrieb		
Privatschule		
Versicherungsgesellschaft		
Fabrikationsbetrieb		
Taxiunternehmen		

14. Aufwandskonto führen

a) Führen Sie das Konto «Raumaufwand» der Muntschi GmbH gemäss nachfolgenden Angaben. Die Buchungssätze sind nicht verlangt.

1. Banküberweisung der Novembermiete CHF 15 000
2. Rechnung vom Reinigungsinstitut CHF 3000
3. Wegen Eigenleistungen der Muntschi GmbH (Wände selbst gestrichen) wird ein Drittel der Novembermiete rückvergütet.
4. Das Konto ist abzuschliessen.

S	Raumaufwand	H

b) Erklären Sie, was die Einträge im Soll bzw. im Haben (ohne Saldo) bedeuten.

....

....

15. Ertragskonto führen

Die Töpferei Mäder AG führt für den Verkauf ihrer Produkte das Konto «Produktionserlöse».

a) Tragen Sie für das 1. Quartal die Beträge ins Konto ein und schliessen Sie es per Ende März ab.

Produktionserlöse

Datum	Text	Soll	Haben
6.1.	Rechnung an Globus AG für CHF 3626		
15.1.	Barverkäufe im Laden CHF 15 600		
27.1.	Rechnung an die Meisner GmbH CHF 12 100		
9.2.	Rücknahme mangelhafter Fabrikate CHF 820		
24.2.	Der Meisner GmbH werden nachträglich 10% Rabatt gutgeschrieben.		
28.3.	Barverkäufe im Laden CHF 23 400		
30.3.	Rechnung an Paulin & Co. für Ware zum Katalogpreis von CHF 2680. Darauf wird ein Freundschaftsrabatt von 5% gewährt.		
31.3.	Saldo		

b) Welche Eintragungen sind grundsätzlich im Soll und welche im Haben gebucht worden?

....

16. Erfolgskonten führen und abschliessen

Führen Sie für den Monat Dezember die Konten «Lohnaufwand», «Raumaufwand», «Sonstiger Betriebsaufwand» und «Dienstleistungserlöse» des Treuhandbüros Miranda gemäss nachfolgenden Angaben.

1. Banküberweisung für Dezemberlöhne CHF 23 000
2. Banküberweisung der Dezembermiete CHF 3000
3. Bareinnahmen für Steuerberatungen CHF 6700
4. Wegen massiver Lärmbelästigung infolge Umbaus wird vom Vermieter ein Teil der Dezembermiete, nämlich CHF 890, aufs Bankkonto rückvergütet.
5. Diverse Rechnungen für die Führung von Buchhaltungen CHF 35 000
6. Der Lohn an eine Aushilfskraft wird bar bezahlt CHF 2400.
7. Der Kunde E. Marti erhält nachträglich eine Gutschrift von CHF 340, weil der falsche Honoraransatz verrechnet wurde.
8. Reparatur des Laserdruckers CHF 320
9. Für die Reinigung der Büroräumlichkeiten verrechnet die Reinigungsfirma CHF 670.
10. Kauf von Büromaterial für CHF 1200
11. Die Konten sind abzuschliessen.

Lohnaufwand

Nr.	Text	Soll	Haben

Raumaufwand

Nr.	Text	Soll	Haben

Sonstiger Betriebsaufwand

Nr.	Text	Soll	Haben

Dienstleistungserlöse

Nr.	Text	Soll	Haben

17. Kontenart bestimmen

Bestimmen Sie, zu welcher Kontenart die folgenden Konten gehören.

a = Aktivkonto   p = Passivkonto   A = Aufwandskonto   E = Ertragskonto

Konto	a	p	A	E
Verbindlichkeiten LL	☐	☐	☐	☐
Hypotheken	☐	☐	☐	☐
Löhne	☐	☐	☐	☐
Eigenkapital	☐	☐	☐	☐
Werbung	☐	☐	☐	☐
Vorräte	☐	☐	☐	☐
Finanzaufwand	☐	☐	☐	☐
Produktionserlöse	☐	☐	☐	☐

Konto	a	p	A	E
Handelserlöse	☐	☐	☐	☐
Abschreibungen	☐	☐	☐	☐
Liegenschaften	☐	☐	☐	☐
Darlehen an E. Preisig	☐	☐	☐	☐
Forderungen LL	☐	☐	☐	☐
Bankverbindlichkeiten	☐	☐	☐	☐
Büromaterial (Verbrauchsmaterial)	☐	☐	☐	☐
Dienstleistungserlöse	☐	☐	☐	☐

System der doppelten Buchführung

18. Journal nach Kontenplan führen

Michael Sutter führt ein erfolgreiches Transportunternehmen im Raum Bern.

a) Gliedern Sie zuerst die Konten in die vier Gruppen Aktiven (a), Passiven (p), Aufwand (A) und Ertrag (E), indem Sie jedem Konto den entsprechenden Buchstaben zuweisen.
b) Verbuchen Sie die Buchungstatsachen 1 bis 13.

Konten (alphabetische Reihenfolge)

Abschreibungsaufwand	Energieaufwand	Kasse	Verbindlichkeiten LL
Bankguthaben	Fahrzeugaufwand	Mobiliar und Einrichtungen	Versicherungsaufwand
Büromaschinen	Fahrzeuge	Personalaufwand	Verwaltungsaufwand
Darlehensforderung	Finanzaufwand	Raumaufwand	Werbeaufwand
Darlehensschuld	Finanzertrag	Transportertrag	
Eigenkapital	Forderungen LL		

Nr.	Buchungstatsache	Soll	Haben	CHF
1	Aus seinem Privatvermögen bezahlt Inhaber M. Sutter CHF 700 aufs Bankkonto des Geschäfts ein.			
2	Das Druckerpapier wird bar bezahlt, CHF 80.			
3	Ein PC im Wert von CHF 2000 wird auf Kredit verkauft.			
4	An Kunden werden Rechnungen für Transporte im Wert von CHF 500 verschickt.			
5	Die Bank schreibt den Jahreszins von CHF 241.55 auf dem Bankkonto gut.			
6	Inhaber M. Sutter erhält die Rechnung des «PC-Hai» für die Reparatur eines Druckers, CHF 70.			
7	Der PC (Nr. 3) wird durch Bankgiro bezahlt.			
8	Einem Kunden wurde versehentlich zu viel in Rechnung gestellt. Aus diesem Grund erhält er eine Vergütung von CHF 50 bar.			
9	Inhaber M. Sutter verbucht Ende Jahr die Wertverminderung des Computers von CHF 500.			
10	Die Publicitas schickt die Rechnung von CHF 250 für ein Werbeinserat in der Tageszeitung.			
11	Die Wertverminderung des Fahrzeuges von CHF 1500 wird Ende Jahr verbucht.			
12	Die Versicherungsprämie von CHF 750 für das Fahrzeug wird vom Bankkonto überwiesen.			
13	Inhaber M. Sutter bezieht CHF 100 vom Bankkonto, um seiner Tochter ein Geburtstagsgeschenk zu kaufen.			

c) Welche Buchungen haben eine Auswirkung auf den Erfolg des Transportunternehmens? Nennen Sie die Nummern.

....

19. Buchungssätze bilden und Art der Erfolgswirksamkeit bestimmen

Bilden Sie die Buchungssätze zu den Geschäftsfällen eines Kleintheaters. Geben Sie jeweils auch an, wie sie sich auf den Erfolg auswirken.

0 = erfolgsneutral
+ = Erfolg nimmt zu (mehr Gewinn oder weniger Verlust)
− = Erfolg nimmt ab (weniger Gewinn oder mehr Verlust)

Nr.	Geschäftsfall	Buchungssatz	Erfolgs-wirksamkeit
1	Materialeinkauf bar bezahlt		
2	Billettverkauf bar		
3	Umwandlung Bankschuld in Darlehensschuld		
4	Rückerstattung bar für zurückgebrachte Billette		
5	Kapitalerhöhung des Inhabers in Form einer Sacheinlage: Fahrzeug		
6	Mietzins durch Banküberweisung bezahlt		
7	Abschreibung der Einrichtungen		

System der doppelten Buchführung

20. Verbuchen von Rabatt und Skonto

a) Rabatt bei Forderungen aus Lieferungen und Leistungen

Das Restaurant Da Roberto stellt der Riche AG am 20. Mai Rechnung für ein Bankett, CHF 5200. Da der Service während des Banketts zu wünschen übrig gelassen hat, muss Da Roberto dem Stammkunden Riche AG am 28. Mai einen nachträglichen Rabatt von 15 % gewähren. Am 16. Juni bezahlt Riche die Rechnung per Banküberweisung.

1) Führen Sie die entsprechenden Konten für diesen Geschäftsfall aus Sicht des Restaurants Da Roberto.

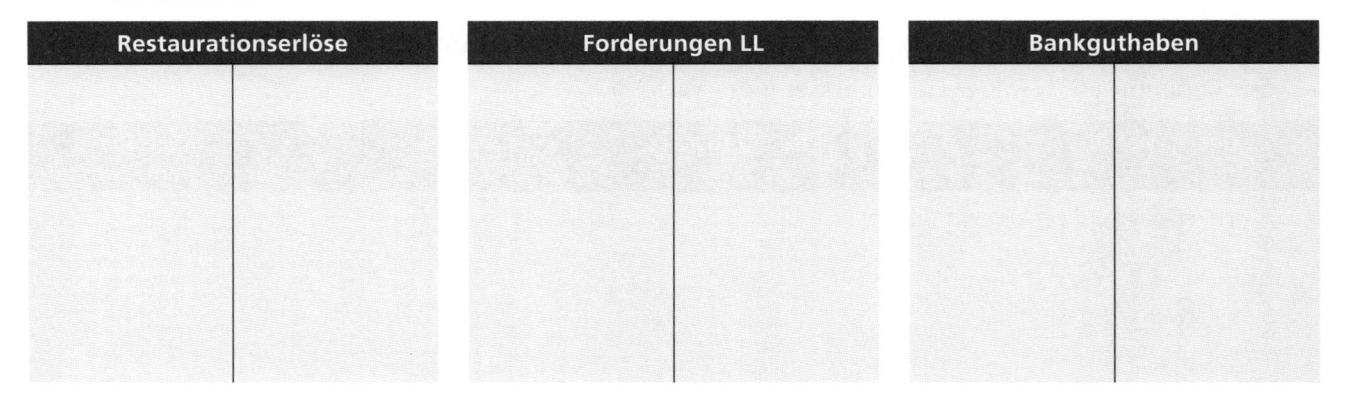

Restaurationserlöse		Forderungen LL		Bankguthaben	

2) Lesen Sie die Buchungssätze aus den Konten ab und führen Sie das Journal.

Datum	Text	Soll	Haben	Betrag
20.5.	Rechnung			
28.5.	Rabatt			
16.6.	Zahlung			

b) Rabatt bei Verbindlichkeiten aus Lieferungen und Leistungen

Das Restaurant Da Roberto hat am 25. April von der Reinigungsfirma Müller die Rechnung für die Frühjahrsreinigung für CHF 2000 erhalten und entsprechend verbucht. Am 30. April erhält Da Roberto einen nachträglichen Rabatt von 10%, weil die Reinigungsarbeiten unsorgfältig ausgeführt wurden. Am 25. Mai bezahlt Da Roberto die Rechnung per Banküberweisung.

1) Führen Sie die entsprechenden Konten für diesen Geschäftsfall aus Sicht des Restaurants Da Roberto.

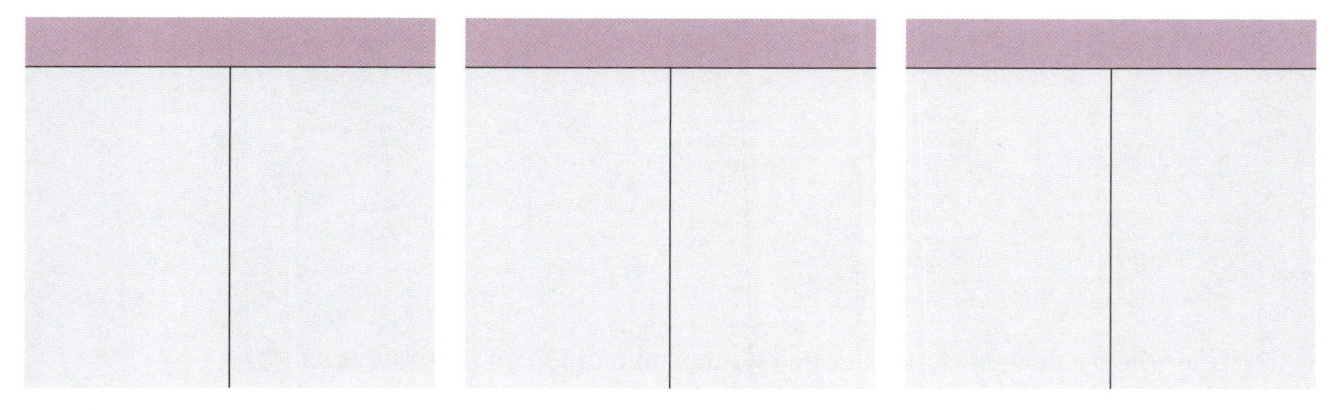

2) Lesen Sie die Buchungssätze aus den Konten ab und führen Sie das Journal.

Datum	Text	Soll	Haben	Betrag
25.4.	Rechnung			
30.4.	Rabatt			
25.5.	Zahlung			

3) Welche Regel können Sie aus dem Journal ablesen?

....

System der doppelten Buchführung

c) Skonto bei Forderungen aus Lieferungen und Leistungen

Die Fischer Consulting stellt dem Kunden Meierhans am 28. Februar eine Rechnung über CHF 2300, zahlbar innert 30 Tagen, 1% Skonto bei Zahlung innert 10 Tagen.
Meierhans nützt den Skonto aus und bezahlt am 5. März per Banküberweisung.

1) Führen Sie die entsprechenden Konten für diesen Geschäftsfall aus Sicht der Fischer Consulting.

Dienstleistungserlöse		Forderungen LL		Bankguthaben	
5.3. Skonto 23	28.2. FLL 2300	28.2. DLE 2300	5.3. Bank 2277	5.3. FLL 2277	
			5.3. Skonto 23		

2) Lesen Sie die Buchungssätze aus den Konten ab und führen Sie das Journal.

Datum	Text	Soll	Haben	Betrag
28.2.	Rechnung	Forderungen LL	Dienstleistungserlöse	2300
5.3.	Zahlung	Bankguthaben	Forderungen LL	2277
5.3.	Skonto	Dienstleistungserlöse	Forderungen LL	23

3) Wie hoch ist der Erlös aus der Beratung von Kunde Meierhans effektiv?

CHF 2277

4) Was stellt der Skonto aus Sicht der Fischer Consulting dar? Verwenden Sie den richtigen Fachbegriff und erläutern Sie, was dieser Begriff bedeutet.

Erlösminderung – der Skonto reduziert den ursprünglich verbuchten Dienstleistungserlös, da der Kunde bei rascher Zahlung einen Abzug vom Rechnungsbetrag vornehmen darf.

d) Skonto bei Verbindlichkeiten aus Lieferungen und Leistungen

Die Fischer Consulting erhält am 20. April für eine Lieferung der Papiermühle Lausen eine Rechnung über CHF 890, zahlbar innert 30 Tagen, 2% Skonto bei Zahlung innert 10 Tagen.
Fischer Consulting nützt den Skonto aus und bezahlt am 28. April per Banküberweisung.

1) Führen Sie die entsprechenden Konten für diesen Geschäftsfall aus Sicht der Fischer Consulting.

2) Lesen Sie die Buchungssätze aus den Konten ab und führen Sie das Journal.

Datum	Text	Soll	Haben	Betrag
20.4.	Rechnung			
28.4.	Zahlung			
28.4.	Skonto			

3) Wie viel hat die Papierlieferung effektiv gekostet?

4) Was stellt der Skonto aus Sicht der Fischer Consulting dar? Verwenden Sie den richtigen Fachbegriff und erläutern Sie, was dieser Begriff bedeutet.

System der doppelten Buchführung

W 3.3 Verbuchung von Erfolgsvorgängen

21. Buchungstatsachen aus Buchungssätzen erkennen, Auswirkung auf Erfolg bestimmen

Umschreiben Sie die Buchungstatsachen eines Taxiunternehmens, die zu den folgenden Buchungssätzen geführt haben könnten. Geben Sie zusätzlich an, wie der Buchungssatz den Erfolg beeinflusst.

0 = erfolgsneutral   + = Erfolg nimmt zu   − = Erfolg nimmt ab

Nr.	Buchungssatz	Buchungstatsache	Erfolg
1	Verwaltungsaufwand/Verbindlichkeiten LL		
2	Darlehensforderung/Bankguthaben		
3	Fahrzeuge/Eigenkapital		
4	Lohnaufwand/Bankguthaben		
5	Transportertrag/Forderungen LL		
6	Werbung/Verbindlichkeiten LL		
7	Kasse/Transportertrag		
8	Finanzaufwand/Bankguthaben		
9	Darlehensschuld/Bankguthaben		
10	Abschreibungen/Fahrzeuge		

22. Einfluss von Geschäftsfällen auf einen Verlust bestimmen

Die Drogerie Hausmann hat beim Zwischenabschluss einen Verlust ausgewiesen. Geben Sie für die sechs folgenden Geschäftsfälle jeweils an, ob sie den Verlust vergrössern (+), verkleinern (−) oder nicht verändern (0).

Nr.	Geschäftsfall	Verlust
1	Die Reparatur der Innenbeleuchtung wird bar bezahlt.	
2	Auf eine offene Rechnung für die Schaufensterdekoration wird nachträglich ein Rabatt gutgeschrieben.	
3	Eine bereits gebuchte Lieferantenrechnung wird durch die Bank bezahlt.	
4	Die Post schreibt den Jahreszins gut.	
5	Die Drogerie verkauft Medikamente im Laden.	
6	Die Drogerie verkauft bar eine ausgediente Registrierkasse.	

23. Kontenart bestimmen, Buchungssätze bilden, Auswirkungen auf Erfolg bestimmen

a) Ordnen Sie die alphabetisch geordneten Konten des Fitnessstudios Fitit der Inhaberin M. Praxmarer den richtigen Kontengruppen zu.

Abschreibungen
Bankguthaben PostFinance
Bankverbindlichkeiten UBS
Darlehensforderung
Darlehensverbindlichkeit
Dienstleistungserlöse
Eigenkapital

Fahrzeuge
Finanzaufwand
Finanzertrag
Forderungen LL
Hypotheken
Immobilien
Kasse

Lohnaufwand
Mobiliar und Einrichtungen
Raumaufwand
Sonstiger Betriebsaufwand
Verbindlichkeiten LL
Verwaltungsaufwand
Werbeaufwand

Aktiven	Passiven	Aufwand	Ertrag

System der doppelten Buchführung

b) Verbuchen Sie den Geschäftsverkehr der Fitit. Geben Sie jeweils an, welchen Einfluss die Buchung auf den Erfolg hat (+ = Zuname, – = Abnahme, 0 = kein Einfluss).

Nr.	Text	Soll	Haben	CHF	Einfluss auf Erfolg
1	Aus der Geschäftskasse bezahlt Inhaberin M. Praxmarer CHF 700 auf das Bankkonto ein.				
2	Erhaltene Rechnung für den Kauf eines Safes CHF 2000				
3	Die Publicitas schickt die Rechnung von CHF 250 für Werbung im «Tagblatt».				
4	Verkauf von drei Jahresabonnementen im Wert von CHF 3300 per Telefon. Die Abonnemente werden inkl. Rechnung mit Einzahlungsschein an die Kunden geschickt.				
5	Inhaberin M. Praxmarer verbucht Ende Jahr die Wertverminderung der Gymnastikgeräte von CHF 5000.				
6	Mit einem Gymnastiklehrer wird ein Vertrag über die wöchentliche Benutzung eines Raums für seine Lektionen für monatlich CHF 350 abgeschlossen.				
7	Den Mitarbeitenden des Fitnessstudios werden die Löhne, insgesamt CHF 12 550, mittels Banküberweisung ausbezahlt.				
8	Rechnung von Waser AG für diverses Büromaterial im Wert von CHF 78				
9	Die Rechnung für Elektrizität und Wasser über CHF 148.50 trifft ein und wird sogleich mittels Postüberweisung bezahlt.				
10	Die drei Kunden der Jahresabonnemente (Nr. 4) bezahlen die Rechnungen per Bank.				
11	Dem Kunden Toni Reimann wird wegen Unfall ein Teil seines Jahresabonnements, CHF 425, per Post rückvergütet.				
12	Die Bank belastet den Zins von CHF 670 und Spesen von CHF 80.				

24. Verbuchung und Kontenführung bei Rabatt und Skonto

Das Taxiunternehmen Geni Eicher hat mit der Handels AG vereinbart, dass es monatlich für die ausgeführten Fahrten Rechnung stellt. Es gewährt einen Mengenrabatt von 5%, wenn die Monatsrechnung den Betrag von CHF 2500 überschreitet. Die Zahlungsbedingungen lauten 30 Tage netto, 10 Tage 3% Skonto.

Laufender Geschäftsverkehr zwischen dem Taxiunternehmen Geni Eicher und der Handels AG

- 3.11. Rechnung für die ausgeführten Fahrten im Oktober, brutto CHF 2160
- 9.11. Wegen einer beanstandeten Fahrt gewährt das Taxiunternehmen nachträglich eine Gutschrift von CHF 60.
- 13.11. Die Bank schreibt Geni Eicher den Zahlungsbetrag von CHF 2037 gut. Der Skontoabzug ist auch zu verbuchen.
- 3.12. Rechnung für die ausgeführten Fahrten im November, brutto CHF 3200, 5% Mengenrabatt
- 12.12. Zahlung der Novemberrechnung per Bank

a) Bilden Sie die Buchungssätze und führen Sie die vorgegebenen Konten für Geni Eicher.

Verbuchung beim Taxiunternehmen Geni Eicher

Datum	Buchungssatz	Forderungen LL		Dienstleistungserlöse		Bankguthaben	
3.11.	Forderungen LL / Dienstleistungserlöse 2160	2160			2160		
9.11.	Dienstleistungserlöse / Forderungen LL 60		60	60			
13.11.	Bank / Forderungen LL 2037		2037			2037	
13.11.	Dienstleistungserlöse / Forderungen LL 63		63	63			
3.12.	Forderungen LL / Dienstleistungserlöse 3040	3040			3040		
12.12.	Bank / Forderungen LL 2948.80		2948.80			2948.80	
12.12.	Dienstleistungserlöse / Forderungen LL 91.20		91.20	91.20			

b) Wie viel Umsatz (Einnahmen netto) in CHF hat das Taxiunternehmen mit der Handels AG im Monat Oktober gemacht?

2160 − 60 − 63 = CHF 2037

System der doppelten Buchführung

c) Bilden Sie die Buchungssätze und führen Sie die vorgegebenen Konten für die Handels AG.

Datum	Buchungssatz	Taxiaufwand	Verbindlichkeiten LL	Bankguthaben

d) Weshalb lohnt es sich für die Handels AG, die Rechnungen bereits nach 10 Tagen zu bezahlen?

25. Buchungssätze mit Rabatt und Skonto

Bilden Sie die Buchungssätze für den Geschäftsverkehr des Reisebüros Ferienprofi.
Die Erträge aus dem Verkauf von Reisen werden im Konto «Dienstleistungserlöse» und die Zahlungen im Konto «Bankguthaben» gebucht.

Nr.	Buchungstatsache	Soll	Haben	Betrag
1	Rechnung an A. Berbic für eine Pauschalreise im Wert von CHF 6700	Forderungen	Dienstleistungserlöse	6 700.00
2	Rechnung der Druckerei für den Druck von Werbeprospekten zum Bruttopreis von CHF 3400 abzüglich 15 % Rabatt, 60 Tage netto, 10 Tage 3 % Skonto	Werbeaufwand	Verbindlichkeiten aus L&L	2 890.00
3	A. Berbic zahlt die Rechnung (Nr. 1) nach Abzug von 2 % Skonto auf das Bankkonto.	Bankguthaben	Forderungen	6 566.00
		Dienstleistungserlöse	Forderungen	134.00
4	Kauf neuer Büromöbel für netto CHF 9800, zahlbar in 30 Tagen, 10 Tage 1 % Skonto	Mobiliar	Verbindlichkeiten aus L&L	9 800.00
5	Die Bank schreibt CHF 2450 gut für die Überweisung des bereits gebuchten Rechnungsbetrags an Kunde P. Birer. Er hat 2 % Skonto abgezogen.	Bankguthaben	Forderungen	2 450.00
		Dienstleistungserlöse	Forderungen	50.00
6	Skontoabzug und Bankbelastung für die Zahlung der Werbeprospekte (Nr. 2) nach Skontoabzug	Verbindlichkeiten aus L&L	Bankguthaben	2 803.30
		Verbindlichkeiten aus L&L	Werbeaufwand	86.70
7	Die Rechnung des Möbellieferanten (Nr. 4) wird nach neun Tagen per Bank bezahlt.	Verbindlichkeiten aus L&L	Bankguthaben	9 702.00
		Verbindlichkeiten aus L&L	Mobiliar	98.00

4 Finanzwirtschaftliche Zusammenhänge
Rechnungsabschluss und Kontenrahmen

Inhaltsverzeichnis

		Theorie	Aufgaben
4.1	Doppelte Ermittlung des Erfolgs	44	63
4.2	Die Bilanz als Bestandesrechnung	49	74
4.3	Die Erfolgsrechnung als Ursachenrechnung	54	82
4.4	Der Schweizer Kontenrahmen KMU als Gliederungsgrundlage	57	87

Leistungsziele 62

4 Rechnungsabschluss und Kontenrahmen

Einführungsfall

Pizzabäcker Antonio Agosti hat während seines Eröffnungsjahrs den Geschäftsverkehr fachmännisch in die entsprechenden Konten verbucht und kommt nun zum Buchhaltungsabschluss. In einem ersten Schritt erstellt er die Bilanz und Erfolgsrechnung mithilfe einer Excel-Tabelle.

Dabei stellt er fest, dass das Total in der Bilanz nicht mehr, wie er es gelernt hatte, auf beiden Seiten gleich viel ergibt. Bald wird ihm klar, dass das mit den erfolgswirksamen Buchungen zusammenhängt und die Differenz genau dem in der Erfolgsrechnung berechneten Gewinn entspricht. Aber wie muss er buchen, damit seine Bilanzbestände wieder gleich viel Kapital wie Vermögen aufzeigen?

4.1 Doppelte Ermittlung des Erfolgs

Um längerfristig überleben zu können, ist es für jedes Unternehmen zwingend, normalerweise einen Gewinn zu erzielen, d.h. mehr Ertrag als Aufwand auszuweisen. In der doppelten Buchhaltung wird der **Erfolg** der **Rechnungsperiode** (Gewinn oder Verlust) auch doppelt ausgewiesen: einmal in der Erfolgsrechnung und einmal in der Bilanz.

Die Rechnungsperiode dauert nach Obligationenrecht maximal ein Jahr, in der Praxis sind aber auch Monats- und Quartalsabschlüsse üblich.

4.1.1 Vorgehen

Um den Erfolg für eine Rechnungsperiode zu ermitteln und mit dem Eigenkapital zu verrechnen, wird in drei Schritten vorgegangen.

Schritt 1: Ermittlung des Erfolgs in der Erfolgsrechnung

Um zu überprüfen, ob das Unternehmen Gewinn oder Verlust gemacht hat, stellt man in der Erfolgsrechnung die Saldi der Aufwands- und Ertragskonten in der Reihenfolge ihrer Wichtigkeit einander gegenüber und ermittelt als Differenz den Erfolg, der bei einem **Ertragsüberschuss** einen **Gewinn** (auch Reingewinn genannt) und bei einem **Aufwandsüberschuss** einen **Verlust** (auch Reinverlust genannt) darstellt.

Beispiel Peter Müller erstellt für das Jahr 20_1 eine Erfolgsrechnung für seine Treuhandfirma.

S	Personalaufwand	H
	10 000	
	5 000	
	8 000	
		S_{ER} 23 000
	23 000	23 000

S	Raumaufwand	H
	5 000	
		S_{ER} 5 000
	5 000	5 000

S	Sonstiger Betriebsaufwand	H
	2 000	
	3 000	
		S_{ER} 5 000
	5 000	5 000

S	Dienstleistungserlöse	H
		15 000
		5 000
		20 000
	S_{ER} 40 000	
	40 000	40 000

Aufwand	Erfolgsrechnung Treuhand Peter Müller für 20_1		Ertrag
Personalaufwand	23 000	Dienstleistungserlöse	40 000
Raumaufwand	5 000		
Sonstiger Betriebsaufwand	5 000		
Gewinn	7 000		
	40 000		40 000

Die Treuhandfirma von Peter Müller hat gemäss Erfolgsrechnung einen Jahresgewinn von 7000 erzielt.

Merke Der **Gewinn** ergibt sich als Differenz auf der **Aufwandsseite**:
Der Ertrag war grösser als der Aufwand.

Umgekehrt ergibt sich ein **Verlust** als Differenz auf der **Ertragsseite**:
Der Aufwand war grösser als der Ertrag.

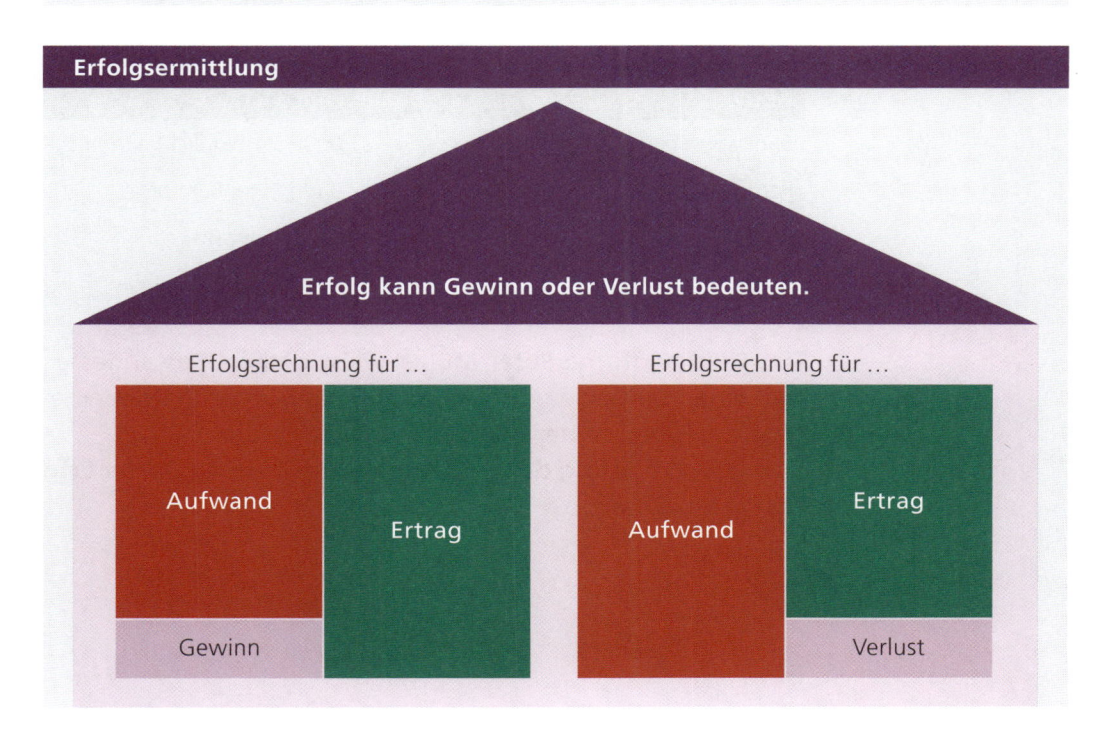

Erfolgsermittlung

Erfolg kann Gewinn oder Verlust bedeuten.

Erfolgsrechnung für … Erfolgsrechnung für …

Aufwand / Ertrag / Gewinn

Aufwand / Ertrag / Verlust

Rechnungsabschluss und Kontenrahmen

Schritt 2: Erfolgsermittlung in der Bilanz

→ 3.3 Alle Erfolgsvorgänge werden spiegelbildlich als Wertveränderung in ein Konto der Bilanz gebucht. Diese Tatsache führt dazu, dass der Erfolg ebenfalls spiegelbildlich in der Bilanz erscheint.

Beispiel Peter Müller ermittelt den Erfolg auch aus den Bestandeskonten:
Bei den grünen Einträgen handelt es sich um die als Ertrag gebuchten Wertzunahmen und bei den roten um die als Wertverbrauch gebuchten Aufwände.

S	Bankguthaben	H
AB	30 000	10 000
	2 000	5 000
	5 000	8 000
	15 000	5 000
	18 000	2 000
		3 000
		S_{Bi} 37 000
	70 000	70 000

S	Forderungen LL	H
AB	2 000	2 000
	15 000	5 000
	5 000	18 000
	20 000	15 000
		S_{Bi} 2 000
	42 000	42 000

S	Mobiliar	H
AB	20 000	
		S_{Bi} 20 000
	20 000	20 000

S	Verbindlichkeiten LL	H
	3 000	AB 2 000
	2 000	2 000
		3 000
S_{Bi} 2 000		
	7 000	7 000

S	Eigenkapital	H
		AB 50 000
S_{Bi} 50 000		
	50 000	50 000

Aktiven	Bilanz vom 31.12.20_1		Passiven
Bankguthaben	37 000	Verbindlichkeiten LL	2 000
Forderungen LL	2 000	Eigenkapital	50 000
Mobiliar	20 000	**Gewinn**	**7 000**
	59 000		59 000

Die Treuhandfirma Peter Müller weist gemäss Bestandesrechnung (Bilanz) ebenfalls einen Jahresgewinn von 7000 aus. (Würde sich hier eine andere Zahl ergeben, läge ein Fehler in der Buchhaltung vor.)

Damit ist der **Erfolg doppelt** ausgewiesen, einmal in der **Erfolgsrechnung** und einmal in der **Bilanz**.

Finanzwirtschaftliche Zusammenhänge

Doppelte Erfolgsermittlung

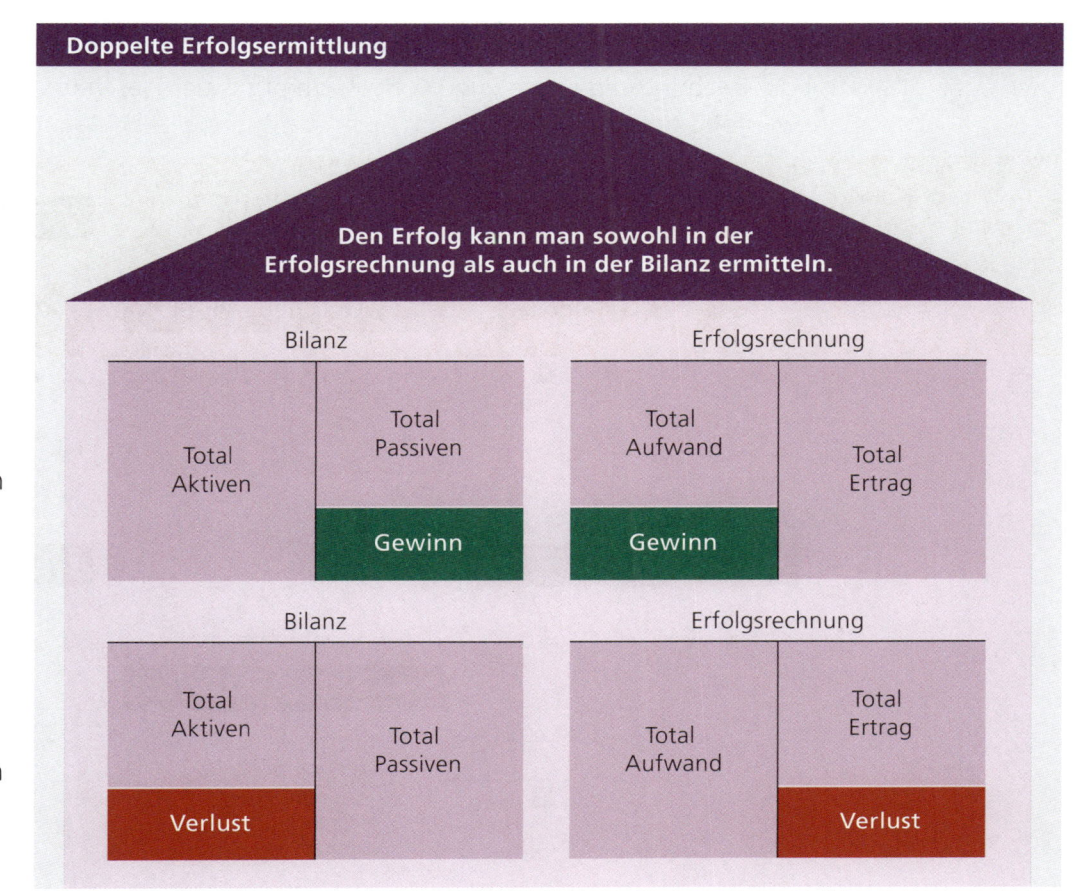

Den Erfolg kann man sowohl in der Erfolgsrechnung als auch in der Bilanz ermitteln.

Gewinnsituation

Bilanz	Erfolgsrechnung
Total Aktiven / Total Passiven / **Gewinn**	Total Aufwand / **Gewinn** / Total Ertrag

Verlustsituation

Bilanz	Erfolgsrechnung
Total Aktiven / **Verlust** / Total Passiven	Total Aufwand / Total Ertrag / **Verlust**

Merke In der Bilanz ergibt sich der **Gewinn** als Differenz auf der **Passivseite**: Das Vermögen ist grösser als die Verbindlichkeiten (Kapital), denn der Wertzuwachs aus Ertrag ist grösser als der Wertverbrauch aus Aufwand. Umgekehrt ergibt sich ein **Verlust** als Differenz auf der **Aktivseite**: Das Vermögen ist kleiner als die Verbindlichkeiten (Kapital), denn der Aufwand ist grösser als der Ertrag.

Schritt 3: Verrechnung des Erfolgs mit dem Eigenkapital

Damit die Erfolgsrechnung ausgeglichen wird und die Bilanz wieder ins Gleichgewicht kommt, wird der Erfolg aus der Erfolgsrechnung dem Konto «**Jahresgewinn**» bzw. «**Jahresverlust**» **gutgeschrieben** oder **belastet**. Diese beiden Konten gehören zum **Eigenkapital** (Gewinn als erarbeitetes, Verlust als verbrauchtes), sie müssen aber beim Abschluss separat aufgeführt werden. Gemäss den Vorschriften zur Rechnungslegung muss deshalb ein Verlust im definitiven Abschluss – mit einem Minuszeichen versehen – ebenfalls auf der Passivseite aufgeführt werden.

Buchungen Ende Jahr
Bei **Gewinn**: Erfolgsrechnung/Jahresgewinn (Eigenkapital nimmt zu)
Bei **Verlust**: Jahresverlust/Erfolgsrechnung (Eigenkapital nimmt ab)

Erst im neuen Jahr wird der Erfolg nach der Eröffnung der Bilanzkonten mit dem Konto «Eigenkapital» verrechnet.

Buchungen im neuen Jahr
Bei **Gewinn**: Jahresgewinn/Eigenkapital
Bei **Verlust**: Eigenkapital/Jahresverlust

Rechnungsabschluss und Kontenrahmen

4.1.2 Systematik der doppelten Erfolgsermittlung

Die Buchungsregeln der vier Kontenarten und der Abschluss können systematisch wie folgt dargestellt werden.

Erfolgsrechnung

S	Aufwandskonten	H		Erfolgsrechnung für 20__		S	Ertragskonten	H
+		−		Aufwand	Ertrag		−	+
	Saldo S_{ER}		**1** →	Gewinn	Verlust	← **2**	Saldo S_{ER}	

Bestandesrechnung

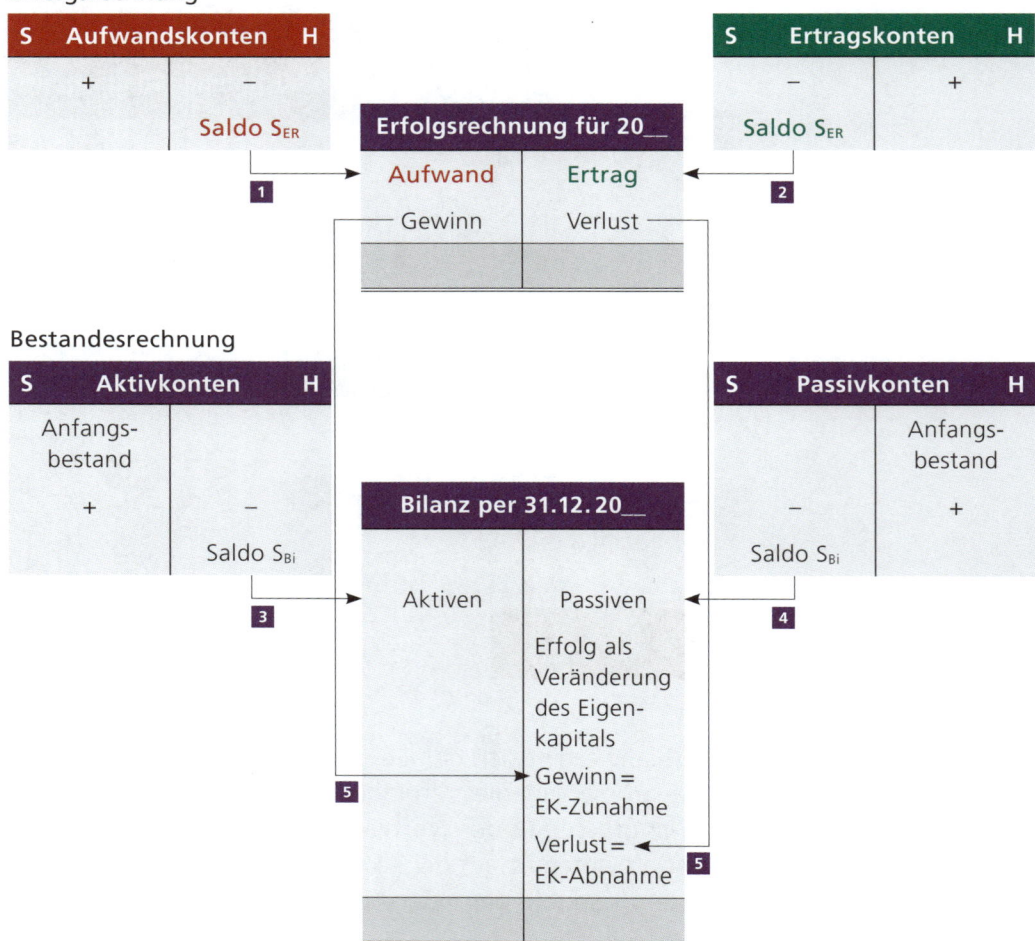

S	Aktivkonten	H		Bilanz per 31.12.20__		S	Passivkonten	H
Anfangsbestand								Anfangsbestand
+		−		Aktiven	Passiven		−	+
	Saldo S_{Bi}		**3** →		Erfolg als Veränderung des Eigenkapitals	← **4**	Saldo S_{Bi}	
			5 →		Gewinn = EK-Zunahme			
					Verlust = EK-Abnahme	← **5**		

Auch jeder Saldoeintrag ist Teil einer doppelten Buchung. Die Buchungen für den Saldoübertrag beim Abschluss lauten:

Merke — Abschlussbuchungen

		Soll	Haben
1	Aufwandskonten	Erfolgsrechnung	Aufwandskonto
2	Ertragskonten	Ertragskonto	Erfolgsrechnung
3	Aktivkonten	Bilanz	Aktivkonto
4	Passivkonten	Passivkonto	Bilanz
5	Gewinn	Erfolgsrechnung	Jahresgewinn
	Verlust	Jahresverlust	Erfolgsrechnung

Bei elektronischer Buchführung sind diese Buchungen bereits programmiert und ergeben sich deshalb automatisch.

Lösung Einführungsfall

Antonio Agosti muss den Gewinn, der ja den Wert des Unternehmens – sein Eigenkapital – vergrössert hat, aus der Erfolgsrechnung auf das Eigenkapitalkonto «Jahresgewinn» umbuchen und Anfang Jahr, wenn er sich den Gewinn nicht auszahlt, auf das Konto «Eigenkapital» übertragen.

A E-Aufgaben 1 bis 3, W-Aufgaben 4 bis 6

4.2 Die Bilanz als Bestandesrechnung

Einführungsfall

Antonio Agosti hat nun den Gewinn in die Bilanz übertragen und weist seine Konten in folgender Reihenfolge aus:

Bilanz		Erfolgsrechnung	
Bankguthaben	Darlehen	Abschreibungen	Erlös Getränke
Einrichtungen	Eigenkapital	Bankspesen	Erlös Pizza
Fahrzeuge	Übrige Verbindlichkeiten	Energie	Finanzertrag
Forderungen LL		Fahrzeugaufwand	
Kasse	Verbindlichkeiten LL	Finanzaufwand	
Ofen	Jahresgewinn	Getränkeaufwand	
Vorräte		Lohnaufwand	
		Pizzazutaten	
		Raumaufwand	
		Sonstiger Aufwand	
		Verwaltungsaufwand	
		Gewinn	

Schnell merkt er, dass die alphabetische Darstellung seiner Konten ihm beim Analysieren seines Abschlusses nicht viel weiterhilft. Müssten nicht ähnliche Konten hintereinander aufgeführt oder gar zusammengefasst werden? Nach welchem Prinzip soll dies geschehen? Gibt es kaufmännische Richtlinien? Muss er gesetzliche Vorschriften einhalten? Wie soll er seine Bilanz und Erfolgsrechnung gliedern?

In der **Bilanz** werden sämtliche Bestände an Aktiven und Passiven zum Zeitpunkt des Rechnungsabschlusses, dem **Bilanzstichtag**, einander gegenübergestellt. Sie zeigt links, in welche Art von Vermögen das zur Verfügung stehende Kapital investiert ist, und rechts, über welche Art von Kapital (Fremde oder Eigentümer, lang- oder kurzfristig) das Unternehmen verfügt. Vereinfacht ausgedrückt, zeigt sie auf, wie die momentanen Mittel eingesetzt sind und woher sie kommen respektive wer darauf Anspruch hat.

Aktiven und Passiven, z.B. Bankguthaben und -verbindlichkeiten, dürfen nicht miteinander verrechnet werden.

Rechnungsabschluss und Kontenrahmen

Bilanz Weberei Gunkel in Kontenform

Aktiven	Bilanz Weberei Gunkel, Laupen per 31.12.20_3			Passiven
Umlaufvermögen			**Kurzfristiges Fremdkapital**	
Kasse	10		Verbindlichkeiten LL	95
Bankguthaben	4		Bankverbindlichkeiten	159	254
Forderungen LL	416		**Langfristiges Fremdkapital**	
Rohmaterial	1000		Darlehen von X-AG	30
Fertige Erzeugnisse	1550	2980	Hypotheken	1750	1780
Anlagevermögen			**Eigenkapital**	
Beteiligungen	30		Eigenkapital		5000
Maschinen	990		Jahresgewinn		31
Fahrzeuge	40				
Werkzeuge	25				
Geschäftsliegenschaften	3000	4085			
		7065			7065

In der Praxis werden die Aktiven und die Passiven meistens untereinander aufgeführt (in sog. **Staffel-** oder **Berichtsform**). So bleibt Platz für eine vom Gesetz vorgeschriebene Gegenüberstellung von Vorjahresergebnissen. Das folgende Beispiel zeigt die im Jahresbericht 2019 der Coop-Gruppe dargestellte Bilanz.

Finanzwirtschaftliche Zusammenhänge

Beispiel | **Bilanz der Coop-Gruppe in Staffelform**

in Mio. CHF	31.12.2019	31.12.2018
Flüssige Mittel	917	945
Wertschriften	4	4
Forderungen aus Lieferungen und Leistungen	1 273	1 282
Sonstige kurzfristige Forderungen	285	297
Aktive Rechnungsabgrenzungen	565	535
Vorräte	3 384	3 336
Umlaufvermögen	**6 429**	**6 398**
Sachanlagen	12 803	12 675
Finanzanlagen	150	158
Immaterielle Anlagen	1 074	1 132
Anlagevermögen	**14 027**	**13 966**
Aktiven	**20 456**	**20 364**
Verbindlichkeiten aus Lieferungen und Leistungen	1 793	1 864
Kurzfristige Finanzverbindlichkeiten	924	1 126
Sonstige kurzfristige Verbindlichkeiten	378	356
Kurzfristige Rückstellungen	261	255
Passive Rechnungsabgrenzungen	1 420	1 306
Kurzfristiges Fremdkapital	**4 776**	**4 908**
Langfristige Finanzverbindlichkeiten	4 425	4 655
Langfristige Rückstellungen	990	1 047
Langfristiges Fremdkapital	**5 415**	**5 702**
Fremdkapital	**10 191**	**10 610**
Gewinnreserven	9 337	8 916
Kapitalreserven	−233	−241
Jahresergebnis	531	473
Eigenkapital ohne Minderheitsanteile	**9 635**	**9 148**
Minderheitsanteile	630	606
Eigenkapital inkl. Minderheitsanteile	**10 265**	**9 754**
Passiven	**20 456**	**20 364**

Quelle: www.coop.ch

Bilanzgliederung

Das Unternehmen gliedert die Aktiven nach der Liquidierbarkeit und die Passiven nach der Fälligkeit (Fälligkeitsprinzip).

Aktiven	Bilanz per …	Passiven
Umlaufvermögen Geld und diejenigen Vermögensteile, die innert einem Jahr zur Umwandlung in Geld bestimmt sind – Flüssige Mittel – Wertschriften – Forderungen – Vorräte		**Kurzfristiges Fremdkapital** Verbindlichkeiten an Fremde mit Fälligkeit weniger als ein Jahr
		Langfristiges Fremdkapital Verbindlichkeiten an Fremde mit Fälligkeit länger als ein Jahr
Anlagevermögen Zum dauernden Gebrauch (über ein Jahr) bestimmte Vermögensteile – Finanzanlagen – Beteiligungen – Sachanlagen – Immaterielle Werte		**Eigenkapital** Verbindlichkeiten an Eigentümer – Eigenkapital – Jahresgewinn

Art. 958 ff. OR
Art. 959a/959b OR

Das Gesetz verlangt jährlich mindestens einen Rechnungsabschluss mit Bilanz und Erfolgsrechnung. Ausserdem schreibt das Obligationenrecht eine detaillierte **Mindestgliederung** vor.

4.2.1 Gliederung der Aktiven

Die Aktiven werden nach dem **Liquiditätsprinzip** gegliedert. Das bedeutet, je schneller ein Aktivposten bei normalem Geschäftsgang flüssig wird, d. h. in Geld umgewandelt wird, desto weiter oben wird er aufgeführt. Demnach werden die Aktiven grundsätzlich in zwei Gruppen aufgeteilt, in Umlauf- und Anlagevermögen.

Umlaufvermögen (UV)

Zum Umlaufvermögen gehören die flüssigen Mittel und diejenigen Vermögensteile, die innerhalb eines Jahres zur Umwandlung in Geld bestimmt sind.
Gemäss dem Liquiditätsgrundsatz wird das Umlaufvermögen in drei Untergruppen unterteilt:

Flüssige Mittel und Wertschriften
- Kasse
- Bankguthaben (inkl. PostFinance)
- Wertschriften (mit Börsenkurs, kotiert)

Forderungen
- Forderungen aus Lieferungen und Leistungen
- Übrige kurzfristige Forderungen

Vorräte
- Handelswaren
- Rohstoffe
- Unfertige und fertige Erzeugnisse

Anlagevermögen (AV)

Zum Anlagevermögen gehören diejenigen Vermögensteile, die dem Unternehmen für längere Zeit (über ein Jahr) zur Nutzung bereitstehen. Sie werden folgendermassen eingeteilt:

Finanzanlagen
- Wertschriften (langfristige Anlagen)
- Aktivdarlehen

Beteiligungen [1]

Mobile Sachanlagen
- Maschinen und Apparate
- Mobiliar und Einrichtungen
- Büromaschinen
- Fahrzeuge
- Werkzeuge

Immobile Sachanlagen
- Geschäftsliegenschaften

Immaterielle Werte
- Patente [2]
- Lizenzen [3]

1) Ab 20% Anteil am Kapital eines anderen Unternehmens
2) Geschütztes Produkt
3) Geschütztes Verkaufs- oder Herstellungsrecht

4.2.2 Gliederung der Passiven

Die Passiven werden aufgrund ihrer Herkunft in Fremd- und Eigenkapital unterteilt.

Fremdkapital (FK)

Das Fremdkapital wird nach der Fälligkeit der Verbindlichkeiten gegliedert. Es wird unterteilt in:

Kurzfristiges Fremdkapital (kFK)
Verbindlichkeiten, die in weniger als einem Jahr fällig sind:
- Verbindlichkeiten aus Lieferungen und Leistungen
- Bankverbindlichkeiten kurzfristig
- Andere kurzfristige Verbindlichkeiten z.B. an das Steueramt

Langfristiges Fremdkapital (lFK)
Länger als ein Jahr zur Verfügung stehendes Kapital von Dritten:
- Passivdarlehen
- Hypotheken

Eigenkapital (EK)

Zum Eigenkapital, dem von Eigentümern zur Verfügung gestellten Kapital, gehört auch der im Rechnungsjahr erzielte Erfolg.

Eigenkapital
- Eigenkapital
- Jahresgewinn

Das Eigenkapital wird je nach Rechtsform auch in Grundkapital (einbezahltes Eigenkapital) und Zuwachskapital (selbst erarbeitetes Kapital) unterteilt.

A E-Aufgaben 7 bis 9, W-Aufgaben 10 bis 12

4.3 Die Erfolgsrechnung als Ursachenrechnung

In der **Erfolgsrechnung** werden sämtliche Erträge und Aufwände einer bestimmten Rechnungsperiode einander gegenübergestellt. Sie zeigt die Ursachen von erfolgswirksamen Wertvermehrungen und -verminderungen zwischen zwei Rechnungsabschlüssen auf oder, einfacher ausgedrückt, die **Ursachen für den erzielten Gewinn** oder **Verlust** während der **Rechnungsperiode**.

Art. 958c Abs. 1 OR   Aufwand und Ertrag (z.B. Warenaufwand und -ertrag oder Finanzaufwand und -ertrag) dürfen nicht miteinander verrechnet werden.

Grundsätzlich werden zwei Arten von Aufwand und Ertrag unterschieden:

Betrieblicher Bereich

Betriebliche Aufwände und Erträge ergeben sich aus der regulären betrieblichen Tätigkeit, die mit dem eigentlichen Betriebszweck, also der **Herstellung** und dem **Vertrieb** der **Betriebsleistung**, zusammenhängen. Das sind je nach Branche beispielsweise Waren-, Material-, Personal-, Raumaufwand, Abschreibungen, Waren- und Dienstleistungserlöse.

Gliederung des betrieblichen Bereichs	
Betriebsaufwand	**Betriebsertrag**
▪ Material- und Handelswarenaufwand	▪ Produktions- oder Handelserlöse (Warenertrag)
▪ Personalaufwand	
▪ Übriger betrieblicher Aufwand	▪ Dienstleistungserlöse
▪ Abschreibungen	▪ Übrige Erlöse
▪ Finanzaufwand	▪ Finanzertrag

Neutraler Bereich (nicht betrieblich)

In einigen Erfolgsrechnungen finden sich auch Positionen wie z.B. Aufwand und Ertrag aus Liegenschaften, die an Dritte vermietet werden. Sie haben nichts mit dem eigentlichen Kerngeschäft (Haupttätigkeit) selbst zu tun, sondern sind aus einer **betriebsfremden** Aktivität entstanden. Auch gilt es, **Ausserordentliches** und **Einmaliges**, nicht zum normalen Geschäftsablauf Zählendes gesondert auszuweisen (z.B. Gewinn aus dem Verkauf einer Immobilie). Diese Positionen würden das Resultat eines Branchen- oder Zeitvergleichs verfälschen. Die betriebsfremden und ausserordentlichen Aufwände und Erträge werden deshalb am Schluss der Erfolgsrechnung aufgeführt.

Finanzwirtschaftliche Zusammenhänge

Beispiel

Aufwand	Erfolgsrechnung Bäckerei Heinzelmann für 20_1		Ertrag
Materialaufwand	2700	Produktionserlöse Brot	3870
Lohnaufwand	200	Produktionserlöse Confiserie	1340
Raumaufwand	120	Übriger Betriebsertrag	60
Versicherungsaufwand	120	Ertrag Mehrfamilienhaus	290
Energieaufwand	100	Ausserordentlicher Ertrag	19
Verwaltungsaufwand	800		
Sonstiger Betriebsaufwand	80		
Abschreibungen	800		
Finanzaufwand	250		
Aufwand Mehrfamilienhaus	230		
Gewinn	179		
	5579		5579

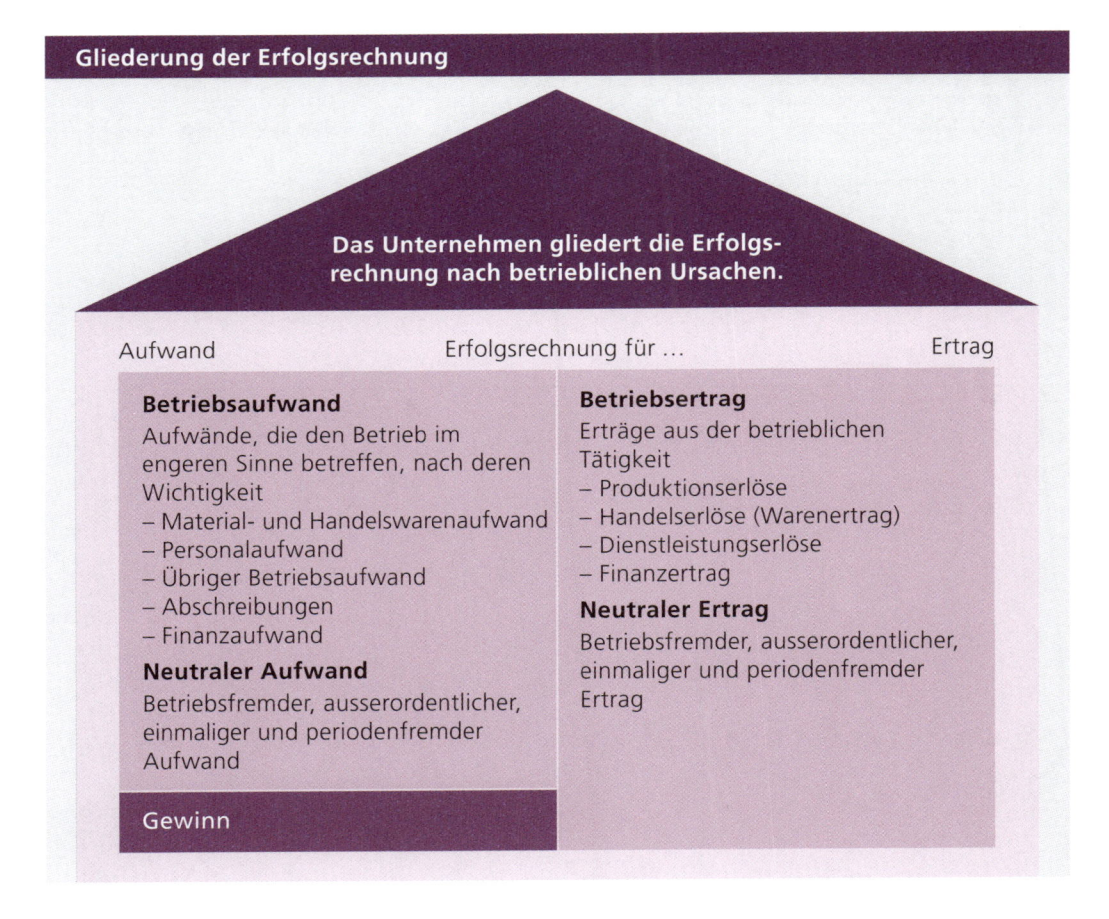

Links: Betrieblicher Bereich / Neutraler Bereich
Rechts: Betrieblicher Bereich / Neutraler Bereich

Gliederung der Erfolgsrechnung

Das Unternehmen gliedert die Erfolgsrechnung nach betrieblichen Ursachen.

Aufwand — Erfolgsrechnung für … — Ertrag

Betriebsaufwand
Aufwände, die den Betrieb im engeren Sinne betreffen, nach deren Wichtigkeit
– Material- und Handelswarenaufwand
– Personalaufwand
– Übriger Betriebsaufwand
– Abschreibungen
– Finanzaufwand

Neutraler Aufwand
Betriebsfremder, ausserordentlicher, einmaliger und periodenfremder Aufwand

Gewinn

Betriebsertrag
Erträge aus der betrieblichen Tätigkeit
– Produktionserlöse
– Handelserlöse (Warenertrag)
– Dienstleistungserlöse
– Finanzertrag

Neutraler Ertrag
Betriebsfremder, ausserordentlicher, einmaliger und periodenfremder Ertrag

→ **4. Semester Kapitel 8**

Auch die Erfolgsrechnung wird in der Praxis meistens in Berichts- oder Staffelform gezeigt und stufenweise in verschiedene Bereichserfolge geteilt. Die Erträge und Aufwände werden, statt im Konto nebeneinander, untereinander aufgeführt. Das hat den Vorteil, dass die Beträge mehrerer Jahre Platz haben und dass die Ermittlung des Erfolgs für Unkundige dank der Minuszeichen vor den Aufwänden leichter nachvollziehbar ist.

Rechnungsabschluss und Kontenrahmen

Beispiel

Erfolgsrechnung der Lindt & Sprüngli-Gruppe in Staffelform

GESCHÄFTSBERICHT 2019
KONZERNRECHNUNG DER LINDT & SPRÜNGLI GRUPPE

Konsolidierte Erfolgsrechnung

CHF Mio.	2019		2018	
Erträge				
Umsatz	4 509,0	100,0%	4 313,2	100,0%
Übrige Erträge	16,6		19,3	
Total Erträge	**4 525,6**	**100,4%**	**4 332,5**	**100,4%**
Aufwand				
Materialaufwand[1]	−1 505,8	−33,4%	−1 463,2	−33,9%
Bestandesänderung Lager	−11,8	−0,2%	29,2	0,8%
Personalaufwand[2]	−978,9	−21,7%	−938,4	−21,8%
Betriebsaufwand[3]	−1 113,3	−24,7%	−1 143,9	−26,5%
Abschreibungen/Wertbeeinträchtigungen[4]	−322,8	−7,2%	−179,5	−4,2%
Total Aufwand	**−3 932,6**	**−87,2%**	**−3 695,8**	**−85,6%**
Operatives Ergebnis (EBIT)[5]	**593,0**	**13,2%**	**636,7**	**14,8%**
Finanzertrag	3,1		3,8	
Finanzaufwand	−35,0		−19,9	
Gewinn vor Steuern	**561,1**	**12,4%**	**620,6**	**14,4%**
Steuern[6]	−49,2		−133,5	
Reingewinn	**511,9**	**11,4%**	**487,1**	**11,3%**
davon zurechenbar an nicht beherrschende Anteile	2,3		2,0	
davon zurechenbar an Aktionäre der Muttergesellschaft	509,6		485,1	
Unverwässerter Reingewinn je Aktie/10 PS (in CHF)	2 141,5		2 021,4	
Verwässerter Reingewinn je Aktie/10 PS (in CHF)	2 123,7		2 008,1	

Quelle: report.lindt-spruengli.com

Lösung Einführungsfall

Antonio Agosti muss sich an die Vorschriften zur kaufmännischen Buchführung gemäss Art. 957 ff. OR halten.

Seine Konten sind wie folgt zu gliedern:

Aktiven	Bilanz vom ...	Passiven
Umlaufvermögen • Kasse • Bankguthaben • Forderungen • Vorräte Anlagevermögen • Ofen • Einrichtungen • Fahrzeuge		Kurzfristiges Fremdkapital • Verbindlichkeiten LL • Übrige Verbindlichkeiten Langfristiges Fremdkapital • Darlehen Eigenkapital • Eigenkapital • Gewinn

Aufwand	Erfolgsrechnung für ...	Ertrag
Pizzazutaten Getränkeaufwand Lohnaufwand Raumaufwand Fahrzeugaufwand Energie Verwaltungsaufwand Sonstiger Aufwand Abschreibungen Finanzaufwand Bankspesen Gewinn		Erlös Pizza Erlös Getränke Finanzertrag

A E-Aufgaben 13 und 14, W-Aufgaben 15 bis 17

4.4 Der Schweizer Kontenrahmen KMU als Gliederungsgrundlage

Da der Aufbau und die Gliederung der Bilanz und Erfolgsrechnung eine zentrale Rolle für die Auswertung und Vergleichbarkeit spielen, hat der Zürcher Professor Karl Käfer bereits 1947 alle denkbaren Konten für die kleineren und mittleren Unternehmen (KMU) systematisch in Klassen, Gruppen und Untergruppen eingeteilt und jedem Konto eine entsprechende vierstellige Nummer zugewiesen. Eine Weiterentwicklung seines Konzepts ist der heute allgemein verwendete **Schweizer Kontenrahmen KMU**.

Es handelt sich dabei um einen Vorschlag, in welchem Rahmen kleine und mittlere Unternehmen die auf ihren Betrieb zutreffenden Konten gliedern und nummerieren sollten. Er baut auf dem **Abschluss-Gliederungsprinzip** auf, d.h., die Reihenfolge der Konten stimmt mit dem Aufbau des Jahresabschlusses überein. Zusätzlich erfüllt er die Anforderungen gemäss schweizerischem Rechnungslegungsrecht und der Swiss GAAP FER (Fachempfehlung zur Rechnungslegung).

Je nach Branche, Rechtsform oder Unternehmensgrösse leitet der einzelne Betrieb aus dem allgemeinen (Muster-)**Kontenrahmen** seinen eigenen **Kontenplan** ab. Jedem vorhandenen Konto wird eine vierstellige Nummer zugewiesen. Die Nummerierung der Konten erfolgt hierarchisch nach **Kontenklassen, Kontenhauptgruppen** und **Kontengruppen**. Um eine einheitliche Gliederung der Bilanz und Erfolgsrechnung der KMU in der Schweiz zu erreichen, ist es sinnvoll, wenn die ersten drei Ziffern im betriebseigenen Kontenplan unverändert übernommen werden.

4.4.1 Aufbau des Kontenrahmens KMU

Sämtliche Konten werden in **neun Klassen** gegliedert. Die erste Ziffer einer Kontennummer steht immer für die Kontenklasse. Jedes Aktivkonto beginnt beispielsweise mit der Ziffer Eins und jedes Passivkonto mit der Zwei.

Kontenklassen des Kontenrahmens KMU

Bilanz		Erfolgsrechnung						Jahresabschluss
1	**2**	**3**	**4**	**5**	**6**	**7**	**8**	**9**
Aktiven	Passiven	Betrieblicher Ertrag aus Lieferungen und Leistungen	Aufwand für Material, Handelswaren und Dienstleistungen	Personalaufwand	Übrige betriebliche Erfolge*	Betriebliche Nebenerfolge	Betriebsfremder und ausserordentlicher Aufwand und Ertrag	Abschluss

Klassen 3–6: Kerngeschäft = Betrieblicher Bereich
Klassen 7–8: Neutraler Bereich (nicht betrieblich)

* Vereinfachung für «Übriger betrieblicher Aufwand, Abschreibungen und Wertberichtigungen sowie Finanzergebnis»

Die **Klassen** entsprechen der Gliederung des Rechnungsabschlusses. In den **Klassen 1** und **2** werden die **Bilanzkonten** eingeteilt. **Klasse 3** beinhaltet alle **betrieblichen Erträge**, die **Klassen 4** und **5 betriebliche Aufwände** und die **Klasse 6 übrige betriebliche Erfolge** (inklusive dem Ertragskonto «Finanzertrag»).
Die **Klasse 7** ist gedacht für alle Aufwände und Erträge, die mit einem **Nebenbetrieb**, wie z. B. dem Kiosk in einem Museum, entstehen. In der **Klasse 8** findet man alle **neutralen** Aufwände und Erträge, die überhaupt nichts mit dem eigentlichen Geschäftsbetrieb des Rechnungsjahres zu tun haben. Betriebsfremder Aufwand und Ertrag (z. B. Miethäuser), ausserordentlicher oder einmaliger Aufwand und Ertrag (z. B. nicht vorhersehbare Prozesskosten) oder periodenfremder Aufwand und Ertrag (z. B. Zahlungseingang von im Vorjahr abgeschriebener Kundenforderung).
Weiter werden die Kontenklassen unterteilt in **Kontenhauptgruppen**, deren Zugehörigkeit sich in der zweiten Ziffer widerspiegelt.
Schliesslich werden **Kontengruppen** wie «Flüssige Mittel», «Forderungen» usw. mit der dritten Ziffer definiert, und mit der vierten kommt man zum einzelnen **Konto** wie «Forderungen aus Lieferungen und Leistungen» oder «Verrechnungssteuer».

Beispiel Die Kontonummer 1000 setzt sich wie folgt zusammen:
- 1 Klasse Aktiven
- 10 Hauptgruppe Umlaufvermögen
- 100 Kontengruppe Flüssige Mittel
- 1000 Konto Kasse

Der Kontenrahmen KMU wurde 2013 überarbeitet und an das ab 2015 geltende Rechnungslegungsrecht angepasst. Auf den Seiten 60 und 61 ist die offizielle ausführliche Schulversion des Kontenrahmens KMU abgebildet. Der im Buchdeckel abgebildete Kontenplan ist eine für Schulzwecke adaptierte Version davon.

4.4.2 Betriebsspezifischer Kontenplan

Damit die Buchhaltung einheitlich geführt wird und jede Buchungstatsache exakt zugeordnet werden kann, verwendet man einen sehr detaillierten **Kontenplan**, zugeschnitten auf jedes einzelne Unternehmen.

Beispiel Kontenklasse 5 eines Generalunternehmers mit 480 Angestellten

Kontenklasse	5	Personalaufwand
Kontenhauptgruppe	58	Übriger Personalaufwand
Kontengruppe	580	Personalbeschaffung
Konto	5800	Personalinserate
	5801	Personalvermittlungsprovision
	581	**Aus- und Weiterbildung**
	5810	Betriebsnotwendige Ausbildung
	5811	Berufliche Weiterbildung
	582	**Spesenentschädigung effektiv**
	5820	Reisespesen
	5821	Verpflegungsspesen
	5822	Übernachtungsspesen
	583	**Spesenentschädigung pauschal**
	5830	Pauschalspesen Kader
	5831	Pauschalspesen Geschäftsleitung
	5832	Pauschalspesen Verwaltungsrat
	584	**Personalkantine**
	5840	Personalkantine Verpflegung
	5841	Personalkantine Getränke
	5845	Erträge für Essen (als Aufwandsminderung)
	5846	Erträge für Getränke (als Aufwandsminderung)
	588	**Sonstiger Personalaufwand**
	5880	Personalanlässe
	5881	Firmensportgruppe

Für Schulzwecke eignen sich solche ins Detail gehenden Einzelkonten nicht. Es werden meistens die in der Klappe des Buchumschlags zusammenfassenden Konten des «Vereinfachten Kontenplans nach Schweizer Kontenrahmen KMU» verwendet.

Schweizer Kontenrahmen KMU (Sterchi/Mattle/Helbling): offizielle Schulversion

1	Aktiven
10	**Umlaufvermögen**
100	**Flüssige Mittel**
1000	Kasse
1020	Bankguthaben
106	**Kurzfristig gehaltene Aktiven mit Börsenkurs**
1060	Wertschriften
1069	Wertberichtigungen Wertschriften
110	**Forderungen aus Lieferungen und Leistungen**
1100	Forderungen aus Lieferungen und Leistungen (Debitoren)
1109	Delkredere
114	**Übrige kurzfristige Forderungen**
1140	Vorschüsse und Darlehen
1149	Wertberichtigungen Vorschüsse und Darlehen
1170	Vorsteuer MWST Material, Waren, Dienstleistung, Energie
1171	Vorsteuer MWST Investitionen, übriger Betriebsaufwand
1176	Verrechnungssteuer
1180	Forderungen gegenüber Sozialversicherungen und Vorsorgeeinrichtungen
1189	Quellensteuer
1190	Sonstige kurzfristige Forderungen
1199	Wertberichtigungen sonstige kurzfristige Forderungen
120	**Vorräte und nicht fakturierte Dienstleistungen**
1200	Handelswaren
1210	Rohstoffe
1220	Werkstoffe
1230	Hilfs- und Verbrauchsmaterial
1250	Handelswaren in Konsignation
1260	Fertige Erzeugnisse
1270	Unfertige Erzeugnisse
1280	Nicht fakturierte Dienstleistungen
130	**Aktive Rechnungsabgrenzungen**
1300	Bezahlter Aufwand des Folgejahres
1301	Noch nicht erhaltener Ertrag
14	**Anlagevermögen**
140	**Finanzanlagen**
1400	Wertschriften
1409	Wertberichtigungen Wertschriften
1440	Darlehen
1441	Hypotheken
1449	Wertberichtigungen langfristige Forderungen
148	**Beteiligungen**
1480	Beteiligungen
1489	Wertberichtigungen Beteiligungen
150	**Mobile Sachanlagen**
1500	Maschinen und Apparate
1509	Wertberichtigungen Maschinen und Apparate
1510	Mobiliar und Einrichtungen
1519	Wertberichtigungen Mobiliar und Einrichtungen
1520	Büromaschinen, Informatik, Kommunikationstechnologie
1529	Wertberichtigungen Büromaschinen, Informatik, Kommunikationstechnologie
1530	Fahrzeuge
1539	Wertberichtigungen Fahrzeuge
1540	Werkzeuge und Geräte
1549	Wertberichtigungen Werkzeuge und Geräte
160	**Immobile Sachanlagen**
1600	Geschäftsliegenschaften
1609	Wertberichtigungen Geschäftsliegenschaften
170	**Immaterielle Werte**
1700	Patente, Know-how, Lizenzen, Rechte, Entwicklungen
1709	Wertberichtigungen Patente, Know-how, Lizenzen, Rechte, Entwicklungen
1770	Goodwill
1779	Wertberichtigungen Goodwill
180	**Nicht einbezahltes Grund-, Gesellschafter- oder Stiftungskapital**
1850	Nicht einbezahltes Aktien-, Stamm-, Anteilschein- oder Stiftungskapital

2	Passiven
20	**Kurzfristiges Fremdkapital**
200	**Verbindlichkeiten aus Lieferungen und Leistungen**
2000	Verbindlichkeiten aus Lieferungen und Leistungen (Kreditoren)
2030	Erhaltene Anzahlungen
210	**Kurzfristige verzinsliche Verbindlichkeiten**
2100	Bankverbindlichkeiten
2120	Verbindlichkeiten aus Finanzierungsleasing
2140	Übrige verzinsliche Verbindlichkeiten
220	**Übrige kurzfristige Verbindlichkeiten**
2200	Geschuldete MWST (Umsatzsteuer)
2201	Abrechnungskonto MWST
2206	Verrechnungssteuer
2208	Direkte Steuern
2210	Sonstige kurzfristige Verbindlichkeiten
2261	Beschlossene Ausschüttungen
2270	Sozialversicherungen und Vorsorgeeinrichtungen
2279	Quellensteuer
230	**Passive Rechnungsabgrenzungen und kurzfristige Rückstellungen**
2300	Noch nicht bezahlter Aufwand
2301	Erhaltener Ertrag des Folgejahres
2330	Kurzfristige Rückstellungen
24	**Langfristiges Fremdkapital**
240	**Langfristige verzinsliche Verbindlichkeiten**
2400	Bankverbindlichkeiten
2420	Verbindlichkeiten aus Finanzierungsleasing
2430	Obligationenanleihen
2450	Darlehen
2451	Hypotheken
250	**Übrige langfristige Verbindlichkeiten**
2500	Übrige langfristige Verbindlichkeiten (unverzinslich)
260	**Rückstellungen sowie vom Gesetz vorgesehene ähnliche Positionen**
2600	Rückstellungen
28	**Eigenkapital (juristische Personen)**
280	**Grund-, Gesellschafter- oder Stiftungskapital**
2800	Aktien-, Stamm-, Anteilschein- oder Stiftungskapital
290	**Reserven und Jahresgewinn oder Jahresverlust**
2900	Gesetzliche Kapitalreserve
2930	Reserve für eigene Kapitalanteile
2940	Aufwertungsreserve
2950	Gesetzliche Gewinnreserve
2960	Freiwillige Gewinnreserven
2970	Gewinnvortrag oder Verlustvortrag
2979	Jahresgewinn oder Jahresverlust
2980	Eigene Aktien, Stammanteile oder Anteilscheine (Minusposten)
28	**Eigenkapital (Einzelunternehmen)**
2800	Eigenkapital zu Beginn des Geschäftsjahres
2820	Kapitaleinlagen und Kapitalrückzüge
2850	Privat
2891	Jahresgewinn oder Jahresverlust
28	**Eigenkapital (Personengesellschaft)**
2800	Eigenkapital Gesellschafter A zu Beginn des Geschäftsjahres
2810	Kapitaleinlagen und Kapitalrückzüge Gesellschafter A
2820	Privat Gesellschafter A
2831	Jahresgewinn oder Jahresverlust Gesellschafter A
2850	Eigenkapital Kommanditär A zu Beginn des Geschäftsjahres
2860	Kapitaleinlagen und Kapitalrückzüge Kommanditär A
2870	Privat Kommanditär A
2881	Jahresgewinn oder Jahresverlust Kommanditär A

Finanzwirtschaftliche Zusammenhänge

3	Betrieblicher Ertrag aus Lieferungen und Leistungen
3000	Produktionserlöse
3200	Handelserlöse
3400	Dienstleistungserlöse
3600	Übrige Erlöse aus Lieferungen und Leistungen
3700	Eigenleistungen
3710	Eigenverbrauch
3800	Erlösminderungen
3805	Verluste Forderungen (Debitoren), Veränderungen Delkredere
3900	Bestandesänderungen unfertige Erzeugnisse
3901	Bestandesänderungen fertige Erzeugnisse
3940	Bestandesänderungen nicht fakturierte Dienstleistungen

4	Aufwand für Material, Handelswaren, Dienstleistungen und Energie
4000	Materialaufwand Produktion
4200	Handelswarenaufwand
4400	Aufwand für bezogene Dienstleistungen
4500	Energieaufwand zur Leistungserstellung
4900	Aufwandminderungen

5	Personalaufwand
5000	Lohnaufwand
5700	Sozialversicherungsaufwand
5800	Übriger Personalaufwand
5900	Leistungen Dritter

6	Übriger betrieblicher Aufwand, Abschreibungen und Wertberichtigungen sowie Finanzergebnis
6000	Raumaufwand
6100	Unterhalt, Reparaturen, Ersatz mobile Sachanlagen
6105	Leasingaufwand mobile Sachanlagen
6200	Fahrzeug- und Transportaufwand
6260	Fahrzeugleasing und -mieten
6300	Sachversicherungen, Abgaben, Gebühren, Bewilligungen
6400	Energie- und Entsorgungsaufwand
6500	Verwaltungsaufwand
6570	Informatikaufwand, inklusive Leasing
6600	Werbeaufwand
6700	Sonstiger betrieblicher Aufwand
6800	Abschreibungen und Wertberichtigungen auf Positionen des Anlagevermögens
6900	Finanzaufwand
6950	Finanzertrag

7	Betrieblicher Nebenerfolg
7000	Ertrag Nebenbetrieb
7010	Aufwand Nebenbetrieb
7500	Ertrag betriebliche Liegenschaft
7510	Aufwand betriebliche Liegenschaft

8	Betriebsfremder, ausserordentlicher, einmaliger oder periodenfremder Aufwand und Ertrag
8000	Betriebsfremder Aufwand
8100	Betriebsfremder Ertrag
8500	Ausserordentlicher, einmaliger oder periodenfremder Aufwand
8510	Ausserordentlicher, einmaliger oder periodenfremder Ertrag
8900	Direkte Steuern

9	Abschluss [1]
9200	Jahresgewinn oder Jahresverlust

Herausgeber: veb.ch
Autoren: Sterchi/Mattle/Helbling
Verlag: Verlag SKV AG

[1] Da in der Praxis davon ausgegangen wird, dass bei elektronischer Buchführung die Abschlussbuchungen bereits programmiert sind, fehlen in der offiziellen Schulversion die Erfolgsrechnung und Bilanz in der Kontenklasse 9.

Die offizielle Schulversion des Schweizer Kontenrahmens KMU bildet die Basis für den «Vereinfachten Kontenplan nach Schweizer Kontenrahmen KMU» in der Klappe des Buchumschlags. Dieser Kontenplan wurde für den Grundlagenunterricht angepasst und kommt bei allen Aufgaben zur Anwendung, bei denen kein spezieller Kontenplan vorgegeben wird.

4.4.3 Anwendung der Kontonummer im Kontierungsstempel

Wird, wie heute allgemein üblich, die Buchhaltung elektronisch geführt, können statt der Kontennamen nur noch die Kontennummern im Buchungssatz eingegeben werden. Die Arbeit des Eingebens wird dadurch erleichtert, dass die Verantwortlichen bereits auf dem zu verbuchenden Beleg angeben, auf welchem Konto wie viel gebucht werden soll. Dafür verwenden sie einen **Kontierungsstempel**, den sie auf dem **Beleg** anbringen und von Hand ausfüllen.

Grundsätzlich beinhaltet ein Kontierungsstempel mindestens drei Spalten, eine für die Nennung der **Kontennummer** (Konto, in welches der Betrag gebucht werden soll) und je eine für den Betrag im **Soll** und im **Haben**. Meistens wird er, je nach Bedarf eines Unternehmens, um weitere Zellen erweitert. So ergibt es zum Beispiel Sinn, dass zur besseren Kontrolle Platz für die Belegnummer, für das Visum des Verantwortlichen sowie für das Buchungsdatum vorgesehen ist.

Beispiel Kontierungsstempel auf einem Bankauszug

Konto-Nr.	Betrag	
	Soll	Haben
1020		10 600
2000	5 600	
5000	5 000	
Total	10 600	10 600
Visum: Flu	gebucht: 1.7.20_3	Belegnr.: 56

Hier handelt es sich um zwei Überweisungen, die von der Bank mit total CHF 10 600 belastet werden. Zum einen wird eine Lieferantenrechnung im Betrag von CHF 5600 beglichen, zum anderen ein Lohn von CHF 5000 überwiesen. In Buchungssätzen ausgedrückt besagt dieser Kontenstempel:
Verbindlichkeiten LL/Bankguth. CHF 5600
Lohnaufwand/Bankguth. CHF 5000

A E-Aufgaben 18 bis 22, W-Aufgaben 23 bis 26

Leistungsziele

Die Leistungsziele sind analog dem Kapitel 3.

Finanzwirtschaftliche Zusammenhänge

Hinweise zum Aufgabenteil

Bei der Erstellung der Abschlussrechnungen ist die Kontenreihenfolge des im Buchumschlag abgebildeten Kontenplans zu übernehmen.

E 4.1 Doppelte Ermittlung des Erfolgs

1. Kontenführung und Abschluss mit doppelter Erfolgsermittlung

Patrick Sager eröffnet am 1.3.20_1 eine Privatschule. Er legt CHF 1000 in die Kasse, zahlt CHF 19 000 auf das Konto bei der PostFinance ein und schreibt sich diese Einlagen im Konto «Eigenkapital» gut (als Anfangsbestände bereits eingetragen). Die Regiobank gewährt ihm einen Kredit bis zu CHF 30 000 (= Bankverbindlichkeit). Sie erhalten den Auftrag, aufgrund seiner Angaben per 31.3.20_1 zu bestimmen, welchen Gewinn oder Verlust er bis jetzt erzielt hat.

a) Bilden Sie die Buchungssätze und tragen Sie den Betrag in die entsprechenden Konten ein. Bei Aufwand ist der Wertverbrauch rot, bei Ertrag der Wertzuwachs grün einzutragen.

Nr.	Buchungstatsache	Soll	Haben	Betrag
1	Kauf von Einrichtungen auf Kredit			50 000
2	Auslagen in bar für Folien, Kreide usw.			1 000
3	Bezug am Bancomat der Regiobank, Einlage in Kasse			2 000
4	Eingang von Kundenzahlungen auf das Konto bei der Regiobank für Buchungen von Kursen im Internet gegen Kreditkarte			15 000
5	Zahlung der Miete per Regiobank			7 000
6	Versand von Rechnungen für Schulgelder			34 000
7	Teilzahlung an Lieferant von Einrichtungen per Regiobank (vgl. 1)			24 000
8	Zahlung der Lehrerlöhne per PostFinance			18 000
9	Wertverminderung der Einrichtungen durch Nutzung			1 500
10	Die Regiobank belastet Zins und Spesen.			50
11	Saldoübertrag in die Abschlussrechnungen: Kasse Bankverbindlichkeiten Lohnaufwand Schulgeldertrag			

Rechnungsabschluss und Kontenrahmen

Kasse			Bankguthaben PostFinance			Forderungen LL	
AB	1000		AB	19 000			

Mobiliar und Einrichtungen			Bankverbindlichkeiten			Verbindlichkeiten LL	

Eigenkapital			Lohnaufwand			Sonstiger Betriebsaufwand	
	AB	20 000					

Abschreibungen			Finanzaufwand			Schulgeldertrag	

b) Schliessen Sie die Konten ab und erstellen Sie die Erfolgsrechnung und die Bilanz.

Erfolgsrechnung P. Sager für März 20_1	

Bilanz P. Sager per 31.3.20_1	

c) Erklären Sie aufgrund der von Ihnen rot und grün eingetragenen Beträge, weshalb der Saldo der Erfolgsrechnung demjenigen der Bilanz entspricht, jedoch auf der Gegenseite.

d) Wer erhält den Gewinn bzw. trägt den Verlust? Wie wird dieser Ende Jahr gutgeschrieben bzw. belastet?

2. Ablauf des Rechnungsjahres

Erstellen Sie eine Checkliste für die in der Buchhaltung anfallenden Arbeiten während eines Geschäftsjahres, indem Sie die folgenden Tätigkeiten in der richtigen Reihenfolge auflisten. Eine Tätigkeit gibt es nicht.
Tätigkeiten:
- Buchungstatsachen des Rechnungsjahres in Journal und Hauptbuch verbuchen
- Bilanzkonten eröffnen mit Anfangsbestand
- Erfolgskonten eröffnen mit Anfangsbestand
- Erfolgskonten abschliessen
- Bilanz erstellen und kontrollieren, ob Erfolg übereinstimmt
- Übertrag Vorjahreserfolg auf Konto «Eigenkapital»
- Bilanzkonten abschliessen
- Verbuchung des Erfolgs
- Erfolgsrechnung erstellen

Checkliste «Von der Eröffnung zum Abschluss»

1.
2.
3.
4.
5.
6.
7.
8.

3. Doppelte Ermittlung des Erfolgs aus Saldenliste

Nachfolgend sind alle Bilanz- und Erfolgskonten der Karosseriewerkstatt Wolf aufgeführt.

Saldi per 31.12.20_1 (alphabetische Reihenfolge, abgekürzte Zahlen)

Abschreibungen	60	Finanzaufwand	20	Raumaufwand	30
Betriebseinrichtungen	30	Flüssige Mittel	20	Sonstiger Betriebsaufwand	100
Eigenkapital	240	Forderungen LL	85	Verbindlichkeiten LL	70
Erlöse Lackiererei	350	Hypothekarschulden	400	Verbrauch an Material	260
Erlöse Spenglerei	450	Liegenschaften	600	Vorräte	10
Fahrzeuge	5	Löhne	290		

a) Erstellen Sie die Erfolgsrechnung für das Jahr 20_1. Der Gewinn oder Verlust ist zu berechnen und eindeutig zu bezeichnen.

Aufwand		Erfolgsrechnung Karosseriewerkstatt Wolf für 20_1	Ertrag	
Verbrauch an Material	260	Erlöse Lackiererei	350	
Löhne	290	Erlöse Spenglerei	450	
Raumaufwand	30			
Abschreibungen	60			
Finanzaufwand	20			
Sonstiger Betriebsaufwand	100			
Gewinn	40			
	800		**800**	

b) Erstellen Sie die Bilanz per 31.12.20_1 und ermitteln Sie ebenfalls den Erfolg.

Aktiven		Bilanz Karosseriewerkstatt Wolf per 31.12.20_1	Passiven	
Flüssige Mittel	20	Verbindlichkeiten LL	70	
Forderungen LL	85	Hypothekarschulden	400	
Vorräte	10	Eigenkapital	240	
Fahrzeuge	5	Gewinn	40	
Betriebseinrichtungen	30			
Liegenschaften	600			
	750		**750**	

W 4.1 Doppelte Ermittlung des Erfolgs

4. Journal, Hauptbuch mit zusammengefassten Konten, Abschluss, Erfolgsübertrag

Die Werbeagentur Sandra Spiess hat zu Beginn der Rechnungsperiode 20_6 folgende zusammengefasste Konten und Anfangsbestände:

Aktiven: Flüssige Mittel (Kasse, Bankguthaben) 28 800, Forderungen LL 30 200, Anlagen (Apparate, Fahrzeuge und Büromobiliar) 15 800

Passiven: Verbindlichkeiten LL 2800, Darlehensschuld 20 000, Eigenkapital 52 000

Aufwand: Lohnaufwand, Sonstiger Aufwand (Raumaufwand, Verwaltungsaufwand, Finanzaufwand), Abschreibungen

Ertrag: Dienstleistungserlöse

a) Eröffnen Sie die Konten und kennzeichnen Sie den Anfangsbestand mit AB.
b) Bilden Sie die Buchungssätze für die zusammengefassten Buchungstatsachen des Jahres 20_6 und nehmen Sie die Konteneinträge in die zusammengefassten Konten vor.

Journal Werbeagentur Spiess

Nr.	Zusammengefasste Buchungstatsache	Buchungssatz Soll	Haben	Betrag
1	Rechnungen an Kunden CHF 99 000			
2	Käufe mit Maestro-Karte von diversen Apparaten CHF 23 000			
3	Kauf von Verbrauchsmaterialien auf Kredit CHF 14 000			
4	Per Bank werden vom Darlehen CHF 10 000 zurückbezahlt und CHF 1200 Zins überwiesen.			
5	Die Wertverminderung der Anlagen wird mit CHF 3800 berücksichtigt.			
6	Kunden zahlen CHF 125 000 für fällige Rechnungen auf Bank. Sie haben total CHF 2000 Skonto abgezogen.			
7	Lohnzahlungen an Mitarbeiter per Bank CHF 77 000			
8	Der Erfolg wird verbucht.			

Rechnungsabschluss und Kontenrahmen

Flüssige Mittel	Verbindlichkeiten LL	Lohnaufwand	Dienstleistungserlöse

Forderungen LL	Darlehensschuld	Sonstiger Aufwand

Anlagen	Eigenkapital	Abschreibungen

Erfolgsrechnung Werbeagentur Spiess für 20_6	Bilanz Werbeagentur Spiess für 20_6

5. Führen von Journal und Hauptbuch mit Jahresabschluss

Günther Schaub betreibt ein eigenes Treuhandbüro. Führen Sie die Buchhaltung dieses Unternehmens weiter gemäss folgenden Angaben (gekürzte Zahlen):

Bilanz Schaub Treuhand per 1.1. 20_4			
Kasse	10	Verbindlichkeiten LL	24
Forderungen LL	66	Bankverbindlichkeiten	58
Mobiliar	350	Darlehen	140
Fahrzeuge	200	Eigenkapital	404
	626		626

a) Tragen Sie die fehlenden Buchungssätze und Beträge ins Journal ein und führen Sie das Hauptbuch. Neue Konten dürfen nicht eröffnet werden.
b) Schliessen Sie die Konten ab und erstellen Sie Erfolgsrechnung und Bilanz.
c) Wie lautet der Buchungssatz für den Jahreserfolg?

Journal Schaub Treuhand

Nr.	Text	Buchungssatz	Betrag
1	Rechnung an Kunden		170
2	Bankzahlung der Miete		12
3	Barbezug ab Bancomat		20
4	Rechnung für Büroverbrauchsmaterial		6
5	Rechnung für die Lieferung eines neuen Pults		56
6	Rechnung für Strom		6
7	Kauf eines neuen Fahrzeugs auf Kredit		30
8	Die Bank schreibt 62 für Kundenzahlungen gut. Der Skontoabzug von 3 ist ebenfalls zu verbuchen.		62 / 3
9	Zahlung für Werbeinserate, bar		9
10	Erfassung Wertverminderung Fahrzeuge		20
11	Lohnzahlung an Mitarbeiter per Banküberweisung		32
12	Zahlung des Darlehenszinses von 5 und Teilrückzahlung des Darlehens 30 per Bank		5 / 30
c)	Erfolgsübertrag		

Rechnungsabschluss und Kontenrahmen

Kasse	Verbindlichkeiten LL	Lohnaufwand	Dienstleistungserlöse

Forderungen LL	Bankverbindlichkeiten	Raumaufwand

Mobiliar	Darlehen	Sonstiger Betriebsaufwand

Fahrzeuge	Eigenkapital	Finanzaufwand	Abschreibungen

Erfolgsrechnung Schaub Treuhand für 20_4	Bilanz Schaub Treuhand per 31.12.20_4

6. Führen von Journal und Hauptbuch mit Jahresabschluss

Stefan Schneider betreibt eine eigene Anwaltskanzlei.

a) Tragen Sie die fehlenden Buchungssätze und Beträge ins Journal ein und führen Sie das Hauptbuch für 20_5. Die im Rechnungsjahr bereits gebuchten Beträge sind zusammengefasst schon eingetragen. Neue Konten müssen nicht eröffnet werden.

Journal Anwaltskanzlei Schneider

Nr.	Buchungssatz	Text	Betrag
1		Banküberweisung der Dezembermiete	6 500
2		Bareinzahlung auf das eigene Bankkonto	3 000
3		Rechnung des Werbegrafikers für die Gestaltung von Prospekten, Inseraten und des Firmenlogos	8 000
4		Nachträgliche Gutschrift der Druckerei für mangelhaften Druck von Formularen (Rechnung bereits gebucht)	3 000
5		Ein Kunde bezahlt seine Rechnung auf das Bankkonto.	7 000
6		Versand von Rechnungen an Kunden für unsere Dienstleistungen	15 000
7		Banküberweisung der Löhne	13 500
8		Banküberweisung an Gläubiger (Rechnungen bereits gebucht)	5 500
9		Banküberweisung des fälligen Jahreszinses von 7% für das Darlehen	
10		Teilrückzahlung des Darlehens durch Banküberweisung	10 000
11		Abschreibung des Mobiliars	8 000

Hauptbuch Anwaltskanzlei Schneider

Kasse	
32 300	29 200

Mobiliar	
59 400	12 400

Eigenkapital	
	55 000

Abschreibungen	

Bankguthaben	
138 170	86 650

Verbindlichkeiten LL	
41 130	50 630

Lohnaufwand	
81 500	520

Finanzaufwand	

Forderungen LL	
177 000	141 300

Darlehen	
	40 000

Raumaufwand	
33 000	

Dienstleistungserlöse	
4 000	201 200

Verwaltungsaufwand	
50 700	300

b) Schliessen Sie die Konten ab und erstellen Sie die Erfolgsrechnung.

Erfolgsrechnung

Aufwand	Erfolgsrechnung Anwaltskanzlei Schneider für 20_5		Ertrag

c) Erstellen Sie mit den Beständen zur Kontrolle des Erfolgs die Bilanz per 31.12.20_5.

Bilanz

Aktiven	Bilanz Anwaltskanzlei Schneider per 31.12.20_5		Passiven

E 4.2 Die Bilanz als Bestandesrechnung

7. Bilanzkonten ordnen

Geben Sie für die aufgelisteten Konten an, ob sie zum Umlaufvermögen (UV), Anlagevermögen (AV), kurzfristigen Fremdkapital (kFK), langfristigen Fremdkapital (lFK) oder Eigenkapital (EK) gehören.

Konto	UV	AV	kFK	lFK	EK
Hypotheken	☐	☐	☐	☐	☐
Vorräte	☐	☐	☐	☐	☐
Werkzeuge	☐	☐	☐	☐	☐
Patente und Lizenzen	☐	☐	☐	☐	☐
Fabrikgebäude	☐	☐	☐	☐	☐
Wertschriften (als Finanzanlage)	☐	☐	☐	☐	☐
Bankkontokorrentschuld	☐	☐	☐	☐	☐
Bankdarlehen	☐	☐	☐	☐	☐
Börsengängige (kotierte) Wertschriften	☐	☐	☐	☐	☐
Verbindlichkeiten LL	☐	☐	☐	☐	☐

8. Aus gegebenen Konten Bilanz erstellen

Das Hauptbuch des Treuhänders Peter Marti präsentiert sich nach dem Abschluss der Bilanzkonten per 31.12.20_1 wie abgebildet.

a) Kennzeichnen Sie die Aktivkonten mit einer Farbe.
b) Überlegen Sie, welche der gekennzeichneten Konten innerhalb eines Jahrs flüssiggemacht werden, und bezeichnen Sie diese mit UV (Umlaufvermögen). Die restlichen sind mit AV (Anlagevermögen) zu bezeichnen.
c) Kennzeichnen Sie von den übrigen Konten diejenigen, die innert eines Jahrs zu einem Abgang von Mitteln führen, mit kFK (kurzfristiges Fremdkapital).
d) Erstellen Sie eine in Umlauf-, Anlagevermögen, kurz- und langfristiges Fremdkapital sowie Eigenkapital gegliederte Bilanz. Der Jahresgewinn ist noch zu berechnen. Beachten Sie die richtige Reihenfolge der Konten innerhalb des Umlaufvermögens und des Fremdkapitals. Berechnen Sie für jede Kontenhauptgruppe eine Zwischensumme.

Hauptbuch Treuhand Marti (ungeordnet)

Büromaschinen			Bankguthaben PostFinance			Darlehen			Eigenkapital	
5 000	1 500		28 000	4 000		5 000	15 000		9 000	115 000
2 000	500		5 000	6 000						
	S_Bi 5 000			S_Bi 23 000		S_Bi 10 000			S_Bi 106 000	
7 000	7 000		33 000	33 000		15 000	15 000		115 000	115 000

Kasse			Hypotheken			Geschäfts-liegenschaften			Verbindlich-keiten LL	
2 000	1 000		5 000	90 000		130 000	10 000		1 000	18 000
4 000	3 000		5 000						3 000	8 000
3 000	S_Bi 5 000		S_Bi 80 000				S_Bi 120 000		S_Bi 25 000	3 000
9 000	9 000		90 000	90 000		130 000	130 000		29 000	29 000

Forderungen LL			Mobiliar			Bankguthaben UBS			Fahrzeuge	
14 000	1 000		22 000	7 000		56 000	10 000		25 000	7 000
17 000	2 000		3 000			4 000	9 000		3 000	10 000
	S_Bi 28 000			S_Bi 18 000			S_Bi 41 000			S_Bi 11 000
31 000	31 000		25 000	25 000		60 000	60 000		28 000	28 000

Aktiven		Bilanz Treuhand Marti per 31.12.20_1		Passiven
Umlaufvermögen		**Kurzfristiges Fremdkapital**		
		Langfristiges Fremdkapital		
Anlagevermögen		**Eigenkapital**		

9. Bilanz gliedern und auswerten

Crista Delpietro, Inhaberin der vor einem Jahr eröffneten Boutique Delpietro, ermittelt per Ende 20_1 die folgenden Kontenbestände:

a) Schreiben Sie als Erstes die gebräuchliche Kontenbezeichnung zu jeder Position.

Position	Gebräuchliche Kontenbezeichnung	Bestand 31.12.20_1
Bargeld		5 648
Geschäftsräume		870 000
Guthaben auf Girokonto bei der PostFinance		25 600
Guthaben bei Kunden		101 560
Darlehensschuld, die durch eine Liegenschaft gesichert ist		400 000
Kapitalanteil der Geschäftsinhaberin		700 000
Im laufenden Jahr selbst erwirtschaftetes Kapital		(Dieser Posten muss ausgerechnet werden.)
Kontokorrentguthaben bei der UBS		50 280
Kontokorrentschuld bei der CS		72 895
Unbezahlte Rechnungen von Lieferanten		181 193
Wert des Warenlagers		351 000

b) Erstellen Sie die vollständig beschriftete und in die Kontenhauptgruppen Umlauf- und Anlagevermögen, kurz- und langfristiges Fremdkapital und Eigenkapital gegliederte Bilanz. Beachten Sie die richtige Reihenfolge der Konten.

c) Fragen zur Bilanz der Boutique Delpietro

1) Wie viele Schweizer Franken betragen am 31.12.20_1 die flüssigen Mittel dieses Unternehmens?

2) Nach welchem Merkmal wird die Reihenfolge der Verbindlichkeiten bestimmt?

3) Wie viele Schweizer Franken beträgt das kurzfristige Fremdkapital?

4) Wie hoch ist das Umlaufvermögen?

5) Wie viel Prozent vom gesamten Kapital wird durch Dritte (Fremde) selbst zur Verfügung gestellt (auf eine Dezimalstelle runden)?

6) Zu welcher Art von Anlagevermögen zählt das Geschäftshaus?
   ☐ Finanzanlagen   ☐ Sachanlagen   ☐ immaterielle Anlagen

W 4.2 Die Bilanz als Bestandesrechnung

10. Bilanzkonten ordnen

Ordnen Sie durch Ankreuzen die Konten des Transportunternehmens Baumann, Chur, der richtigen Kontengruppe zu.

Konto	Flüssige Mittel	Forderungen	Vorräte	Finanzanlagen	Mobile Sachanlagen	Immobile Sachanlagen	Immaterielle Werte	Kurzfristiges Fremdkapital	Langfristiges Fremdkapital	Eigenkapital
Werkzeuge	☐	☐	☐	☐	☐	☐	☐	☐	☐	☐
Offene Kundenrechnungen	☐	☐	☐	☐	☐	☐	☐	☐	☐	☐
Lizenzen	☐	☐	☐	☐	☐	☐	☐	☐	☐	☐
Garage	☐	☐	☐	☐	☐	☐	☐	☐	☐	☐
Fahrzeuge	☐	☐	☐	☐	☐	☐	☐	☐	☐	☐
Darlehen der Stadt Chur	☐	☐	☐	☐	☐	☐	☐	☐	☐	☐
Computer	☐	☐	☐	☐	☐	☐	☐	☐	☐	☐
Wertschriften (langfristig gehalten)	☐	☐	☐	☐	☐	☐	☐	☐	☐	☐
1400 Liter Benzin	☐	☐	☐	☐	☐	☐	☐	☐	☐	☐
Bankkonto, Limite um CHF 700 überzogen	☐	☐	☐	☐	☐	☐	☐	☐	☐	☐
Wertschriften (als Liquiditätsreserve)	☐	☐	☐	☐	☐	☐	☐	☐	☐	☐
Jahresgewinn	☐	☐	☐	☐	☐	☐	☐	☐	☐	☐
Schuld Schwerverkehrsabgabe	☐	☐	☐	☐	☐	☐	☐	☐	☐	☐
Jahresverlust	☐	☐	☐	☐	☐	☐	☐	☐	☐	☐

11. Bilanzkonten bestimmen, Bilanz erstellen und auswerten

Die Metzgerei Luminati weist Ende Jahr folgende alphabetisch geordnete Saldobilanz aus.
Hinweis: Eine Saldobilanz ist die Auflistung der Saldi sämtlicher Konten. Die Saldi aller Aufwands- und Aktivkonten stehen im Soll, diejenigen der Ertrags- und Passivkonten im Haben. Die Summe aller Soll- und Habeneinträge muss gleich gross sein.

a) Markieren Sie alle Bilanzkonten mit Leuchtstift (oder streichen Sie alle Erfolgskonten durch).

Saldobilanz Metzgerei Luminati

Konto	Soll	Haben
Abschreibungen	8 120	
Bankguthaben PostFinance	7 840	
Bankguthaben CS	34 895	
Darlehen		21 000
Eigenkapital		81 370
Einkauf Fleischwaren	230 055	
Fahrzeuge	35 370	
Fleischwarenvorrat	13 990	
Forderungen LL	16 700	
Kasse	11 200	
Maschinen	15 495	
Raumaufwand	14 690	
Mobiliar und Einrichtungen	4 800	
Personalaufwand	114 400	
Sonstiger Betriebsaufwand	4 810	
Verbindlichkeiten LL		14 420
Verkauf Fleischwaren		405 787
Verwaltungsaufwand	4 312	
Werbeaufwand	2 880	
Finanzaufwand	3 020	
Total	522 577	522 577

Rechnungsabschluss und Kontenrahmen

b) Erstellen Sie aus den Bilanzkonten eine vollständige und gut geordnete Bilanz. Sie ist nach Kontenhauptgruppen (Umlaufvermögen, Anlagevermögen, kurz- und langfristiges Fremdkapital und Eigenkapital) zu gliedern und zu beschriften. Die entsprechenden Zwischentotale sind anzugeben. Die Differenz zwischen Aktiven und Passiven ist als Jahresgewinn unter dem Eigenkapital aufzuführen.

Aktiven	Bilanz Metzgerei Luminati per 31.12.20_1	Passiven

c) Wie viele Schweizer Franken betragen die flüssigen Mittel?

d) Wie viel Prozent vom Gesamtkapital beträgt das Fremdkapital (auf Ganze runden)?

e) Nach welchem Prinzip werden Umlaufvermögen und Fremdkapital gegliedert?

12. Fehlerhafte Bilanz berichtigen

Die folgende Bilanz (gekürzte Zahlen) weist diverse Fehler auf.

Aktiven	Bilanz vom 1.1. bis 31.12. 20_7		Passiven
Umlaufvermögen		**Fremdkapital**	
Beteiligungen	330	Kundenguthaben	5 616
Bargeldbestand	795	Mit Grundpfand gesichertes Darlehen	5 742
Finanzertrag	150	Bankverbindlichkeiten	1 170
Lieferantenschulden	4 500	Darlehen von Obligationären (Anleihe)	600
Autos	72	Schuld beim Steueramt	60
Bankguthaben	1 140	Lohnaufwand	1 380
Anlagevermögen		**Eigenkapital**	
Handelswaren im Lager	6 300	Eigenkapital	10 158
Aktien (kotiert)	549		
Büromöbel	750		
An B. Koch ausgeliehenes Geld	300		
Lizenzen	240		
Häuser	9 600		
	24 726		24 726

Erstellen Sie eine korrekt beschriftete und gegliederte Bilanz. Es sind die geläufigen Kontenbezeichnungen zu verwenden und der Erfolg neu zu bestimmen.

E 4.3 Die Erfolgsrechnung als Ursachenrechnung

13. Erfolgsrechnung erstellen

Erstellen Sie aus den Kontensaldi die Erfolgsrechnung der Drogerie Pierren für das Jahr 20_3. Der Erfolg ist zu berechnen und als Gewinn bzw. Verlust zu bezeichnen.

Kontensaldi der Drogerie Pierren (in alphabetischer Reihenfolge)

Abschreibungen	4500	Lohnaufwand	500000	Verwaltungsaufwand	120500
Energieaufwand	1250	Raumaufwand	28000	Warenaufwand	1134000
Finanzaufwand	7250	Übrige Erträge	14200	Warenertrag	2044000
Finanzertrag	1500	Versicherungsaufwand	2800		

Aufwand	Erfolgsrechnung Drogerie Pierren 20_3	Ertrag

14. Erfolgsrechnung aus Saldenliste erstellen

Nachfolgend sind die Saldi aller Bilanz- und Erfolgskonten der Malerei und Gipserei Leumann aufgeführt (Kurzzahlen).

a) Erstellen Sie die vollständige Erfolgsrechnung für das Jahr 20_1.
b) Berechnen Sie den Erfolg und bezeichnen Sie ihn eindeutig mit Gewinn oder Verlust.

Kontensaldi der Malerei und Gipserei Leumann (in alphabetischer Reihenfolge)

Abschreibungen	120	Flüssige Mittel	40	Materialverbrauch	520
Betriebseinrichtungen	60	Forderungen LL	170	Sonstiger Betriebsaufwand	90
Erlöse Malerei	700	Hypothekarschulden	800	Verbindlichkeiten LL	140
Erlöse Gipserei	900	Eigenkapital	560	Verwaltungsaufwand	110
Fahrzeuge	10	Liegenschaften	1200	Vorräte	20
Finanzaufwand	40	Lohnaufwand	640	Werkzeuge	80

W 4.3 Die Erfolgsrechnung als Ursachenrechnung

15. Erfolgsrechnung aus Saldobilanz erstellen

Gegeben ist die alphabetisch geordnete Saldobilanz der Zoohandlung am Bachgraben per Ende 20_2 (Soll- und Habenüberschüsse aller Konten).

a) Markieren Sie alle Aufwandskonten rot und alle Ertragskonten grün.

Konto	Soll	Haben	Konto	Soll	Haben
Abschreibungen	150		Handelserlöse		9 598
Bankguthaben	60		Handelswarenvorrat	975	
Bankverbindlichkeiten		84	Hypotheken		900
Büro- und Verwaltungsaufwand	331		Immobilien	960	
Darlehensforderung	495		Kasse	26	
Eigenkapital		1 520	Lohnaufwand	3 073	
Fahrzeugaufwand	2		Mobilien	210	
Fahrzeuge	90		Raumaufwand	240	
Finanzaufwand	64		Sonstiger Betriebsaufwand	340	
Finanzertrag		31	Verbindlichkeiten LL		270
Forderungen LL	202		Werbeaufwand	299	
Handelswarenaufwand	4 886			12 403	12 403

b) Erstellen Sie die Erfolgsrechnung der Zoohandlung. Der Erfolg muss als Gewinn oder Verlust bezeichnet sein.

Aufwand	Erfolgsrechnung Zoohandlung am Bachgraben für 20_2		Ertrag	
Handelswarenaufwand	4 886	Handelserlöse		9 598
Lohnaufwand	3 073	Finanzertrag		31
Raumaufwand	240			
Büro- und Verwaltungsaufwand	331			
Werbeaufwand	299			
Fahrzeugaufwand	2			
Sonstiger Betriebsaufwand	340			
Abschreibungen	150			
Finanzaufwand	64			
Gewinn	244			
	9 629			9 629

16. Erfolgsrechnung aus Hauptbuch erstellen

Das Hauptbuch der Physiotherapie K. Steiner weist Ende 20_2 nachstehende ungeordnete Kontenstände auf.

a) Bezeichnen Sie alle Saldi (violett gedruckte Zahlen) mit S_{Bi} bei den Bilanzkonten bzw. S_{ER} bei den Erfolgskonten.

Kasse		
AB	2	150
	195	2
	1	26
		18
		2
S_{Bi}	198	198

Abschreibungen	
8	8
8 S_{ER}	8

Lohnaufwand	
150	150
150	150 S_{ER}

Verwaltungsaufwand	
2	
8	10 S_{ER}
10	10

Eigenkapital		
	10	AB 30
	20 S_{Bi}	
	30	30

Mobilien		
AB	30	8
	9	31 S_{Bi}
	39	39

Passivdarlehen		
	20	AB 20
	20 S_{Bi}	
	20	20

Raumaufwand	
26	1
	25
26	26 S_{ER}

Forderungen LL		
AB	10	3
	200	5
		196
		6 S_{Bi}
	210	210

Dienstleistungserlöse	
8	200
192 S_{ER}	
200	200

Bankguthaben		
AB	13	10
	196	185
		9
		5 S_{Bi}
	209	209

Verbindlichkeiten LL		
	20	AB 25
	9	9
	5 S_{Bi}	
	34	34

b) Erstellen Sie die Erfolgsrechnung für 20_2.

Aufwand	Erfolgsrechnung Physiotherapie K. Steiner für 20_2		Ertrag
Abschreibungen	8	Dienstleistungserlöse	192
Lohnaufwand	150	Verlust	2
Verwaltungsaufwand	10		
Raumaufwand	26		
	194		194

17. Erfolgsrechnung aus Saldenliste erstellen

Nachfolgend finden Sie die Saldi der Bilanz- und Erfolgskonten der Anwaltskanzlei Brukhalter & Partner vom 31.12. 20_7 in Kurzzahlen.

a) Erstellen Sie die Erfolgsrechnung für das Jahr 20_7. Der Erfolg ist zu berechnen und als Gewinn bzw. Verlust zu bezeichnen.

Konten (in alphabetischer Reihenfolge)

Abschreibungen	60	Fachzeitschriften	32	Immobilien	14 000	Passivdarlehen	3 000
Bankguthaben	1 100	Fahrzeugaufwand	55	Kasse	3 500	Raumaufwand	248
Dienstleistungserlöse	1 389	Finanzaufwand	67	Liegenschaftsaufwand	23	Verbindlichkeiten LL	1 130
Diverse Erträge	58	Finanzertrag	150	Lohnaufwand	1 067	Wertschriften	1 600
Eigenkapital	23 315	Forderungen LL	1 140	Mobilien	6 150		

Aufwand	Erfolgsrechnung Brukhalter & Partner für 20_7	Ertrag
Abschreibungen 60		Dienstleistungserlöse 1 389
Fachzeitschriften 32		Diverse Erträge 58
Fahrzeugaufwand 55		Finanzertrag 150
Finanzaufwand 67		
Liegenschaftsaufwand 23		
Lohnaufwand 1 067		
Raumaufwand 248		
Summe Aufwand 1 552		
Gewinn 45		
Total 1 597		**Total 1 597**

b) Wie hoch ist der Erfolg aus den Finanzanlagen?

Finanzertrag 150 − Finanzaufwand 67 = **83** (Gewinn)

c) Wie viel Prozent beträgt der Lohnaufwand im Verhältnis zu den Dienstleistungserlösen (auf eine Kommastelle)?

1 067 / 1 389 × 100 = **76,8 %**

d) Wie hoch wäre der Erfolg, wenn das Anwaltsbüro keine Finanzanlagen (Wertschriften) hätte?

45 − 150 = **−105 (Verlust 105)**

E 4.4 Der Schweizer Kontenrahmen KMU als Gliederungsgrundlage

Die folgenden Aufgaben sind mithilfe des Kontenrahmens KMU zu lösen.

18. Systematik des Kontenrahmens

Die Möbelschreinerei Fidel GmbH führt ihre Buchhaltung gemäss dem Kontenrahmen KMU.

a) Setzen Sie die fehlenden Kontenklassen ein.

1	2	3
	Passiven	

4	5	6
Aufwand für Material, Handelswaren, Dienstleistungen		Übriger betrieblicher Erfolg

7	8	9
		Abschluss

b) Nennen Sie die Kontenklassen, in welchen die Bestandeskonten eingeordnet sind.

c) Nennen Sie die Kontenklassen, in welchen die Schreinerei ihre Haupttätigkeit, ihr Kerngeschäft, verbucht.

d) Was ist das Kerngeschäft einer Möbelschreinerei?

e) In welcher Kontenklasse verbucht die Schreinerei ihre Einnahmen aus der Herstellung von Möbeln?

f) In welcher Kontenklasse würden die nicht versicherten Kosten für einen Brand im Holzlager verbucht?

Rechnungsabschluss und Kontenrahmen

19. Konten den richtigen Klassen zuordnen

In welche Kontenklasse des Kontenrahmens KMU gehören folgende Einzelkonten?
Kreuzen Sie die Klassen an.

Nr.	Konto	Klassen								
		1	2	3	4	5	6	7	8	9
1	Geschäftsliegenschaften	☐	☐	☐	☐	☐	☐	☐	☐	☐
2	Zinsertrag Kontokorrent	☐	☐	☐	☐	☐	☐	☐	☐	☐
3	Kasse	☐	☐	☐	☐	☐	☐	☐	☐	☐
4	Abschreibungen	☐	☐	☐	☐	☐	☐	☐	☐	☐
5	Versicherungsaufwand	☐	☐	☐	☐	☐	☐	☐	☐	☐
6	Langfristiges Aktivdarlehen	☐	☐	☐	☐	☐	☐	☐	☐	☐
7	Handelserlöse	☐	☐	☐	☐	☐	☐	☐	☐	☐
8	Bankguthaben	☐	☐	☐	☐	☐	☐	☐	☐	☐
9	Kurzfristige Geldanlagen	☐	☐	☐	☐	☐	☐	☐	☐	☐
10	Hypotheken	☐	☐	☐	☐	☐	☐	☐	☐	☐
11	Erlöse Betriebskantine (Nebenbetriebe)	☐	☐	☐	☐	☐	☐	☐	☐	☐
12	Verbindlichkeiten aus Lieferungen und Leistungen	☐	☐	☐	☐	☐	☐	☐	☐	☐
13	Dividende (Ertrag auf Aktien)	☐	☐	☐	☐	☐	☐	☐	☐	☐
14	Eigenkapital	☐	☐	☐	☐	☐	☐	☐	☐	☐
15	Fahrzeugaufwand	☐	☐	☐	☐	☐	☐	☐	☐	☐
16	Ertrag aus dem Verkauf von Produkten	☐	☐	☐	☐	☐	☐	☐	☐	☐
17	Zinsertrag auf Obligationen	☐	☐	☐	☐	☐	☐	☐	☐	☐
18	Materialaufwand	☐	☐	☐	☐	☐	☐	☐	☐	☐
19	Liegenschaftsaufwand (betriebsfremd)	☐	☐	☐	☐	☐	☐	☐	☐	☐
20	Werbung	☐	☐	☐	☐	☐	☐	☐	☐	☐
21	Betriebsfremder Aufwand	☐	☐	☐	☐	☐	☐	☐	☐	☐
22	Finanzaufwand Bankkonto	☐	☐	☐	☐	☐	☐	☐	☐	☐
23	Lohnaufwand	☐	☐	☐	☐	☐	☐	☐	☐	☐
24	Ausserordentlicher Ertrag	☐	☐	☐	☐	☐	☐	☐	☐	☐

20. Unterteilung des Kontenrahmens

Ordnen Sie im Auszug aus dem Kontenplan einer Maschinenfabrik die folgenden Begriffe zu:

Kontenhauptgruppe, Kontenklasse, Konto, Kontengruppe

Bezeichnung im Kontenplan	Zuordnung
6 Sonstiger Betriebsaufwand	
60 Raumaufwand	
600 Fremdmieten Geschäftslokalitäten	
6000 Raumaufwand Fabrik	
6002 Raumaufwand Lager	
6004 Raumaufwand Büro- und Verwaltungslokalitäten	

21. Buchen mit Kontennummern

Die Buchungstatsachen der Möbelschreinerei Fidel GmbH sind mithilfe des Kontenplans KMU im Buchdeckel im Journal zu verbuchen, indem zusätzlich zum Kontennamen die Kontennummer eingesetzt wird.

Nr.	Text	Soll	Haben	Betrag
1	Kauf eines Kopiergerätes gegen Rechnung	Büromaschinen 1520	Verbindlichkeiten LL 2000	45
2	Kunde Merz zahlt die Rechnung durch Banküberweisung.			17
3	Belastung der Bank für die Zahlung einer Lieferantenrechnung			25
4	Rechnung an Kunde Gobba für die Anfertigung neuer Möbel			100
5	Bareinzahlung aufs Bankkonto			10
6	Abschreibungen auf dem Mobiliar			12
7	Kreditkauf einer neuen Fräsmaschine			85
8	Noch nicht verbuchte Rechnung des Elektrizitätswerkes mit Banküberweisung bezahlt			7
9	Barverkauf von speziell angefertigten Stühlen			40
10	Belastungsanzeige der Bank für Zahlung der Gehälter			85
11	Teilrückzahlung der Hypothek (Amortisation) mit Postgiro			35
12	Bezahlung der bereits verbuchten Versicherungsrechnung durch Banküberweisung			5
13	Kunde Gobba (Nr. 4) schickt wegen Materialfehlern einen Teil der Möbel zurück.			12
14	Eingang der Bestellung eines Kunden für die Anfertigung einer Wohnwand			34
15	Lastschrift der Bank für Hypothekarzins			5
16	Rechnung an P. Mauch für diverse Reparaturarbeiten an seiner Liegenschaft			120

22. Buchen mit Kontierungsstempel

Die Malerei Ralf Meyer erfasst Buchungstatsachen gemäss Kontenplan KMU.

a) Schreiben Sie unterhalb des Kontenstempels, welche Buchungstatsachen zu folgenden Einträgen geführt haben könnten.

1)

Kontonummer	Betrag Soll	Betrag Haben
1100		9 000
1020	9 000	
Total	9 000	9 000

2)

Kontonummer	Betrag Soll	Betrag Haben
1530	20 000	
2000		20 000
Total	20 000	20 000

3)

Kontonummer	Betrag Soll	Betrag Haben
5000	5600	
6400	340	
6000	2000	
1020		7940
Total	7940	7940

4)

Kontonummer	Betrag Soll	Betrag Haben
6900	600	
2450	20 000	
1020		20 600
Total	20 600	20 600

b) Füllen Sie die Kontierungsstempel für die folgenden Buchungstatsachen der Malerei Ralf Meyer aus.

1) Diverse ausgeführte Arbeiten werden den Kunden mit CHF 4500 in Rechnung gestellt.

2) Ralf Meyer kauft diverses Büroverbrauchsmaterial für CHF 130 sowie einen neuen Bürostuhl für CHF 560. Er bezahlt beides mit seiner Maestro-Karte.

Kontonummer	Betrag Soll	Betrag Haben

Kontonummer	Betrag Soll	Betrag Haben

W 4.4 Der Schweizer Kontenrahmen KMU als Gliederungsgrundlage

23. Konten einer Konditorei der richtigen Hauptgruppe zuweisen

Confiseur Ronald Baumann führt eine Konditorei in Altstetten mit angegliedertem Bistro. Ordnen Sie durch Ankreuzen die einzelnen Konten der richtigen Kontenhauptgruppe zu. Es ist jeweils nur ein Kreuz pro Konto zulässig.

Konto	Umlaufvermögen	Anlagevermögen	Kurzfristiges Fremdkapital	Langfristiges Fremdkapital	Eigenkapital	Betrieblicher Aufwand	Neutraler Aufwand	Betrieblicher Ertrag	Neutraler Ertrag
Werbung	☐	☐	☐	☐	☐	☐	☐	☐	☐
Ausserordentlicher Aufwand	☐	☐	☐	☐	☐	☐	☐	☐	☐
Büromaterialaufwand	☐	☐	☐	☐	☐	☐	☐	☐	☐
Einkauf Getränke	☐	☐	☐	☐	☐	☐	☐	☐	☐
Fahrzeuge	☐	☐	☐	☐	☐	☐	☐	☐	☐
Hypothek	☐	☐	☐	☐	☐	☐	☐	☐	☐
Geschäftsliegenschaften	☐	☐	☐	☐	☐	☐	☐	☐	☐
Kasse	☐	☐	☐	☐	☐	☐	☐	☐	☐
Einnahmen Bistro	☐	☐	☐	☐	☐	☐	☐	☐	☐
Liegenschaftsaufwand (betriebsfremd)	☐	☐	☐	☐	☐	☐	☐	☐	☐
Backeinrichtungen	☐	☐	☐	☐	☐	☐	☐	☐	☐
Verbrauch Backmaterialien	☐	☐	☐	☐	☐	☐	☐	☐	☐
Mobiliar	☐	☐	☐	☐	☐	☐	☐	☐	☐
Liegenschaftsertrag (Mieteinnahmen)	☐	☐	☐	☐	☐	☐	☐	☐	☐
Lohnaufwand	☐	☐	☐	☐	☐	☐	☐	☐	☐
Bankguthaben PostFinance	☐	☐	☐	☐	☐	☐	☐	☐	☐
Verkaufserlös Konditorei	☐	☐	☐	☐	☐	☐	☐	☐	☐
Verbindlichkeiten LL	☐	☐	☐	☐	☐	☐	☐	☐	☐
Bankguthaben Volksbank	☐	☐	☐	☐	☐	☐	☐	☐	☐
Vorrat an Backzutaten	☐	☐	☐	☐	☐	☐	☐	☐	☐

24. Beispiele für einzelne Kontenklassen suchen

Nennen Sie zu jeder angekreuzten Kontenklasse ein passendes Konto aus folgender alphabetisch geordneter Auswahlliste. Jedes Konto darf nur einmal genannt werden.

Abschreibungen	Betriebsfremder Ertrag	Finanzertrag	Maschinen
Aufwand betriebliche Liegenschaft	Bilanz	Handelswarenaufwand	Raumaufwand
Bankguthaben	Dienstleistungserlöse	Hypothek	
	Erfolgsrechnung	Lohnaufwand	

Nr.	Konto	Klassen								
		1	2	3	4	5	6	7	8	9
1	Bankguthaben	☒	☐	☐	☐	☐	☐	☐	☐	☐
2	Abschreibungen	☐	☐	☐	☐	☐	☒	☐	☐	☐
3	Maschinen	☒	☐	☐	☐	☐	☐	☐	☐	☐
4	Bilanz	☐	☐	☐	☐	☐	☐	☐	☐	☒
5	Hypothek	☐	☒	☐	☐	☐	☐	☐	☐	☐
6	Aufwand betriebliche Liegenschaft	☐	☐	☐	☐	☐	☒	☐	☐	☐
7	Dienstleistungserlöse	☐	☐	☒	☐	☐	☐	☐	☐	☐
8	Handelswarenaufwand	☐	☐	☐	☒	☐	☐	☐	☐	☐
9	Finanzertrag	☐	☐	☐	☐	☐	☐	☒	☐	☐
10	Betriebsfremder Ertrag	☐	☐	☐	☐	☐	☐	☐	☒	☐
11	Lohnaufwand	☐	☐	☐	☐	☒	☐	☐	☐	☐
12	Raumaufwand	☐	☐	☐	☐	☐	☒	☐	☐	☐

25. Belege und Kontierungsstempel

Judith Wernli ist ausgebildete Shiatsu-Therapeutin und bietet in ihrer Therapiepraxis verschiedene Massagen und Therapien an. Sie werden von Frau Wernli regelmässig beigezogen, um die Buchhaltung nachzuführen.

Verbuchen Sie die Belege 1, 2 und 3 in die Kontierungsstempel. Nachfolgende Konten und Kontennummern stehen zur Verfügung:

Abschreibungen 6800	Kasse 1000	Therapiehonorar 3400
Bankguthaben 1020	Lohnaufwand 5000	Sonstiger Betriebsaufwand 6700
Eigenkapital 2800	Mobiliar 1510	Verbindlichkeiten LL 2000
Forderungen LL 1100	Raumaufwand 6000	

Beleg 1

**THERAPIEPRAXIS
JUDITH WERNLI**

4051 Basel, 17.09.20_2

Herr Jost Hammerschmidt
Luegislandstrasse 57
4056 Basel

Rechnung Nr. 2012/09-17

Sie haben von uns vom 01.09.20_2 bis 15.09_20_2 folgende Leistungen erhalten:

5x Shiatsumassage à CHF 120.–	CHF 600.–
3x Akupunktur à CHF 100.–	CHF 300.–
2x QiGong-Sessionen à CHF 180.–	CHF 360.–
Total	CHF 1 260.–

Mit freundlichen Grüssen

Judith Wernli

Skonto 2% bei Zahlung innert 10 Tagen
Rechnung zahlbar innert 30 Tagen

BKB, Filiale Spalenberg,
Konto 16 456 708 54315-6

Konto	Beträge	
	Soll	Haben

Finanzwirtschaftliche Zusammenhänge

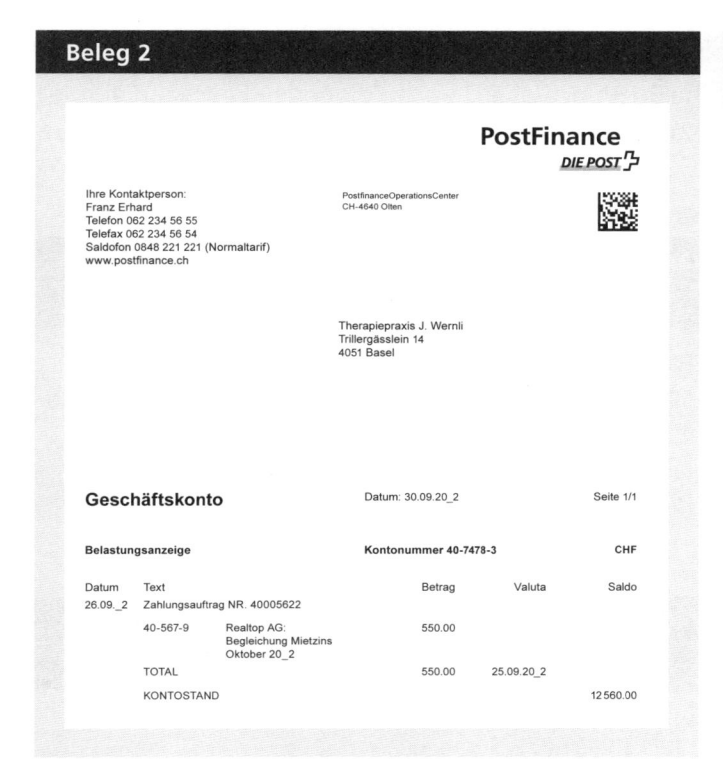

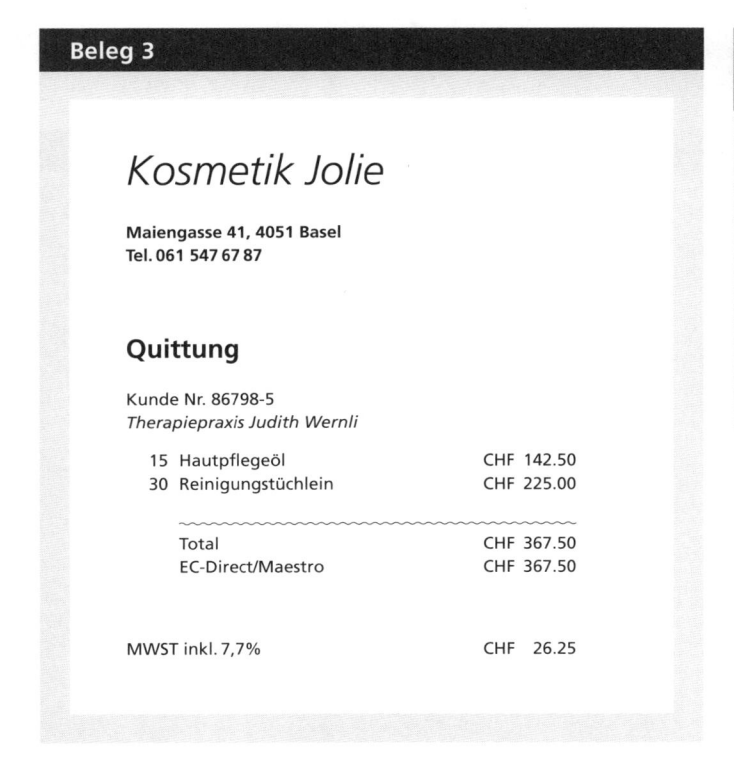

Beleg 2

PostFinance
DIE POST

Ihre Kontaktperson:
Franz Erhard
Telefon 062 234 56 55
Telefax 062 234 56 54
Saldofon 0848 221 221 (Normaltarif)
www.postfinance.ch

PostfinanceOperationsCenter
CH-4640 Olten

Therapiepraxis J. Wernli
Trillergässlein 14
4051 Basel

Geschäftskonto Datum: 30.09.20_2 Seite 1/1

Belastungsanzeige Kontonummer 40-7478-3 CHF

Datum	Text		Betrag	Valuta	Saldo
26.09._2	Zahlungsauftrag NR. 40005622				
	40-567-9	Realtop AG: Begleichung Mietzins Oktober 20_2	550.00		
	TOTAL		550.00	25.09.20_2	
	KONTOSTAND				12 560.00

Konto	Beträge	
	Soll	Haben

Beleg 3

Kosmetik Jolie

Maiengasse 41, 4051 Basel
Tel. 061 547 67 87

Quittung

Kunde Nr. 86798-5
Therapiepraxis Judith Wernli

15	Hautpflegeöl	CHF	142.50
30	Reinigungstüchlein	CHF	225.00
	Total	CHF	367.50
	EC-Direct/Maestro	CHF	367.50

MWST inkl. 7,7% CHF 26.25

Konto	Beträge	
	Soll	Haben

26. Buchungstatsache aus Kontierungsstempel bestimmen

Bestimmen Sie mithilfe des Kontenplans KMU, welche Buchungstatsachen zu folgenden Einträgen geführt haben könnten, und halten Sie die Lösung unter «Kurztext» fest. Es handelt sich um verschiedene Unternehmen.

Buchungstatsache Nr. 1

Konto-Nr.	Betrag	
	Soll	Haben
1510	8 000	
6500	608	
2000		8 608
Total	8 608	8 608

Buchungstatsache Nr. 2

Konto-Nr.	Betrag	
	Soll	Haben
2000	7 650	
2100		7 497
1500		153
Total	7 650	7 650

Buchungstatsache Nr. 3

Konto-Nr.	Betrag	
	Soll	Haben
1100	2 300	
3400		2 000
3200		300
Total	2 300	2 300

Buchungstatsache Nr. 4

Konto-Nr.	Betrag	
	Soll	Haben
1000	7 900	
3000		7 500
3200		400
Total	7 900	7 900

Buchungstatsache Nr. 5

Konto-Nr.	Betrag	
	Soll	Haben
6800	15 000	
1500		10 000
1530		5 000
Total	15 000	15 000

Buchungstatsache Nr. 6

Konto-Nr.	Betrag	
	Soll	Haben
5000	38 000	
1020		38 000
Total	38 000	38 000

Nr.	Kurztext
1	
2	
3	
4	
5	
6	

3 Recht und Staat

Rechtsquellen und Gesetzgebungsverfahren auf Bundesebene

Inhaltsverzeichnis

	Theorie	Aufgaben
3.1 Bundesverfassung	99	104
3.2 Bundesgesetz	101	105
3.3 Bundesverordnung	103	106
3.4 Wahlrecht	103	106

Leistungsziele	103

3 Rechtsquellen und Gesetzgebungsverfahren auf Bundesebene

Einführungsfall

Am 5. Juni 2016 hat das Schweizer Volk über die folgenden zwei eidgenössischen Rechtsvorlagen abgestimmt:
- Änderung des «Asylgesetzes» (kürzere Verfahren, mehr Rückschaffungen, tiefere Kosten); mit 804 016 Nein- gegen 1 616 286 Ja-Stimmen wurde die Vorlage von den Schweizer Stimmbürgerinnen und Stimmbürgern angenommen.
- Neuer Verfassungsartikel «Für ein bedingungsloses Grundeinkommen»; mit 1 896 963 Nein- gegen 568 905 Ja-Stimmen wurde diese Vorlage vom Volk abgelehnt.

Warum konnte das Schweizer Volk endgültig über die beiden Rechtsvorlagen entscheiden?

→ 4.3 Das **geschriebene Recht** ist die wichtigste Quelle der Schweizer **Rechtsordnung**. Es besteht aus drei Ebenen und den entsprechenden Instanzen, welche neue, allgemeinverbindliche Rechtsnormen (Rechtserlasse) oder Änderungen derselben auf Bundesebene beschliessen können.

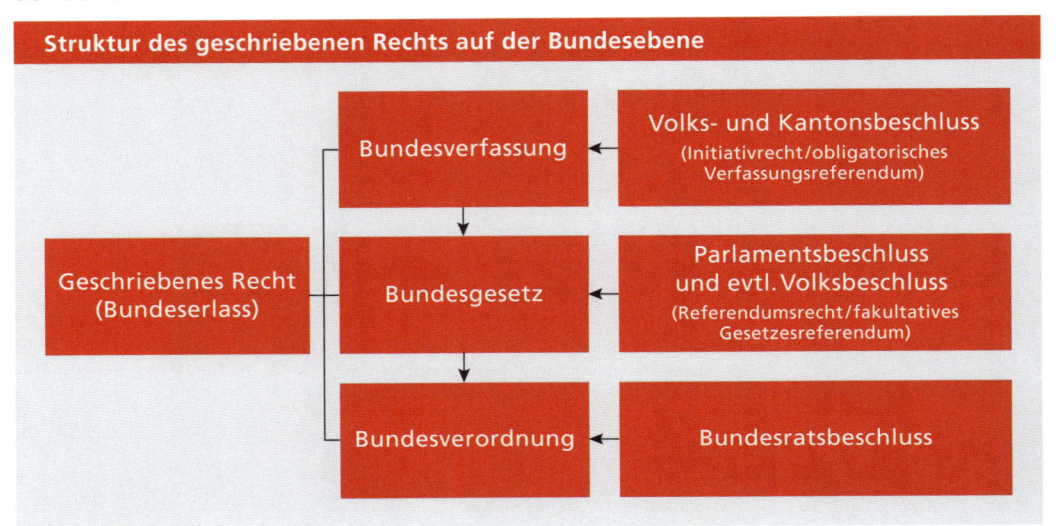

Struktur des geschriebenen Rechts auf der Bundesebene

Geschriebenes Recht (Bundeserlass)
- Bundesverfassung ← Volks- und Kantonsbeschluss (Initiativrecht/obligatorisches Verfassungsreferendum)
- Bundesgesetz ← Parlamentsbeschluss und evtl. Volksbeschluss (Referendumsrecht/fakultatives Gesetzesreferendum)
- Bundesverordnung ← Bundesratsbeschluss

Merke

Rechtsquellen und **Gesetzgebungsverfahren** der Kantone und Gemeinden sind im Detail verschiedenartig, im Grundsatz jedoch analog der Bundesebene geregelt.
Auf Kantone und Gemeinden wird bei den folgenden Ausführungen nicht eingegangen.

3.1 Bundesverfassung

Die **Bundesverfassung** ist als Grundgesetz die oberste **Rechtsquelle** der Schweizerischen Eidgenossenschaft. In ihr ist die gesamte Rechtsordnung der Schweiz in den Grundzügen festgelegt. So sagt etwa die Bundesverfassung, dass die Gesetzgebung auf dem Gebiet des Zivilrechts (Privatrechts) Sache des Bundes ist. Gestützt auf diesen Verfassungsartikel wurden in der Folge das Zivilgesetzbuch (ZGB), das Obligationenrecht (OR) und andere privatrechtliche Bundesgesetze erlassen.

Art. 122 BV

Art. 140 Abs. 1 BV

Über jede Änderung oder Ergänzung der Bundesverfassung muss eine **obligatorische Volksabstimmung** durchgeführt werden **(obligatorisches Verfassungsreferendum)**.

Der Anstoss für eine Änderung der Bundesverfassung kann in der Schweiz im Grundsatz von drei Seiten kommen:

Bundesrat

Der Bundesrat macht einen Vorschlag für eine Verfassungsänderung. Wird der Vorschlag von National- und Ständerat angenommen, wird die Verfassungsvorlage für den endgültigen Entscheid dem Volk und den Ständen zur Volksabstimmung vorgelegt (obligatorisches Verfassungsreferendum).

Bundesversammlung

Aufgrund eines von National- und Ständerat angenommenen Parlamentsvorstosses (**Motion**) wird der Bundesrat verpflichtet, eine Verfassungsvorlage auszuarbeiten. Wird die Vorlage von National- und Ständerat angenommen, kommt es zur obligatorischen Volksabstimmung.

→ 1. Semester 2.5

Volksinitiative

Art. 139 BV

Das **Initiativrecht** ist ein **politisches Recht** und erlaubt es Schweizer Bürgerinnen und Bürgern, mit ihrer Unterschrift einen neuen Verfassungsartikel bzw. die Änderung eines Artikels zu beantragen. Eine Volksinitiative kommt rechtsgültig zustande, wenn innert 18 Monaten seit der amtlichen Veröffentlichung des Verfassungsbegehrens im **Bundesblatt** 100 000 Schweizer Stimmberechtigte (ab 18 Jahren) auf Unterschriftslisten bezeugen, dass sie das Anliegen unterstützen. Liegen die erforderlichen 100 000 gültigen Unterschriften rechtzeitig vor, kommt es zur Volksabstimmung.

Rechtsquellen und Gesetzgebungsverfahren auf Bundesebene

Unterschriftsliste einer Volksinitiative

Zersiedelungsinitiative, Postfach, 8031 Zürich

Eidgenössische Volksinitiative «Zersiedelung stoppen – für eine nachhaltige Siedlungsentwicklung (Zersiedelungsinitiative)» (im Bundesblatt veröffentlicht am 21. April 2015).

Die unterzeichneten stimmberechtigten Schweizer Bürgerinnen und Bürger stellen hiermit, gestützt auf Art. 34, 136, 139 und 194 der Bundesverfassung und nach dem Bundesgesetz vom 17. Dezember 1976 über die politischen Rechte, Art. 68ff., folgendes Begehren:

Die Bundesverfassung wird wie folgt geändert:

Art. 75 Abs. 4–7

⁴ Bund, Kantone und Gemeinden sorgen im Rahmen ihrer Zuständigkeiten für günstige Rahmenbedingungen für nachhaltige Formen des Wohnens und Arbeitens in kleinräumigen Strukturen mit hoher Lebensqualität und kurzen Verkehrswegen (nachhaltige Quartiere).

⁵ Anzustreben ist eine Siedlungsentwicklung nach innen, die im Einklang steht mit hoher Lebensqualität und besonderen Schutzbestim-mungen.

⁶ Die Ausscheidung neuer Bauzonen ist nur zulässig, wenn eine andere unversiegelte Fläche von mindestens gleicher Grösse und vergleichbarem potenziellem landwirtschaftlichem Ertragswert aus der Bauzone ausgezont wird.

⁷ Ausserhalb der Bauzone dürfen ausschliesslich standortgebundene Bauten und Anlagen für die bodenabhängige Landwirtschaft oder standortgebundene Bauten von öffentlichem Interesse bewilligt werden. Das Gesetz kann Ausnahmen vorsehen. Bestehende Bauten geniessen Bestandesgarantie und können geringfügig erweitert und geringfügig umgenutzt werden.

Auf dieser Liste können nur Stimmberechtigte unterzeichnen, die in der genannten politischen Gemeinde in eidgenössischen Angelegenheiten stimmberechtigt sind. Bürgerinnen und Bürger, die das Begehren unterstützen, mögen es handschriftlich unterzeichnen.

Kanton			Postleitzahl	Politische Gemeinde	

	Name	Vorname	Geburtsdatum (Tag/Monat/Jahr)	Wohnadresse (Strasse und Hausnummer)	Eigenhändige Unterschrift	Kontrolle (leer lassen)
1						
2						
3						

→ **6. Semester GWZ Kapitel 11**

Da eine Unterschriftensammlung mit erheblichem organisatorischem Aufwand verbunden ist, sind es in aller Regel Interessengruppen wie Wirtschafts- und Umweltverbände oder **politische Parteien**, welche mit solchen Volksinitiativen ein gesetzgeberisches Begehren durchsetzen wollen.

Art. 142 Abs. 2 BV

Für die Annahme einer Verfassungsänderung müssen bei der entsprechenden Volksabstimmung die folgenden Resultate erzielt werden (**doppeltes Mehr**, d.h. Volksmehr und Ständemehr):

- **Volksmehr:** Die Mehrheit der stimmenden Schweizer Bürgerinnen und Bürger muss der Vorlage zustimmen.

Art. 142 Abs. 3/4 BV

- **Ständemehr:** Die Mehrheit der Stände (Kantone) muss die Verfassungsänderung gutheissen. Die einzelnen Kantonsstimmen richten sich dabei nach den kantonalen Abstimmungsergebnissen (Wie hat die Mehrheit des jeweiligen Kantons entschieden?). Bei 6 **Halbkantonen** (mit je einer halben Stimme) und 20 **Vollkantonen** (mit je einer ganzen Stimme) braucht es folglich für das Erreichen des Ständemehrs mindestens 12 ganze Kantonsstimmen (23 ÷ 2 + 0,5).

Das Erfordernis des Ständemehrs – neben dem Volksmehr – soll verhindern, dass die bevölkerungsreichen Kantone der Schweiz in Verfassungsangelegenheiten das alleinige Sagen haben.

Merke Auf die Bundesverfassung haben die Schweizer Bürgerinnen und Bürger in zweifacher Hinsicht direkten Einfluss: erstens durch das Initiativrecht und zweitens durch Stimmrecht am obligatorischen Verfassungsreferendum.

A E-Aufgaben 1 bis 3

3.2 Bundesgesetz

Art. 163/164 BV Auf der zweiten Hierarchiestufe der Schweizer Rechtsordnung stehen die Bundesgesetze. Ein Bundesgesetz darf einzig aufgrund eines von Volk und Ständen angenommenen Verfassungsartikels erlassen werden. Die für diese nachgelagerte Gesetzgebung zuständige Behörde ist die Bundesversammlung (National- und Ständerat).

Art. 63 BV Bundesgesetze führen die einzelnen, in der Regel sehr allgemein gehaltenen Rechtssätze der Bundesverfassung konkreter und näher aus. Zum Beispiel hat die Bundesversammlung die Verfassungsbestimmung «Der Bund erlässt Vorschriften über die Berufsbildung» gesetzgeberisch umgesetzt, indem sie das «Bundesgesetz über die Berufsbildung» mit total 74 zu beachtenden Gesetzesartikeln erlassen hat. In Artikel 14 dieses Gesetzes steht dann etwa ganz konkret: «Zwischen den Lernenden und den Anbietern der Bildung in beruflicher Praxis wird ein Lehrvertrag abgeschlossen.»

Art. 141 BV Auch auf Gesetzesstufe besteht für die Schweizer Bürgerinnen und Bürger die Möglichkeit, direkt auf die Rechtsordnung Einfluss zu nehmen. Mit dem **Referendumsrecht** kann das Volk nämlich Abstimmungen über parlamentarisch verabschiedete Bundesgesetze erzwingen. Zu einer Volksabstimmung über ein Gesetz (**Gesetzesreferendum**) kommt es immer dann, wenn eine Interessengruppe innert 100 Tagen seit der amtlichen Veröffentlichung des von der Bundesversammlung genehmigten Gesetzes 50 000 Unterschriften von Schweizer Stimmberechtigten (ab 18 Jahren) gegen den Rechtserlass sammelt. In diesem Fall ist das **Referendum** zustande gekommen, und die Vorlage muss dem Volk zur Abstimmung unterbreitet werden. Ansonsten gilt das neue oder abgeänderte Gesetz ohne Volksabstimmung.

Unterschriftenliste für ein Referendum

Referendumskomitee „Nein zu diesem Adoptionsrecht", Postfach 43, 3602 Thun

Referendum gegen die Änderung vom 17. Juni 2016 des Schweizerischen Zivilgesetzbuches (Adoption)
(im Bundesblatt veröffentlicht am 28. Juni 2016).

Die unterzeichneten stimmberechtigten Schweizer Bürgerinnen und Bürger verlangen, gestützt auf Art. 141 der Bundesverfassung vom 18. April 1999 und nach dem Bundesgesetz vom 17. Dezember 1976 über die politischen Rechte, Art. 59a-66, dass die Änderung vom 17. Juni 2016 des Schweizerischen Zivilgesetzbuches (Adoption) der Volksabstimmung unterbreitet werde.

Auf dieser Liste können nur Stimmberechtigte unterzeichnen, die in der genannten politischen Gemeinde in eidgenössischen Angelegenheiten stimmberechtigt sind. Bürgerinnen und Bürger, die das Begehren unterstützen, mögen es handschriftlich unterzeichnen.

Kanton		Postleitzahl	Politische Gemeinde		
	Name/Vornamen (Eigenhändig und möglichst in Blockschrift)	Geburtsdatum (Tag/Monat/Jahr)	Wohnadresse (Strasse und Hausnummer)	Eigenhändige Unterschrift	Kontrolle (leer lassen)
1					
2					
3					
4					
5					

Art. 141 BV Ein Bundesgesetz muss ebenfalls vor das Volk gebracht werden, wenn in der gleichen Frist von 100 Tagen mindestens acht Kantone (mit kantonalem Parlamentsbeschluss) dies verlangen.

Art. 142 Abs. 1 Weil das Schweizer Volk also nicht in jedem Fall über neue Gesetzesvorlagen abstimmt, spricht man in diesem Zusammenhang vom **fakultativen (freiwilligen) Gesetzesreferendum** oder einfach vom **fakultativen Referendum**. In der Volksabstimmung ist dann gemäss Verfassung allein das **Volksmehr** entscheidend für die Annahme (Ja-Stimmen) oder die Ablehnung (Nein-Stimmen) des Gesetzes.

Der Staat setzt ein von den Parlamenten beschlossenes Gesetz unter den folgenden Bedingungen in Kraft:
- Es wurde kein Referendum dagegen ergriffen.
- Es wurde das Referendum ergriffen, kam aber nicht zustande (zu wenig Unterschriften).
- Das Referendum kam zustande, bei der anschliessenden Volksabstimmung wurde das Gesetz aber angenommen.

Wird ein neues Gesetz nach zustande gekommenem Referendum vom Stimmvolk abgelehnt, ist die neue Gesetzgebung gescheitert, und es bleibt alles beim Alten. Gegen die meisten Bundesgesetze wird kein Referendum ergriffen, weil der National- und der Ständerat in der Regel Erlasse verabschieden, die nach Ansicht aller massgebenden Interessengruppen ausgewogen sind. Sichergestellt wird diese Ausgewogenheit durch das **Vernehmlassungsverfahren**. In dieser frühen Phase des Gesetzgebungsprozesses werden kommentierte Vorentwürfe von Gesetzen den Kantonen, den Parteien der Bundesversammlung, Verbänden und anderen interessierten Kreisen zur Stellungnahme unterbreitet.

Merke Wie bei der Verfassung haben die Schweizer Bürgerinnen und Bürger zwei Möglichkeiten, direkt auf die Gesetzgebung Einfluss zu nehmen: erstens durch das fakultative Referendumsrecht (Volksabstimmung verlangen) und zweitens durch das Stimmrecht am zustande gekommenen Gesetzesreferendum.

Lösung Einführungsfall Im Fall der «Änderung des Asylgesetzes» konnte das Schweizer Volk abstimmen, weil das Referendum dagegen ergriffen wurde und zustande kam (fakultatives Gesetzesreferendum).

Im Fall des neuen Verfassungsartikels «bedingungsloses Grundeinkommen» wurde abgestimmt, weil Verfassungsänderungen obligatorisch dem Volk und den Ständen zur Abstimmung unterbreitet werden müssen (obligatorisches Verfassungsreferendum).

A E-Aufgaben 4 und 5

3.3 Bundesverordnung

Auf der dritten und untersten Hierarchiestufe der Bundeserlasse stehen die **Bundesverordnungen**. Eine Verordnung leitet sich direkt von einem gültigen Bundesgesetz ab und enthält detaillierte Anweisungen an die betroffenen Amtsstellen des Staates, wie diese das Gesetz praxistauglich, einheitlich und für alle transparent auszuführen haben. So erfährt der Artikel 14 des «Bundesgesetzes über die Berufsbildung», wonach «zwischen den Lernenden und den Anbietern der Bildung in beruflicher Praxis ein Lehrvertrag abgeschlossen wird», in Artikel 8 der «Verordnung über die Berufsbildung» die folgende Präzisierung: «Die Vertragsparteien verwenden von den Kantonen zur Verfügung gestellte Vertragsformulare. Das Bundesamt stellt sicher, dass die Formulare in der ganzen Schweiz einheitlich sind.»

Art. 182 BV — Der Erlass von solchen Verordnungen zu einzelnen Bundesgesetzen gehört (mit wenigen Ausnahmen) zum Aufgabenbereich des **Bundesrates** (Exekutive). Ein Bundesratsbeschluss über eine Verordnung ist endgültig und kann vom Volk nicht wie ein Bundesgesetz mit dem Referendumsrecht infrage gestellt werden. Das erübrigt sich staatsrechtlich, da mit Verordnungen nicht eigentlich neues Recht gesetzt wird, sondern einzig der amtliche Vollzug des Rechts festgelegt wird.

3.4 Wahlrecht

Mit dem Initiativrecht (Verfassungsänderung anstossen), dem Referendumsrecht (Volksabstimmung verlangen) und den zwei Stimmrechten (fakultatives Gesetzes- und obligatorisches Verfassungsreferendum) kann das Schweizer Volk direkt auf die Schweizer Rechtsordnung Einfluss nehmen. Selbstverständlich beteiligen sich die Bürgerinnen und Bürger aber nicht zuletzt auch indirekt am Gesetzgebungsprozess, und zwar mit ihrem politischen **Wahlrecht**. So wählen sie diejenigen Politikerinnen

Art. 149/150 BV — und Politiker in den National- und Ständerat, von denen sie glauben, dass sie die Gesetzgebung in ihrem Sinn gestalten werden. Man spricht in diesem Zusammenhang vom **aktiven Wahlrecht** (das Recht, jemanden in ein Amt zu wählen).

Daneben haben alle Stimmberechtigten das Recht, sich selbst in das Parlament (oder auch in die Regierung) wählen zu lassen und so an vorderster Stelle direkt in

Art. 143 BV — Bundesangelegenheiten mitzureden und diese mitzugestalten (**passives Wahlrecht**).

A E-Aufgabe 6, W-Aufgaben 7 bis 11

Leistungsziele

1.5.3.2 Rechtsquellen und Gesetzgebungsverfahren

- Ich nenne die Quellen des Rechts und erkläre die Unterschiede zwischen Verfassung, Gesetz und Verordnung.
- Ich zeige auf, wie ich als Bürger/Bürgerin auf das Gesetzgebungsverfahren Einfluss nehmen kann (Referendum, Initiative, Abstimmung).

E 3.1 Bundesverfassung

1. Struktur des geschriebenen Rechts

Ergänzen Sie die Struktur des geschriebenen Rechts, indem Sie die richtigen staatsrechtlichen Begriffe in die leeren Kästen einsetzen.

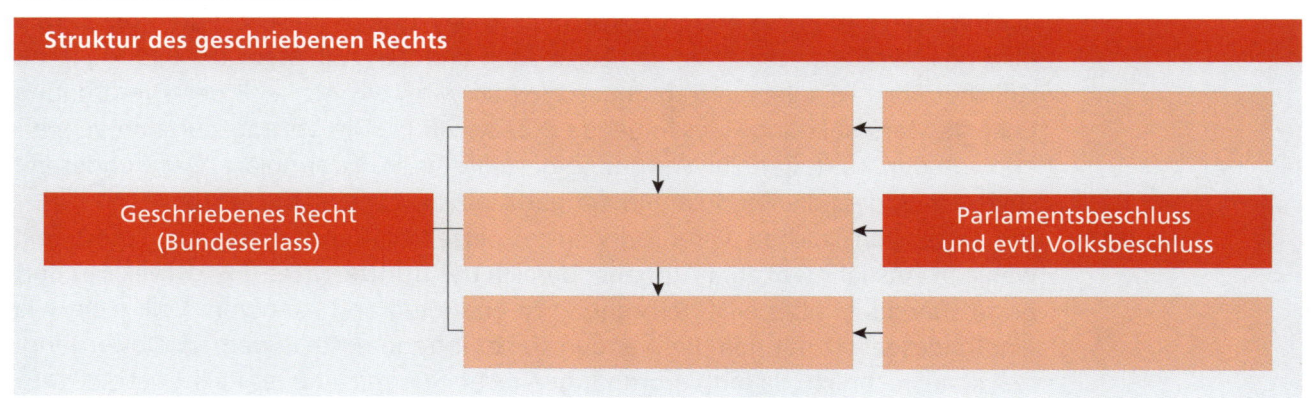

Struktur des geschriebenen Rechts

Geschriebenes Recht (Bundeserlass)	☐	☐
	☐	Parlamentsbeschluss und evtl. Volksbeschluss
	☐	☐

2. Aussagen zur Bundesverfassung

Von den nachstehenden sechs Aussagen zur Bundesverfassung sind drei richtig. Kreuzen Sie diese an.

Richtig	Aussage
☐	Die Bundesverfassung besteht aus Bundesgesetzen.
☐	Mit der Bundesverfassung wird Recht gesetzt.
☐	Das Volksmehr entscheidet bei Verfassungsreferenden.
☐	Die Bundesverfassung ist der oberste Schweizer Rechtserlass.
☐	Mit einer Volksinitiative kann eine Verfassungsänderung angeregt werden.
☐	Die Kantone können die Bundesverfassung alleine abändern.

3. Doppeltes Mehr

Umschreiben Sie den staatsrechtlichen Grund dafür, weshalb in der Schweiz bei einem Verfassungsreferendum das doppelte Mehr für die Annahme der Vorlage erreicht werden muss.

E 3.2 Bundesgesetz

4. Aussagen zu Bundesgesetzen

Ein Jahr nach der Annahme einer Gesetzesänderung durch das Parlament kann das Volk über diese Gesetzesänderung abstimmen. Kreuzen Sie dazu nachfolgend die richtige(n) Aussage(n) an.

Richtig	Aussage
☐	Gesetzesänderungen werden automatisch dem Volk zur Abstimmung vorgelegt.
☐	Gegen die Gesetzesänderung wurde das Referendum ergriffen.
☐	Gesetzesänderungen unterliegen dem obligatorischen Referendum.
☐	Zur Annahme der Gesetzesänderung braucht es bei der Volksabstimmung das doppelte Mehr.
☐	Die Volksabstimmung heisst auch Gesetzesreferendum.

5. Aussagen zu Bundesgesetzen und politischen Rechten

Kreuzen Sie an, ob die nachfolgenden Aussagen zu Bundesgesetzen und den entsprechenden politischen Rechten richtig oder falsch sind. Falsche Aussagen berichtigen Sie auf der leeren Zeile.

R	F	Aussage
☐	☐	Die Annahme eines Bundesgesetzes durch das Schweizer Parlament ist endgültig.
☐	☐	Gegen ein Bundesgesetz kann die Volksinitiative ergriffen werden.
☐	☐	Der Bundesrat kann der Bundesversammlung den Auftrag erteilen, ein bestehendes Bundesgesetz abzuändern.
☐	☐	Wurde gegen ein Gesetz das Referendum ergriffen und kommt es zustande, gibt es in der Folge eine Volksabstimmung.
☐	☐	Mit dem Motionsrecht und dem Stimmrecht an der anschliessenden Volksabstimmung kann das Schweizer Volk direkt auf Bundesgesetze Einfluss nehmen.

E 3.3/4 Bundesverordnung/Wahlrecht

6. Fachbegriffe zu Bundeserlassen und politischen Rechten

Kreuzen Sie zu den Aussagen jeweils den passenden Fachbegriff an.

a) Diesen Rechtserlass kann der Bundesrat eigenständig abändern.

☐ Verfassung ☐ Gesetz ☐ Verordnung

b) Von diesem Rechtserlass leitet sich eine Verordnung direkt ab.

☐ Verfassung ☐ Gesetz ☐ Vollzugsanweisung

c) Dieser Rechtserlass unterliegt weder dem obligatorischen noch dem fakultativen Referendum.

☐ Verfassung ☐ Gesetz ☐ Verordnung

d) Mit diesem politischen Recht nimmt das Schweizer Volk indirekt Einfluss auf die Rechtsordnung.

☐ Aktives Wahlrecht ☐ Passives Wahlrecht ☐ Stimmrecht

e) Aufgrund dieses politischen Rechts kann sich eine Schweizer Bürgerin bzw. ein Schweizer Bürger in den Bundesrat wählen lassen.

☐ Aktives Wahlrecht ☐ Passives Wahlrecht ☐ Stimmrecht

f) Mit dem Initiativrecht hat das Schweizer Volk die Möglichkeit, diesen Rechtserlass abzuändern.

☐ Verfassung ☐ Gesetz ☐ Verordnung

W 3 Rechtsquellen und Gesetzgebungsverfahren auf Bundesebene

7. Politische Rechte

Kreuzen Sie das politische Recht an, das durch die beschriebenen Sachverhalte jeweils betroffen ist.

Sachverhalt	Verfassungs-referendum	Gesetzes-referendum	Initiativrecht
Eine Volksabstimmung ist in jedem Fall obligatorisch.	☒	☐	☐
Der Anstoss für die Änderung der Bundesverfassung kommt vom Volk.	☐	☐	☒
Ein Umweltverband sammelt Unterschriften und will damit in der Verfassung den Anstoss zu einem neuen Bundesgesetz geben.	☐	☐	☒
Das Referendum ist zustande gekommen und es kommt zur Volksabstimmung.	☐	☒	☐
Es kommt zu dieser Volksabstimmung, weil innerhalb von 18 Monaten mehr als 100 000 gültige Unterschriften zusammengekommen sind.	☐	☐	☒
Es handelt sich um eine fakultative (freiwillige) Volksabstimmung.	☐	☒	☐
Für die Annahme der Vorlage ist das Volksmehr nicht ausreichend.	☒	☐	☐
Eine Interessengruppe sammelt für ihr Verfassungsanliegen Unterschriften von Stimmberechtigten.	☐	☐	☒

8. Arten von Mehr

Ordnen Sie den nachfolgenden Beschreibungen den Grossbuchstaben des jeweils richtigen Mehrs zu.

D = Doppeltes Mehr   S = Ständemehr   V = Volksmehr

Beschreibung	Mehr
Dieses Mehr braucht es für die Annahme einer Gesetzesvorlage.	V
Ein anderer Begriff dafür ist Kantonsmehr.	S
Für sich allein genommen kommt dieses Mehr nie zur Anwendung.	S
Dieses Mehr besteht aus dem Volks- und dem Ständemehr.	D
Für die Annahme einer Verfassungsänderung braucht es bei der entsprechenden Volksabstimmung dieses Mehr.	D
Beim fakultativen Gesetzesreferendum muss für die Annahme der Vorlage dieses Mehr erreicht werden.	V
Dieses Mehr ist die Mehrheit der stimmenden Bürgerinnen und Bürger bei einer Volksabstimmung.	V

9. Politische Rechte und Stufen des geschriebenen Rechts

Sachverhalt: Das Schweizer Stimmvolk konnte über die folgenden zwei Rechtsvorlagen abstimmen:
A) «Volksinitiative für Lebensmittel aus gentechnikfreier Landwirtschaft»
B) «Änderung des Arbeitsgesetzes»

a) Weshalb konnte das Schweizer Stimmvolk als letzte Instanz über die beiden Vorlagen abstimmen? Nennen Sie zu beiden Vorlagen je den Grund und den massgebenden Verfassungsartikel.

Vorlage A:

Verfassungsartikel:

Vorlage B:

Verfassungsartikel:

b) Welche formalen (rechtlichen) Bedingungen mussten erfüllt sein, damit die Vorlage «für Lebensmittel aus gentechnikfreier Landwirtschaft» zur Abstimmung gelangen konnte? Nennen Sie auch den massgebenden Verfassungsartikel.

Verfassungsartikel:

c) Welche formalen (rechtlichen) Bedingungen mussten erfüllt sein, damit die Vorlage «Änderung des Arbeitsgesetzes» zur Abstimmung gelangen konnte? Nennen Sie auch den massgebenden Verfassungsartikel.

Verfassungsartikel:

d) In welchen beiden Fällen hätte das Schweizer Stimmvolk nicht über die «Änderung des Arbeitsgesetzes» abstimmen können?

e) Welches Mehr musste bei der Volksabstimmung für die Annahme der Vorlage «Änderung des Arbeitsgesetzes» erreicht werden? Nennen Sie auch den massgebenden Verfassungsartikel mit Absatz.

Verfassungsartikel:

f) Wie heisst die vom Parlament erlassene nähere Ausführung zu einem Verfassungsartikel?

g) Wie heisst die vom Bundesrat erlassene nähere Ausführung zu einem Bundesgesetz?

h) Wie kann das Schweizer Stimmvolk die Einführung eines von National- und Ständerat verabschiedeten neuen Gesetzes verhindern?

i) Welches ist die Rechtsfolge, wenn gegen ein von National- und Ständerat verabschiedetes neues Gesetz das Referendum nicht ergriffen wird bzw. wenn dieses nicht zustande kommt?

j) Welche Rechtsvorlagen werden nur dem Volk und welche dem Volk und den Ständen zur Abstimmung vorgelegt?

Nur dem Volk:

Volk und Ständen:

10. Gesetzgebungsverfahren

Sachverhalt: Die 26-jährige Schweizer Bürgerin Sabrina Wittwer verfolgt seit Jahren mit grossem Interesse das Geschehen in der Bundespolitik. Gerne beteiligt sie sich auch aktiv an den staatlichen Entscheidungsprozessen.

a) Nennen Sie die verschiedenen politischen Rechte, mit denen Sabrina Wittwer direkt und indirekt am Gesetzgebungsverfahren des Bundes mitwirken kann.

Direkte politische Mitwirkungsrechte:

Indirektes politisches Mitwirkungsrecht:

b) Mit welchem politischen Recht kann Sabrina Wittwer als Bürgerin einen neuen Verfassungsartikel anregen?

c) Mit welchem politischen Recht kann Sabrina Wittwer als Bürgerin ein neues Bundesgesetz anregen?

Rechtsquellen und Gesetzgebungsverfahren auf Bundesebene

d) Welches Recht macht Sabrina Wittwer geltend, wenn sie einen kürzlich von National- und Ständerat verabschiedeten Gesetzeserlass ablehnt und sich dagegen zur Wehr setzen will?
Kreuzen Sie die richtige Auswahlantwort an.

☐ Initiativrecht   ☐ Referendumsrecht

☐ Grundrecht   ☐ Aktives Wahlrecht

e) Trotz Sabrina Wittwers politischem Einsatz gegen das in Teilaufgabe d) erwähnte Bundesgesetz wird dieses schliesslich in Kraft gesetzt. Beschreiben Sie zwei mögliche Gründe dafür.

f) Sabrina Wittwer hat an einem Verfassungsreferendum teilgenommen und studiert am Abend das entsprechende Abstimmungsergebnis.

- Stimmvolk: Ja-Stimmen: 1 165 274   Nein-Stimmen: 923 926
- Vollkantone: Ja-Stimmen: 9   Nein-Stimmen: 11
- Halbkantone: Ja-Stimmen: 2   Nein-Stimmen: 4

Beschreiben Sie aufgrund dieses Abstimmungsergebnisses den Ausgang des Verfassungsreferendums, und begründen Sie Ihre Antwort.

11. Politische Rechte

Kreuzen Sie die politischen Rechte an, die durch die Aussagen jeweils betroffen sind. Jede Aussage kann keines, eines, zwei oder alle drei der aufgeführten politischen Rechte betreffen.

Aussage	Obligatorisches Referendum	Fakultatives Referendum	Volksinitiative
Es kann nur von politischen Parteien ergriffen werden.	☐	☐	☐
Dafür braucht es 50 000 Unterschriften.	☐	☐	☐
Es handelt sich um ein politisches Recht.	☐	☐	☐
Es handelt sich um ein Grundrecht.	☐	☐	☐
Damit wird die Bundesverfassung abgeändert.	☐	☐	☐
Für die Annahme ist nur das Volksmehr nötig.	☐	☐	☐
Für dieses politische Recht braucht es keine Unterschriften.	☐	☐	☐
Damit will man ein neues Bundesgesetz verhindern.	☐	☐	☐

4 Recht und Staat
Privatrecht

Inhaltsverzeichnis

		Theorie	Aufgaben
4.1	Wichtige Rechtsgebiete und Systematik	**114**	123
4.2	Rechtssubjekte und deren rechtliche Fähigkeiten	**117**	126
4.3	Rechtsgrundsätze	**120**	129

Leistungsziele 122

4 Privatrecht

4.1 Wichtige Rechtsgebiete und Systematik

Einführungsfall

Paula Züger will auf dem Wochenmarkt frisches Gemüse einkaufen. Sie stellt fest, dass der Händler Willy Eggenschwiler im Vergleich zur Konkurrenz minderwertig aussehende Karotten zum doppelten Preis verkauft. Verärgert verlangt Paula Züger vom Händler, den Preis zu reduzieren, damit sie sich 1 kg Karotten zu einem vernünftigen Preis kaufen könne. Darauf erwidert Willy Eggenschwiler, dass er davon nichts wissen wolle.
Muss der Händler Willy Eggenschwiler der Kundin Paula Züger Karotten zum handelsüblichen Preis verkaufen?

Das **Privatrecht**, auch **Zivilrecht** genannt, regelt die rechtlichen Beziehungen zwischen verschiedenen Personen.

Beispiel

Das Eherecht regelt die Beziehung zwischen einer Ehefrau und ihrem Ehemann, wenn die beiden sich darüber streiten, an welchem Ort sie wohnen wollen.
Das Kaufrecht legt fest, ob der Käufer oder der Verkäufer die Versandkosten zu tragen hat.

➔ **1. Semester 2.1**

Im Unterschied zum Privatrecht regelt das öffentliche Recht die Beziehungen zwischen Personen und dem Staat oder auch das Verhältnis der verschiedenen Staaten untereinander.

Merke

Auch der Staat kann in der Rolle einer Person Teil einer privatrechtlichen Beziehung sein. Wenn zum Beispiel die Steuerverwaltung Büromaterial bei einem Warenhändler bestellt, gilt auch für die Steuerverwaltung das Kaufrecht.

Vereinfacht ergibt sich die folgende Struktur privatrechtlicher Gesetze:

Privatrecht
- Zivilgesetzbuch
  - Personenrecht
  - Familienrecht
  - Erbrecht
  - Sachenrecht
- Andere privatrechtliche Erlasse
  - Obligationenrecht
    - Allgemeine Bestimmungen
    - Die einzelnen Vertragsverhältnisse
    - Die Handelsgesellschaften und die Genossenschaften
    - Handelsregister, Geschäftsfirmen und kaufmännische Buchführung
    - Die Wertpapiere

4.1.1 Zivilgesetzbuch

Das **Zivilgesetzbuch (ZGB)** ist das zentrale Regelwerk des Privatrechts. Es enthält als Einleitung die Grundsätze der Rechtsanwendung im gesamten Privatrecht und regelt in weiteren Teilen das Personenrecht, das Familienrecht, das Erbrecht und das Sachenrecht.

4.1.2 Obligationenrecht

Dem **Obligationenrecht (OR)** – es ist die Fortsetzung des ZGB – kommt ebenfalls besondere Bedeutung zu. Es ist mit über 1000 Gesetzesartikeln das umfangreichste Werk des Privatrechts. Es regelt unter anderem häufige Vertragsverhältnisse wie den Kaufvertrag oder den Mietvertrag, aber auch die rechtliche Form von Unternehmen, zum Beispiel Aktiengesellschaften, oder Buchhaltungsvorschriften für Unternehmen.

4.1.3 Andere privatrechtliche Erlasse

Das ZGB und das OR werden durch eine Vielzahl weiterer Spezialgesetze ergänzt. So gibt es das Konsumkreditgesetz, das Pauschalreisegesetz, das Markenschutzgesetz, das Patentrecht, das Urheberrechtsgesetz oder das Versicherungsvertragsgesetz, um nur einige davon zu nennen. Alle diese anderen privatrechtlichen Erlasse regeln nur einen ganz spezifischen Bereich, diesen aber verhältnismässig lückenlos. Sie werden im vorliegenden Lehrbuch nicht näher dargelegt, können aber je nach Branche für ein Unternehmen von zentraler Bedeutung sein.

4.1.4 Eigenschaften des Privatrechts

Das ganze Privatrecht ist durch zwei Eigenschaften geprägt: die Gleichberechtigung der Personen und deren Privatautonomie.

Gleichberechtigung

Die **Gleichberechtigung** der Personen im Privatrecht verlangt, dass niemand bevorzugt und auch niemand benachteiligt wird. Jede Person hat grundsätzlich genau dasselbe Recht, einen Kreditvertrag abzuschliessen, einen Arbeitsvertrag zu kündigen, sich zu verheiraten oder auch sich wieder scheiden zu lassen.

Privatrecht

Privatautonomie

Privatautonomie bedeutet, dass die Personen ihre rechtlichen Beziehungen untereinander im Rahmen der Rechtsordnung selbst gestalten dürfen.

Lösung Einführungsfall: Im Fall des Gemüsehändlers Willy Eggenschwiler ist es sinnvoll, dass er den Preis seiner Karotten selbst bestimmen darf. Diese Freiheit ist Ausdruck seiner Privatautonomie.

Staatliche Einschränkungen der Privatautonomie durch rechtliche Regeln erfolgen nur, wenn ein anerkanntes öffentliches Interesse besteht.

Beispiel: Ein Restaurant muss die Herkunft des Fleisches deklarieren, weil der Gast den berechtigten Anspruch darauf hat, das zu wissen.

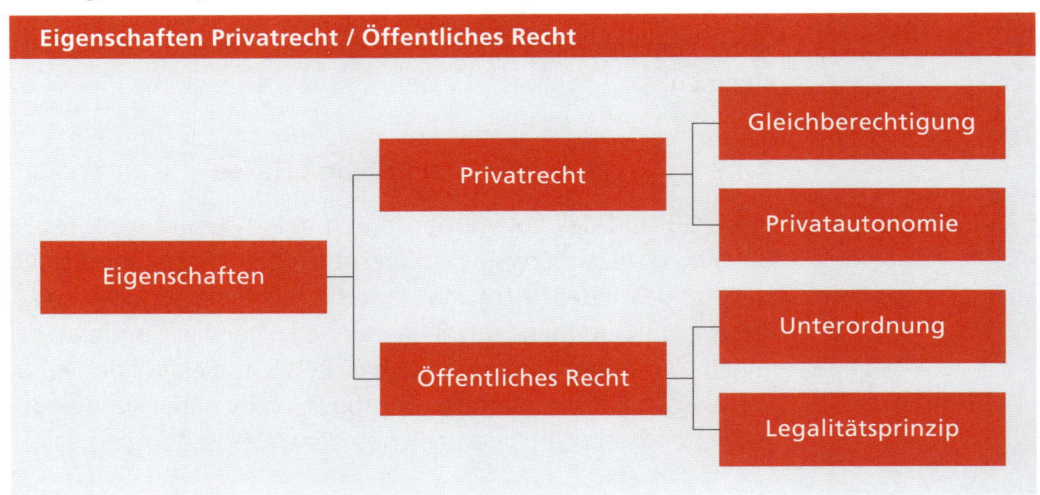

Eigenschaften Privatrecht / Öffentliches Recht

Eigenschaften
- Privatrecht
  - Gleichberechtigung
  - Privatautonomie
- Öffentliches Recht
  - Unterordnung
  - Legalitätsprinzip

Abänderbarkeit privatrechtlicher Regeln

Als Folge der Privatautonomie sind im Gegensatz zum öffentlichen Recht viele Gesetzesartikel des Privatrechts durch die Personen ganz oder teilweise abänderbar und die entsprechenden gesetzlichen Regeln gelten nur ersatzweise. Es werden drei Arten von Gesetzesartikeln unterschieden.

Dispositive Artikel	Relativ zwingende Artikel	Zwingende Artikel
Das Gesetz gilt nur ergänzend für den Fall, dass die Personen keine eigenen Regeln formuliert haben.	Das Gesetz ist in eine Richtung, in der Regel zugunsten der schwächeren Person, abänderbar.	Das Gesetz ist nicht abänderbar. Anderslautende Abmachungen zwischen Personen sind wirkungslos.
z.B. Art. 75 OR	z.B. Art. 266a Abs. 1 OR	z.B. Art. 94 Abs. 1 ZGB

Art. 361/362 OR Die Abänderbarkeit eines Gesetzesartikels lässt sich aus dem Wortlaut bestimmen oder wird zum Beispiel beim Arbeitsvertragsrecht ausdrücklich festgelegt.

A E-Aufgaben 1 bis 3, W-Aufgaben 4 bis 6

4.2 Rechtssubjekte und deren rechtliche Fähigkeiten

Einführungsfall

> Lara Solari, 16 Jahre jung, leidet an einem lebensbedrohlichen Organschaden. In der Folge könnte ein Spezialist des behandelnden Universitätsspitals Lara das gesunde Organ eines Spenders implantieren. Als der leitende Arzt unter Zeitdruck entscheiden muss, ob der Eingriff durchgeführt werden soll, sind Laras Eltern unerreichbar.
> Kann Lara Solari selbst – ohne Rücksprache mit ihren Eltern – in die bevorstehende Operation einwilligen?

4.2.1 Rechtssubjekte und Rechtsobjekte

Personen im Sinne des Rechts sind einerseits alle Menschen (**natürliche Personen**), also Frauen, Männer, Jugendliche und auch Kinder. Andererseits können auch Vereine oder gewisse Unternehmen wie Aktiengesellschaften Rechte und Pflichten haben (**juristische Personen**). Allgemein spricht man bei allen Trägern von Rechten und Pflichten – egal ob natürliche oder juristische Personen – von **Rechtssubjekten**.

Die Dinge, z.B. Geld-, Sach- oder Dienstleistungen, auf welche sich die Rechte und Pflichten der Rechtssubjekte beziehen, bezeichnet man als **Rechtsobjekte**.

Beispiel Die Ansprüche eines Käufers beziehen sich auf die Kaufsache. Der Käufer ist in dem Fall das Rechtssubjekt, die Kaufsache das Rechtsobjekt.

Art. 641a ZGB Eine Stellung zwischen Rechtssubjekten und -objekten nehmen Tiere ein. Sie sind zwar keine Rechtssubjekte. Man kann aber trotzdem nicht beliebig über sie verfügen, da es z.B. verboten ist, sie zu quälen.

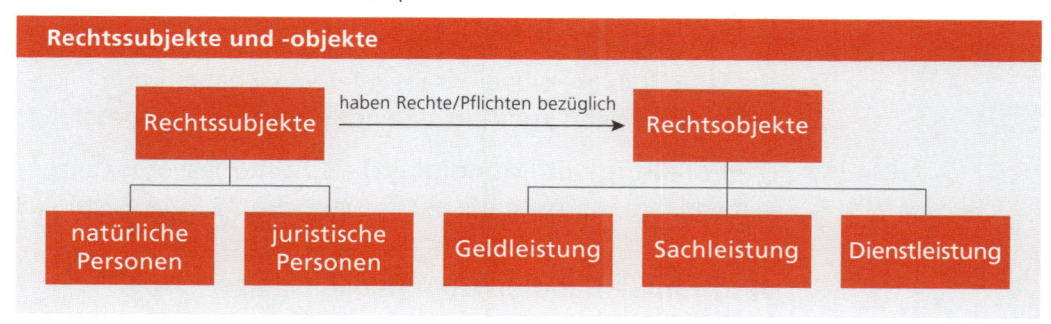

Rechtssubjekte und -objekte

Rechtssubjekte → haben Rechte/Pflichten bezüglich → Rechtsobjekte
- natürliche Personen
- juristische Personen
- Geldleistung
- Sachleistung
- Dienstleistung

4.2.2 Rechtliche Fähigkeiten natürlicher Personen

Inwiefern Rechtssubjekte im konkreten Fall Träger von Rechten und Pflichten sein können, hängt zusätzlich von ihren rechtlichen Fähigkeiten ab. Das Zivilgesetzbuch regelt im Personenrecht die entsprechenden Eigenschaften. Für natürliche Personen sind es im Vergleich zu den juristischen Personen naturgemäss andere.

Privatrecht

Rechtsfähigkeit

Art. 11 ZGB Die Rechtsfähigkeit natürlicher Personen erfordert lediglich deren lebende Geburt. Sie bewirkt, dass Menschen Rechte und Pflichten ohne eigenes Zutun haben können. So besitzt ein Säugling bereits Menschenrechte oder das Erbrecht gegenüber seinen Eltern. Weiter sind die Grundschulpflicht, die Steuerpflicht, der Persönlichkeitsschutz oder das Eigentumsrecht von Bedeutung.

Art. 31 ZGB Auch Ungeborene sind bereits durch die Rechtsfähigkeit geschützt. So besteht ab der 12. Schwangerschaftswoche ein grundsätzliches Abtreibungsverbot, d. h. das Recht auf Leben.

Handlungsfähigkeit

Art. 12 / 13 ZGB Um selbst Rechte oder Pflichten begründen zu können (z.B. einen Mietvertrag abschliessen), brauchen natürliche Personen grundsätzlich die Handlungsfähigkeit, welche an zwei Teilvoraussetzungen geknüpft ist.

Art. 16 ZGB Erforderlich ist als erste Teilvoraussetzung die **Urteilsfähigkeit**, durch welche die Folgen eigener Handlungen vernünftig abgeschätzt werden können («Man weiss, was man tut.»). Die Urteilsfähigkeit kann dauerhaft, z.B. durch Kindesalter oder Geisteskrankheit, oder auch nur vorübergehend, z.B. durch Alkohol oder Medikamente, eingeschränkt sein. Die Urteilsfähigkeit von Kindern und Jugendlichen ist situationsbezogen zu beurteilen.

Beispiel *Ein 7-jähriges Kind muss bereits wissen, dass ein Kaugummi vom Kiosk einen Preis hat, also nicht einfach genommen werden darf. Dasselbe Kind muss aber nicht unbedingt erkennen, dass es unvernünftig ist, sich zu Ferienarbeit für die nächsten 10 Jahre zu verpflichten.*

Die Urteilsfähigkeit beginnt im Alter von 7 Jahren und wird mit dem Erreichen der Volljährigkeit im Grundsatz uneingeschränkt vorausgesetzt.

Art. 14 ZGB Die **Volljährigkeit** (**Mündigkeit**) als zweite Teilvoraussetzung der Handlungsfähigkeit verlangt, dass natürliche Personen das 18. Lebensjahr vollendet haben.

Beschränkte Handlungsunfähigkeit

Art. 19–19d ZGB Damit urteilsfähige Kinder und Jugendliche in angemessenem Rahmen schon vor dem 18. Geburtstag, also noch minderjährig, rechtliche Wirkung erzeugen können, gibt es die folgenden gesetzlich umschriebenen Ausnahmen, die man als beschränkte Handlungsunfähigkeit bezeichnet:
- Minderjährige handeln mit der ausdrücklichen oder stillschweigenden Zustimmung ihrer **gesetzlichen Vertreter** (Eltern oder Vormund).
- Minderjährige erlangen unentgeltliche Vorteile (z.B. ein Geschenk annehmen) oder üben (nicht übertragbare) Persönlichkeitsrechte aus.

Art. 323 ZGB
- Minderjährige geben im üblichen Rahmen selbst verdientes Geld aus oder haben dieses von den Eltern zur eigenen Verwaltung erhalten (z.B. Taschengeld).

Lösung Einführungsfall Im Fall des schwer kranken Mädchens Lara Solari liegt beschränkte Handlungsunfähigkeit vor. Lara ist zwar minderjährig, aber nur sie selbst hat das nicht (auf ihre Eltern) übertragbare Persönlichkeitsrecht, in die erforderliche Operation einzuwilligen.

Handlungsunfähigkeit

Art. 17 und 18 ZGB Bei fehlender Urteilsfähigkeit können natürliche Personen selbst keine rechtliche Wirkung erzeugen. Dies ist bei Minderjährigen der Fall, sofern keine der oben erwähnten gesetzlichen Ausnahmen vorliegt. Das Gesetz bezeichnet diesen rechtlichen Zustand als Handlungsunfähigkeit. Trotzdem entsteht durch die selbst verschul-

Art. 54 OR dete vorübergehende Urteilsunfähigkeit eine gewisse Verantwortlichkeit.

Beispiel Wenn jemand betrunken eine Milchkuh für CHF 14 000 kauft, darf er diese dem Viehzüchter zwar zurückgeben und den Kaufpreis zurückverlangen, allfällige Verluste des Viehzüchters hat er jedoch zu entschädigen.

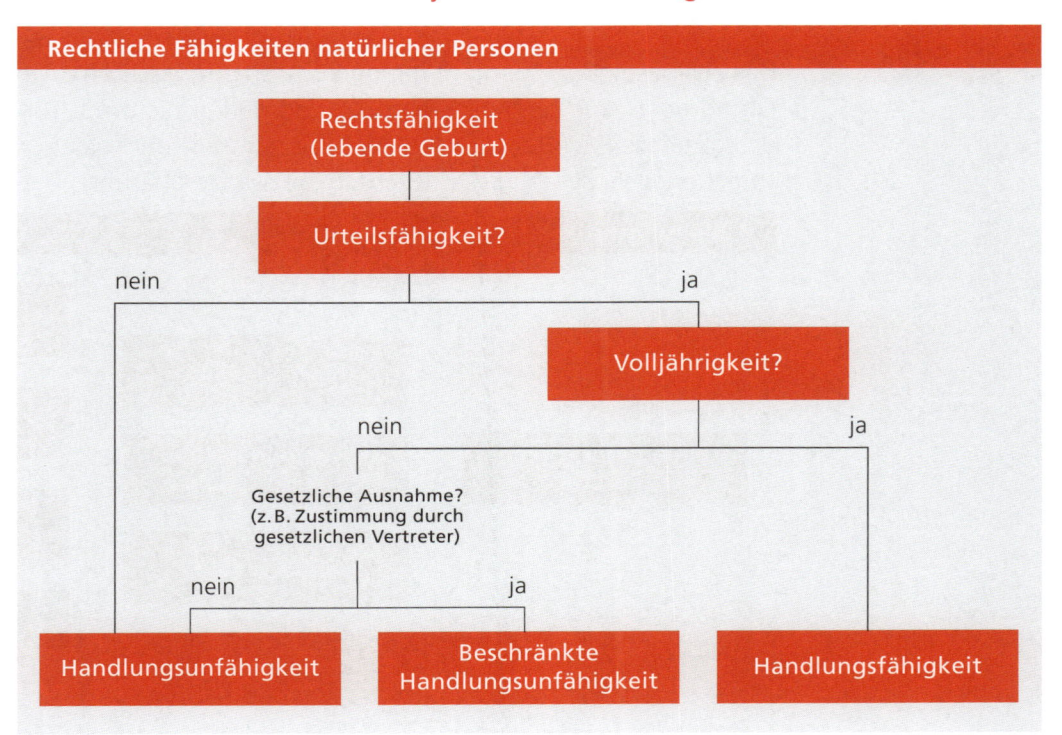

Rechtliche Fähigkeiten natürlicher Personen

- Rechtsfähigkeit (lebende Geburt)
- Urteilsfähigkeit?
  - nein →
  - ja → Volljährigkeit?
    - nein → Gesetzliche Ausnahme? (z.B. Zustimmung durch gesetzlichen Vertreter)
      - nein → Handlungsunfähigkeit
      - ja → Beschränkte Handlungsunfähigkeit
    - ja → Handlungsfähigkeit

→ 5.2
→ 6.2 Es gibt weitere rechtliche Fähigkeiten natürlicher Personen, die fallweise von Bedeutung sein können, so z.B. die Straffähigkeit (Verantwortung für Straftaten übernehmen können) oder die Deliktfähigkeit (Verantwortung für absichtlich oder fahrlässig verursachte Schäden übernehmen können).

4.2.3 Handlungsfähigkeit juristischer Personen

Art. 54 ZGB Juristische Personen handeln durch ihre Vertreter (**Organe**). Das sind (einzelne oder mehrere) speziell dazu ermächtigte natürliche oder andere juristische Personen.

Beispiel In einer Aktiengesellschaft (juristische Person) treffen die Aktionäre in der Generalversammlung (Organ) alle wichtigen Entscheidungen.

Die Organe werden im Zuge der Gründung einer juristischen Person bestimmt.

A E-Aufgaben 7 bis 9, W-Aufgaben 10 bis 12

Privatrecht

4.3 Rechtsgrundsätze

Einführungsfall

> Peter Birer besitzt ein schönes Bootshaus am Zugersee. Mit seinem Nachbarn, Hans Leuenberger, der hinter Birers Bootshaus wohnt, hat er sich vor Jahren wegen einer Kleinigkeit zerstritten. Weil Birer seinem Nachbarn die schöne Sicht auf den See vergönnt, hat er sich entschlossen, eine 2 Meter hohe Betonmauer zwischen Leuenbergers und seinem Grundstück bauen zu lassen. Nach dem Baurecht der Gemeinde ist das möglich. Leuenberger ist von diesen Plänen gar nicht begeistert.
> Darf Peter Birer die geplante Mauer gegen den Willen seines Nachbarn bauen lassen?

Das Zivilgesetzbuch beginnt mit den **Einleitungsartikeln**. Diese enthalten wichtige Grundregeln zur Rechtsanwendung und gelten nicht nur für das ZGB, sondern für das gesamte Privatrecht. Nach der Übersicht auf der folgenden Seite wird eine entsprechende Auswahl dieser **Rechtsgrundsätze** erläutert.

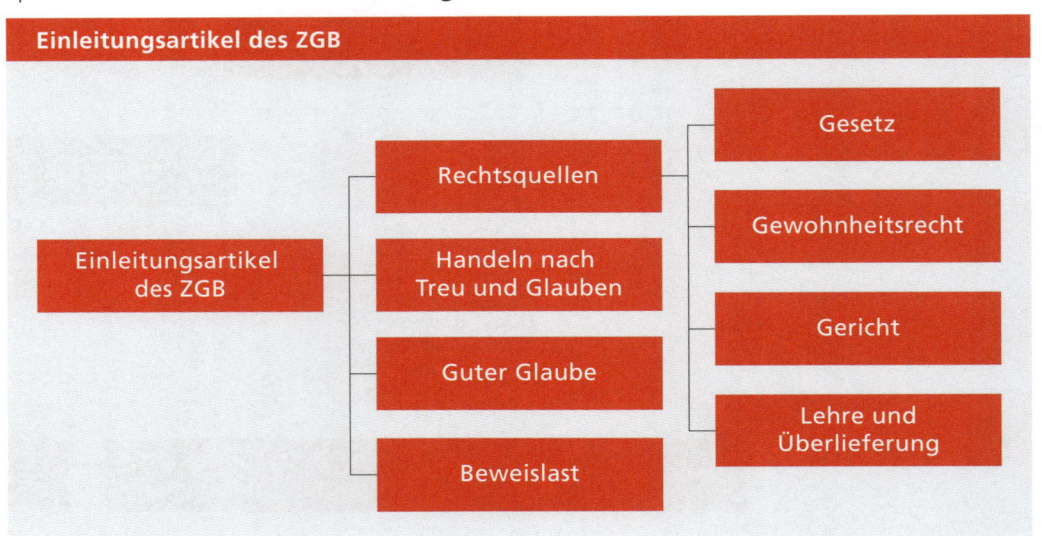

Einleitungsartikel des ZGB

Einleitungsartikel des ZGB:
- Rechtsquellen
  - Gesetz
  - Gewohnheitsrecht
  - Gericht
  - Lehre und Überlieferung
- Handeln nach Treu und Glauben
- Guter Glaube
- Beweislast

4.3.1 Rechtsquellen

Art. 1 ZGB Bei jedem rechtlichen Problem muss klar sein, welche Regeln in welcher Reihenfolge anzuwenden sind. Das ZGB gibt diese Rangordnung der **Rechtsquellen** vor.

1. Gesetz

Art. 1 Abs. 1 ZGB
→ 3.1–3.3

In erster Linie kommt das ganze **geschriebene Recht** zur Anwendung. Es besteht aus verschiedenen Stufen (Verfassung, Gesetze, Verordnungen), obwohl Art. 1 Abs. 1 ZGB nur das «Gesetz» namentlich erwähnt.

2. Gewohnheitsrecht

Art. 1 Abs. 2 ZGB Die ungeschriebenen Regeln, auch **Bräuche** oder **Usanzen** genannt, gelten, wenn es zu einem rechtlichen Problem kein geschriebenes Recht, dafür eine lang bewährte, allgemein anerkannte Übung (gelebte Praxis) gibt. Sie füllen so **Gesetzeslücken**, die der Gesetzgebungsprozess absichtlich oder auch unabsichtlich hinterlässt.

3. Gericht

Art. 1 Abs. 2 ZGB Das Gericht entscheidet in der Rolle des Gesetzgebers, wenn zu einem rechtlichen Problem weder eine geschriebene noch eine ungeschriebene Regel existiert.

4. Lehre und Überlieferung

Art. 1 Abs. 3 ZGB Das Gericht hat sich bei seinen Entscheiden an der geltenden **Lehre** (Rechtswissenschaften) zu orientieren.

Wenn es ausserdem zu einem rechtlichen Problem einen oder mehrere frühere, beispielhafte Entscheide gibt (sogenannte **Präjudizien**, in der Regel vom Bundesgericht), hat das Gericht den aktuellen Fall entsprechend zu beurteilen. Das Gesetz spricht von der **Überlieferung**, die zu berücksichtigen ist.

Praxisbeispiele zu den Rechtsquellen

Nr.	Rechtsquelle	Beispiel
1	Gesetz	Das Obligationenrecht schreibt für die Kündigung von Arbeitsverträgen die Einhaltung bestimmter Fristen vor.
2	Gewohnheitsrecht	Es ist üblich, dass Banken pro Monat für 30 Tage Zins berechnen.
3	Gericht	Ein Gericht hat erstmals entschieden, dass bei einer Tempoüberschreitung von 30 km/h der Ausweis entzogen wird.
4	Lehre	Professor Koller vertritt die Auffassung, dass Drittschäden im Vertragsverhältnis ebenfalls zur Schadenersatzpflicht der verursachenden Partei führen sollten.
5	Überlieferung	Wie schon früher in einem vergleichbaren Fall hat ein Gericht entschieden, dass ein Vater, der von seinem Sohn nie besucht wird, dessen Studium nicht finanzieren muss.

4.3.2 Handeln nach Treu und Glauben

Art. 2 Abs. 1 ZGB Die Rechtssubjekte dürfen voneinander erwarten, dass sie gegenseitig aufeinander Rücksicht nehmen (Fairness). Sie handeln dann nach «**Treu und Glauben**».

Beispiel Der Käufer darf erwarten, dass der Verkäufer ihn über allfällige Qualitätsprobleme im Zusammenhang mit der Ware aufklärt.

Art. 2 Abs. 2 ZGB Ebenfalls ein Verstoss gegen Treu und Glauben liegt vor, wenn jemand ein Recht nur geltend macht, um einem anderen zu schaden. Das Gesetz spricht in diesem speziellen Fall von einem unzulässigen **Rechtsmissbrauch**.

Lösung Einführungsfall Im Fall von Peter Birer liegt ein Rechtsmissbrauch vor, da er die 2 Meter hohe Mauer nur deshalb bauen lässt, weil er seinem Nachbarn die schöne Aussicht nicht gönnt. Hans Leuenberger könnte sich mit Verweis auf den Rechtsmissbrauch erfolgreich gegen den baurechtlich an sich korrekten Mauerbau zur Wehr setzen.

4.3.3 Guter Glaube

Art. 3 Abs. 1 ZGB «**Guter Glaube** einer Person» (**Gutgläubigkeit**) heisst, dass Rechtssubjekte korrekt und ehrlich handeln. Davon darf man ausgehen, es muss nicht bewiesen werden (gesetzliche **Vermutung**).

Beispiel Wer an einem Kiosk korrekt bezeichnete Zigaretten zum üblichen Preis kauft, darf davon ausgehen, dass diese korrekt verzollt ins Land gelangt sind und nicht geschmuggelt wurden.

Art. 3 Abs. 2 ZGB Wer von einer Person behauptet, nicht korrekt und ehrlich gehandelt zu haben (Bösgläubigkeit), muss dies beweisen. Dabei muss man sich fehlende Aufmerksamkeit anrechnen lassen.

Beispiel Wer an einer dunklen Strassenecke eine Uhr der Marke Tissot für CHF 50 angeboten erhält und diese kauft, ist bösgläubig. Der Käufer muss realisieren, dass es sich wahrscheinlich um Diebesgut handelt.

Im Gegensatz zum Rechtsmissbrauch kann bei der Bösgläubigkeit jemandem ein Verstoss gegen einen Gesetzesartikel vorgeworfen werden.

4.3.4 Beweislast

Art. 8 ZGB Wer aus einer Behauptung einen Nutzen ziehen will, muss grundsätzlich die Rechtmässigkeit des entsprechenden Anspruchs beweisen, hat also die entsprechende **Beweislast**.

Beispiel Wenn der Vermieter vom Mieter verlangt, das zerkratzte Lavabo der Mietwohnung zu ersetzen, muss er beweisen können, dass tatsächlich der Mieter das Lavabo beschädigt hat.

Nur wenn das Gesetz ausdrücklich eine andere Beweislastverteilung festlegt, gilt diese ausnahmsweise (Umkehr der Beweislast).

A E-Aufgaben 13 und 14, W-Aufgaben 15 bis 18

Leistungsziele

1.5.3.1 Wichtige Grundlagen des Rechts und des Staates

- Ich zeige anhand von Beispielen die Anforderungen an ein modernes Rechtssystem und erkläre die folgenden Grundlagen im Privatrecht:
    - Wichtige Rechtsgebiete und Systematik
    - Rechtsgrundsätze (Guter Glaube, Handeln nach Treu und Glauben, Beweislast)
    - Rechtssubjekt und Rechtsobjekt
    - Rechtsfähigkeit und Handlungsunfähigkeit

1.5.3.2 Rechtsquellen und Gesetzgebungsverfahren

- Ich nenne die Quellen des Rechts.

E 4.1 Wichtige Rechtsgebiete und Systematik

1. Aufbau des Zivilgesetzbuches

Nennen Sie die vier Teile des Schweizerischen Zivilgesetzbuches (ZGB).
Achten Sie auf die richtige Reihenfolge der Teile.

Nr.	Teil	Nr.	Teil
1		3	
2		4	

2. Inhalt und Eigenschaften des Privatrechts

Beantworten Sie die folgenden Fragen zum Privatrecht.

a) Welche Arten von rechtlichen Beziehungen regelt das Privatrecht?

b) Welche drei Bereiche bilden zusammen den Inhalt des Privatrechts?

c) Umschreiben Sie allgemein das Merkmal der Gleichberechtigung im Privatrecht.

d) Umschreiben Sie allgemein das Merkmal der Privatautonomie im Privatrecht.

e) In welchem Fall schränkt der Staat die Privatautonomie der Personen ein?

Privatrecht

3. Abänderbarkeit privatrechtlicher Regeln – Umschreibung

Beantworten Sie die folgenden Fragen.

a) Welche zwei Arten (Eigenschaften) von Regeln werden im Privatrecht neben den relativ zwingenden unterschieden?

....

b) Ordnen Sie die Umschreibungen den drei Arten privatrechtlicher Regeln zu.

Umschreibung	Dispositiv	Relativ zwingend	Zwingend
Abänderung durch Personen möglich (Privatautonomie)	☐	☐	☐
Abänderung nicht möglich bzw. wirkungslos	☐	☐	☐
Abänderung nur in eine Richtung möglich	☐	☐	☐

c) Welche Aussage zu den zwingenden Rechtssätzen ist falsch? Kreuzen Sie an.

Falsch	Aussage
☐	Es sind unabänderliche Rechtssätze.
☐	Sie schränken die Privatautonomie der Personen ein.
☐	Sie müssen auf jeden Fall eingehalten werden.
☐	Das Privatrecht enthält nur zwingende Rechtssätze.

W 4.1 Wichtige Rechtsgebiete und Systematik

4. Privatrecht und Staat

Beantworten Sie die folgenden Fragen zum Privatrecht.

a) Inwiefern ist auch der Staat Bestandteil privatrechtlicher Beziehungen? Beschreiben Sie zwei verschiedenartige Fälle.

....

....

....

b) Kreuzen Sie für die folgenden Sachverhalte an, ob der Staat die Privatautonomie der betreffenden Partei durch ein anerkanntes öffentliches Interesse einschränken darf oder nicht. Begründen Sie Ihren Entscheid.

Sachverhalt	Entscheid	Begründung
Dem Mitarbeitenden wird gekündigt, ohne dass das Unternehmen einen Grund mitteilen will.	Der Staat darf die Privatautonomie des Unternehmens ☐ einschränken ☐ nicht einschränken	
Der Käufer möchte für eine gebrauchte Uhr CHF 20 bezahlen, der Verkäufer verlangt CHF 30.	Der Staat darf die Privatautonomie des Verkäufers ☐ einschränken ☐ nicht einschränken	
Nadia Schönbächler weigert sich, Serge Kuhn zu heiraten, obwohl beide schon seit über fünf Jahren verlobt sind.	Der Staat darf Nadia Schönbächlers Privatautonomie ☐ einschränken ☐ nicht einschränken	
Der Arbeitgeber will seiner Arbeitnehmerin im kommenden Jahr nur eine Woche Ferien gewähren, weil es sehr viel zu tun gibt.	Der Staat darf die Privatautonomie des Arbeitgebers ☐ einschränken ☐ nicht einschränken	

5. Zivilgesetzbuch und Obligationenrecht

Bestimmen Sie mithilfe Ihres Gesetzbuches, ab welchem Artikel und in welchem Gesetz die folgenden privatrechtlichen Bereiche geregelt sind.

Bereich	Artikel	Gesetz
Personenrecht		
Kaufvertrag		
Aktiengesellschaft		
Sachenrecht		

Privatrecht

6. Abänderbarkeit privatrechtlicher Regeln – Anwendungen

Welche Eigenschaften haben die nachfolgenden Gesetzesartikel? Kreuzen Sie an.

Gesetzesartikel	Dispositiv	Relativ zwingend	Zwingend
Art. 163 Abs. 1 OR	☐	☐	☐
Art. 14 Abs. 1 OR	☐	☐	☐
Art. 329a Abs. 1 OR	☐	☐	☐

E 4.2 Rechtssubjekte und deren rechtliche Fähigkeiten

7. Rechtssubjekte

Kreuzen Sie bei den nachfolgenden Aussagen an, ob sie richtig oder falsch sind.
Berichtigen Sie die falschen Aussagen auf der leeren Zeile.

R	F	Aussage
☐	☐	Richter und Rechtsanwälte sind juristische Personen.
☐	☐	Eine Aktiengesellschaft ist eine juristische Person.
☐	☐	Natürliche und juristische Personen sind dasselbe.
☐	☐	Rechtssubjekte sind Träger von Rechten und Pflichten.
☐	☐	Ein Kind ist ein Rechtssubjekt.
☐	☐	Ein Ausländer ist ein Rechtssubjekt.
☐	☐	Ein Personenwagen ist ein Rechtssubjekt.

8. Rechtliche Fähigkeiten von Rechtssubjekten

Ersetzen Sie alle unterstrichenen Falschaussagen mit der zutreffenden rechtlichen Formulierung.

Ein urteilsunfähiges Kleinkind ist handlungsfähig. → **rechtsfähig**

Handlungsfähig ist, wer rechtsfähig ist. → **urteilsfähig und volljährig**

Ein Jugendlicher ist in der Regel handlungsfähig. → **Ein Volljähriger**

Ausnahmsweise ist auch handlungsfähig, wer nicht urteilsfähig ist. → **volljährig**

Volljährig ist, wer vernunftgemäss handeln kann. → **Urteilsfähig**

9. Voraussetzungen rechtlicher Fähigkeiten

Ergänzen Sie die Übersicht der rechtlichen Fähigkeiten natürlicher Personen mit den zutreffenden Begriffen.

Voraussetzungen rechtlicher Fähigkeiten

- Rechtliche Fähigkeiten natürlicher Personen
  - Handlungsfähigkeit
    - Urteilsfähigkeit
    - Volljährigkeit
  - Rechtsfähigkeit

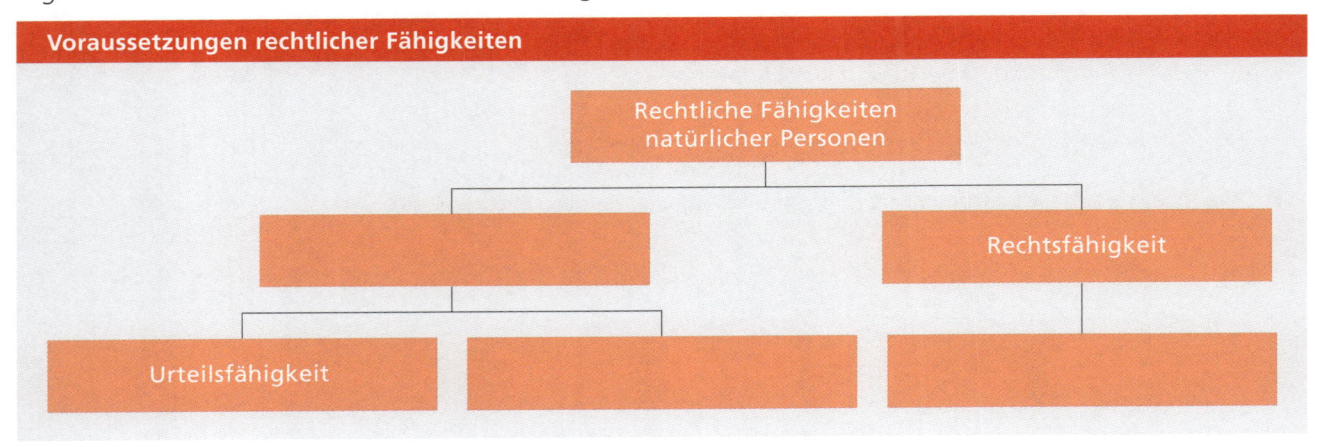

W 4.2 Rechtssubjekte und deren rechtliche Fähigkeiten

10. Rechtssubjekte und -objekte – Sachverhalt

Susi Schnell, Mitarbeiterin des Kurierdienstes EXPRESS AG in Bern, holt im Auftrag der MOTZ AG in Olten eine Lieferung Bücher ab. Auf dem Rückweg gerät der Lieferwagen ins Schleudern, wobei die ganze Lieferung zerstört und der Lieferwagen zerbeult werden. Der Wagen kommt im Gartenhaus der Familie Häberli in Heimberg zum Stillstand, worauf dieses in Flammen aufgeht. Unter dem Eindruck der Ereignisse kündigt Susi Schnell in der Folge ihre Stelle bei der EXPRESS AG, um einer ruhigeren Tätigkeit nachzugehen. Ihr Chef versucht erfolglos, sie umzustimmen.

a) Zählen Sie alle oben erwähnten Rechtssubjekte auf.

....

....

b) Zählen Sie alle oben erwähnten Rechtsobjekte auf.

....

11. Handlungsfähigkeit

Kreuzen Sie an, welche rechtliche Fähigkeit jeweils vorliegt.

H = Handlungsfähigkeit   BU = Beschränkte Handlungsunfähigkeit   U = Volle Handlungsunfähigkeit

Sachverhalt	H	BU	U
Ein 70-jähriger Pensionär bucht bei Kuoni eine Schiffsreise.	☐	☐	☐
Ein 2-jähriges Mädchen nimmt am Kiosk einen Kaugummi aus dem Regal.	☐	☐	☐
Ein 17-jähriger Lernender kauft mit seinem ersparten Lohn einen Roller für CHF 3300.	☐	☐	☐

12. Rechtliche Fähigkeiten natürlicher Personen

Kreuzen Sie an, welche rechtlichen Fähigkeiten auf die nachfolgenden Personen zutreffen.
Pro Sachverhalt können mehrere Antworten zutreffen.

H = Handlungsfähigkeit   BU = Beschränkte Handlungsunfähigkeit   U = Volle Handlungsunfähigkeit
R = Rechtsfähigkeit   W = Weder rechts- noch handlungsfähig

Sachverhalt	H	BU	U	R	W
Ein 9-jähriges Mädchen kauft eine Tafel Schokolade.	☐	☐	☐	☐	☐
Ein 14-jähriger Schüler kauft in der Buchhandlung ein Buch für CHF 15.	☐	☐	☐	☐	☐
Der gleiche Schüler bestellt mit dem Einverständnis seiner Eltern ein 10-bändiges Lexikon für CHF 900.	☐	☐	☐	☐	☐
Ein Säugling stirbt bei der Geburt.	☐	☐	☐	☐	☐
Ein Erwachsener will einen Mietvertrag abschliessen.	☐	☐	☐	☐	☐
Ein betrunkener 40-jähriger Familienvater verursacht einen Verkehrsunfall.	☐	☐	☐	☐	☐
Ein 65-jähriger gehbehinderter Pensionär bucht eine Ferienreise.	☐	☐	☐	☐	☐

E 4.3 Rechtsgrundsätze

13. Rechtsquellen

Beantworten Sie die folgenden Fragen zu den Rechtsquellen.

a) Welche Reihenfolge der Rechtsquellen legt Art. 1 ZGB fest? Nummerieren Sie von 1 bis 4.

Nr.	Rechtsquelle	Nr.	Rechtsquelle
	Gewohnheitsrecht		Lehre und Überlieferung
	Gesetz		Gericht

b) Welche drei Stufen des geschriebenen Rechts sind im Art. 1 Abs. 1 ZGB mit dem Begriff «Gesetz» insgesamt gemeint?

c) Welche Rechtsquelle ist gemeint, wenn von «allgemein anerkannter Übung» die Rede ist?

d) Welche Rechtsquellen muss das Gericht bei der Lückenfüllung berücksichtigen?

Privatrecht

e) Ordnen Sie die im Art. 1 ZGB erwähnten Rechtsquellen den nachfolgenden Beschreibungen zu.

Beschreibung	Rechtsquelle
Meinung von Rechtsprofessoren	
geschriebenes Recht	
Rechtsbrauch	
beispielhafte Gerichtsentscheide	

14. Rechtsgrundsätze

Ordnen Sie den Beschreibungen den jeweils zutreffenden Begriff zu. Einer der Begriffe kommt nicht vor.

| Bösgläubigkeit | Rechtsmissbrauch | Übliche Beweislast |
| Gutgläubigkeit | Treu und Glauben | Umkehr der Beweislast |

Beschreibung	Begriff
«Wer von jemandem etwas fordert, muss die entsprechenden Tatsachen beweisen.»	
Vermutungsweise sind Rechtssubjekte ehrlich zueinander.	
«Er hätte merken müssen, dass etwas nicht in Ordnung ist.»	
Rechtssubjekte verhalten sich rücksichtsvoll untereinander.	
Ein Hauseigentümer macht ein Recht nur deshalb geltend, weil er seinem Nachbarn schaden will.	

W 4.3 Rechtsgrundsätze

15. Rechtsquellen

Beantworten Sie die folgenden Fragen zu den Rechtsquellen.

a) Welches ist keine Rechtsquelle? Kreuzen Sie diese an.

Entscheid	Beispiel
☐	Allgemein anerkannte Lehrmeinung von Prof. Anita May, Privatrechtsdozentin
☐	Art. 41 OR
☐	Urteil von Richter Peter Wermelinger, Handelsgericht Bern
☐	Busse von Yves Berger, Kantonspolizist Luzern

Recht und Staat

b) Welcher Begriff passt nicht zu den übrigen? Kreuzen Sie diesen an.

Entscheid	Begriff
☐	Brauch
☐	Usanz
☐	Präjudiz
☐	Übung
☐	Gewohnheitsrecht

c) Ordnen Sie jedem Beispiel die jeweils richtige Rechtsquelle zu.

Beispiel	Rechtsquelle
In der Stadt Bern ist es üblich, Mietverträge für Wohn- und Geschäftsräume entweder per Ende April oder per Ende Oktober aufzulösen.	
Nach Art. 11 ZGB ist jedermann rechtsfähig.	
Prof. Urs Kählin vertritt die anerkannte Meinung, dass die Staatsbürgerschaft in Ausnahmefällen entzogen werden kann.	
Gemäss Schweizer Verfassung hat jede volljährige Schweizer Bürgerin und jeder volljährige Schweizer Bürger das Stimm- und Wahlrecht.	
Das Bundesgericht hat entschieden, dass das Fahrzeug eines notorischen Rasers sichergestellt werden darf. Dieses Urteil gilt für vergleichbare Fälle als wegweisend.	
Seit 150 Jahren leitet der jeweilige Bauer des Hofes «UNTERVAZ» sein Quellwasser über das Land des Bauern auf dem Hof «OBERVAZ».	

16. Treu und Glauben

Entscheiden Sie für die folgenden beiden Sachverhalte, ob ein Verstoss gegen Treu und Glauben vorliegt oder nicht. Begründen Sie jeweils Ihren Entscheid.

Benno Bretscher bringt nach zwei Jahren den geleasten Personenwagen mit 160 000 gefahrenen Kilometern zur Leasinggarage zurück. Es wurde keine Einschränkung der Kilometerzahl vereinbart. Durchschnittlich fährt jemand pro Jahr 20 000 km. Benno weigert sich in der Folge, irgendeine Mehrentschädigung zu bezahlen.

Die Auszubildende Alexandra Inglin möchte das Lehrverhältnis fristlos auflösen, nachdem sie sich wegen einer Ohrfeige des Lehrlingsbetreuers in ärztliche Behandlung begeben musste.

Privatrecht

17. Gut- und Bösgläubigkeit

Kreuzen Sie für die drei Sachverhalte an, ob bei den jeweils unterstrichenen Rechtssubjekten Gut- oder Bösgläubigkeit vorliegt.

GG = Gutgläubigkeit   BG = Bösgläubigkeit

Sachverhalt	GG	BG
Die Casa-Nostra AG eröffnet bei der ALLFINANZ-Bank ein Konto mit einer Bareinlage von CHF 3 Mio. Seit Wochen wird in der Presse über Verwicklungen der Casa-Nostra AG in widerrechtliche Geschäfte berichtet. Die ALLFINANZ-Bank wird vom Staatsanwalt der Komplizenschaft beschuldigt.	☐	☐
Stefan Gnägi entdeckt in einer Kunstgalerie in Ascona ein Bild von Picasso zum Preis von CHF 200. Dieses «Schnäppchen» kauft er sofort, ohne nach der Herkunft des Bildes zu fragen. Eine Woche später meldet sich der frühere Besitzer und behauptet, das Bild sei ihm gestohlen worden.	☐	☐
Bruno Gfeller hat Bauland verkauft. Wider Erwarten ist eine Bebauung des Grundstücks nicht möglich, weil vulkanische Tätigkeiten im Untergrund entdeckt werden. Dies gilt als geologische Sensation. Der Käufer möchte das Bauland nun zurückgeben.	☐	☐

18. Beweislast

Wer muss in den vier Sachverhalten jeweils den Beweis seines Anspruchs erbringen?
Kreuzen Sie die jeweils richtige Lösung an und begründen Sie auf der leeren Zeile den Entscheid.

Sachverhalt 1	Murat	Lukas
Murat Özil entdeckt am Handgelenk von Lukas Baumann eine Uhr der Marke OMEGA. Murat verlangt von Lukas, die Uhr herauszugeben, da sie ihm gehöre.	☐	☐

Sachverhalt 2	Pia	Nachbar
Weil sie vom Hund des Nachbarn angefallen wurde, muss Pia Lenz ihre zerrissene Hose wegwerfen. Als Pia Schadenersatz verlangt, behauptet der Nachbar, dass es nicht sein Hund gewesen sei.	☐	☐

Sachverhalt 3	Vermieterin	Mieter
Die Vermieterin vereinbarte mit dem Mieter den 30. April als Kündigungstermin. Nachdem der Mieter fristgerecht gekündigt hatte, behauptet die Vermieterin, das Schreiben nie erhalten zu haben.	☐	☐

Sachverhalt 4	Benno	Zock AG
Als Benno Hügli am 1. Juni die Stelle als Kaufmann wie abgemacht antreten will, behauptet die Zock AG, dass gar kein Arbeitsvertrag verabredet wurde.	☐	☐

Recht und Staat

Prozessrecht

Inhaltsverzeichnis

		Theorie	Aufgaben
5.1	Zivilprozess	**134**	138
5.2	Strafprozess	**136**	139
5.3	Verwaltungsprozess	**137**	141

Leistungsziele	137

5 Prozessrecht

Einführungsfall

Jonas Iten, 18-jähriger Lernender, besucht die Kaufmännische Berufsschule in Willisau. Gestern erhielt er vom Klassenlehrer das Zeugnis der Abschlussprüfungen und wunderte sich über die Note im Fach Englisch. Ihm wurde von der Fachlehrerin die Note 3,5 gesetzt. Erwartet hatte er aufgrund seiner Prüfungsleistungen eigentlich eine 4,0. Jonas vermutet, dass ihn die Lehrerin wegen seiner häufigen Unterrichtsstörungen über die Note bestraft hat. Den erforderlichen Gesamtdurchschnitt von 4,0 für den Erwerb des Fähigkeitszeugnisses verfehlt Jonas dadurch. Nicht bereit, das einfach so hinzunehmen, sucht er daraufhin das Gespräch mit der Englischlehrerin. Sie wisse das besser und habe schliesslich die Notenkompetenz, erhält Jonas kurz und barsch zur Antwort. «Das kann doch nicht sein», denkt Jonas.

Was kann Jonas Iten rechtlich gegen die von ihm als ungerecht empfundene Abschlussprüfungsnote unternehmen?

Das **Prozessrecht** (oder Verfahrensrecht) regelt die Abläufe vor den staatlichen **Gerichten**. Zu solchen Gerichtsverfahren kommt es bei Streitfällen zwischen Privatpersonen oder zwischen Privatpersonen und dem Staat sowie bei Straftaten. Je nach Gesetz, auf das sich der konkrete Rechtsfall bezieht, kommt es zu einer von drei möglichen Prozessarten.

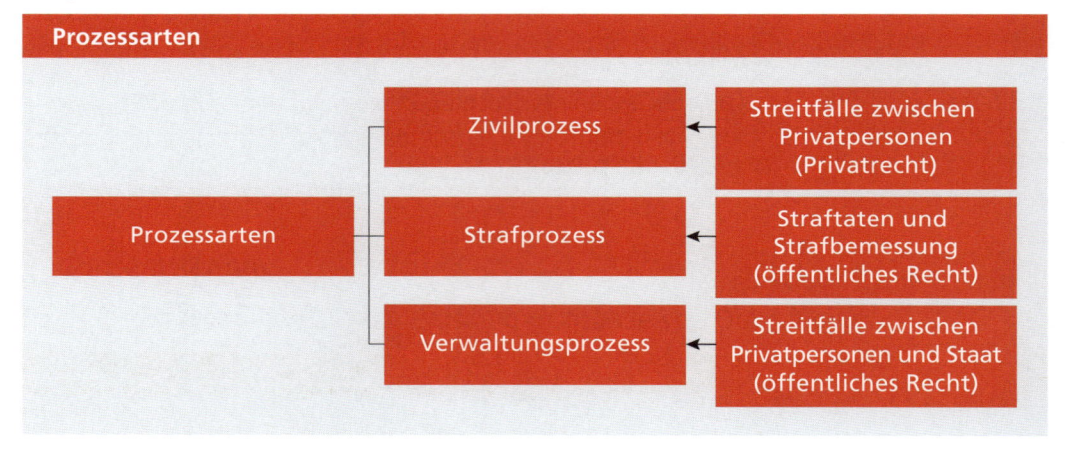

Prozessarten

Prozessarten		
	Zivilprozess	Streitfälle zwischen Privatpersonen (Privatrecht)
	Strafprozess	Straftaten und Strafbemessung (öffentliches Recht)
	Verwaltungsprozess	Streitfälle zwischen Privatpersonen und Staat (öffentliches Recht)

5.1 Zivilprozess

Zu einem **Zivilprozess** kommt es immer dann, wenn rechtliche Streitigkeiten zwischen Privatpersonen entschieden werden müssen. Der Staat ist nur insofern davon betroffen, als er den Streitparteien seine Gerichtsinstanzen zur Verfügung stellt, welche dann mit ihren Urteilsprüchen festhalten, wer im Recht ist. Die Fälle betreffen insbesondere das Obligationenrecht (OR) und das Zivilgesetzbuch (ZGB).

Beispiel Im Zivilprozess geklärt werden erbrechtliche Auseinandersetzungen, Ehescheidungen, Feststellung der Vaterschaft eines Kindes, Schadenersatzforderungen, Vertragsbrüche, Kündigungen von Mietwohnungen oder auch Streitfälle zwischen Arbeitnehmern und Arbeitgebern z. B. wegen Überzeitentschädigungen.

Die Parteien beim Zivilprozess heissen **Kläger** (macht Ansprüche geltend) und **Beklagter** (soll Ansprüche erfüllen). Am Anfang des Verfahrens steht immer ein Begehren des Klägers an den Beklagten.

Beispiel Der Käufer verlangt vom Verkäufer Schadenersatz in der Höhe von CHF 80 000 wegen der Falschlieferung von Maschinenteilen.

Da der Zivilprozess nicht durch den Staat geführt wird, steht es den Parteien frei, das Verfahren jederzeit durch gegenseitiges Einverständnis einzustellen.

Ablauf des Zivilprozesses (Instanzenweg)

1) Friedensrichter
Bevor mit dem eigentlichen Prozess begonnen werden kann, haben die Parteien den Streit im Rahmen eines **Vermittlungsverfahrens** dem Friedensrichter vorzulegen. Dieser versucht zu schlichten und eine aussergerichtliche Einigung herbeizuführen. Gelingt dies, endet das Verfahren. Ansonsten kann der Kläger die Klage einreichen.

2) Amtsgericht (Bezirksgericht, Kreisgericht)
Der Kläger reicht die **Klage** mit seinen Ansprüchen beim Amts-, Bezirks- oder Kreisgericht (erste Gerichtsinstanz) des Beklagten ein. Danach kann sich der Beklagte zur Klageschrift äussern. Aufgrund des Schriftverkehrs und der anschliessenden mündlichen Verhandlung vor Gericht wird das Urteil gefällt. Das Gericht bezieht sich dabei auf die anwendbaren Rechtsnormen und würdigt in diesem Zusammenhang alle von den Streitparteien vorgebrachten Begehren, Begründungen und Beweise (Fotos, Gutachten, Zeugenaussagen, Schriftwechsel usw.). Das Urteil wird in der Folge rechtskräftig, und die im Gerichtsentscheid festgehaltenen Leistungen müssen erbracht werden, wenn ein Weiterzug des Prozesses nicht möglich ist oder die Parteien darauf verzichten (vgl. unten).

3) Obergericht (Kantonsgericht)
Bei Vorliegen bestimmter Bedingungen (z. B. Streitsumme von mindestens CHF 10 000) kann die Partei, welche mit dem Urteil nicht einverstanden ist, den Prozess an die nächsthöhere kantonale Gerichtsinstanz weiterziehen. Man nennt diesen Schritt **Berufung**. Im Entscheid der ersten Gerichtsinstanz steht in der sogenannten **Rechtsmittelbelehrung**, innert welcher Frist das Urteil an welche Gerichtsbehörde weitergezogen werden kann. Das angerufene höhere Gericht beurteilt den Fall neu und bestätigt das erstinstanzliche Urteil oder ändert es ab. Ohne weitere Berufung ist das Urteil der zweiten Gerichtsinstanz endgültig.

4) Bundesgericht
Auch das Urteil des kantonalen Gerichts können die Parteien unter gewissen Voraussetzungen (z. B. Streitsumme von mindestens CHF 30 000) anfechten. Man gelangt in diesem Fall an das Bundesgericht in Lausanne, die oberste richterliche Instanz in der Schweiz. Der Entscheid des Bundesgerichts ist dann endgültig und eine weitere Berufung nicht mehr möglich.

A E-Aufgabe 1

Prozessrecht

5.2 Strafprozess

Bei (auch nur vermuteten) Straftaten von Privatpersonen, wie sie im Schweizer Strafgesetz, im Strassenverkehrsgesetz, im Betäubungsmittelgesetz und in anderen Bundesgesetzen umschrieben sind, leitet der Staat – vertreten durch den Staatsanwalt – als **Ankläger** einen **Strafprozess** ein. Bei schweren **Delikten (Offizialdelikte)** wie Einbruchdiebstahl, schwerer Körperverletzung, Drogenhandel, Vergewaltigung, fahrlässiger Tötung im Strassenverkehr oder Mord muss der Staat automatisch von Amtes wegen ein Verfahren eröffnen, sobald er vom Straftatbestand Kenntnis erhält. Leichtere Delikte (**Antragsdelikte**) wie Diebstahl unter Familienangehörigen, Ehrverletzung, einfache Körperverletzung, Belästigung oder Schwarzfahren werden nur auf Antrag der geschädigten Partei vom Staat verfolgt.

Ablauf des Strafprozesses

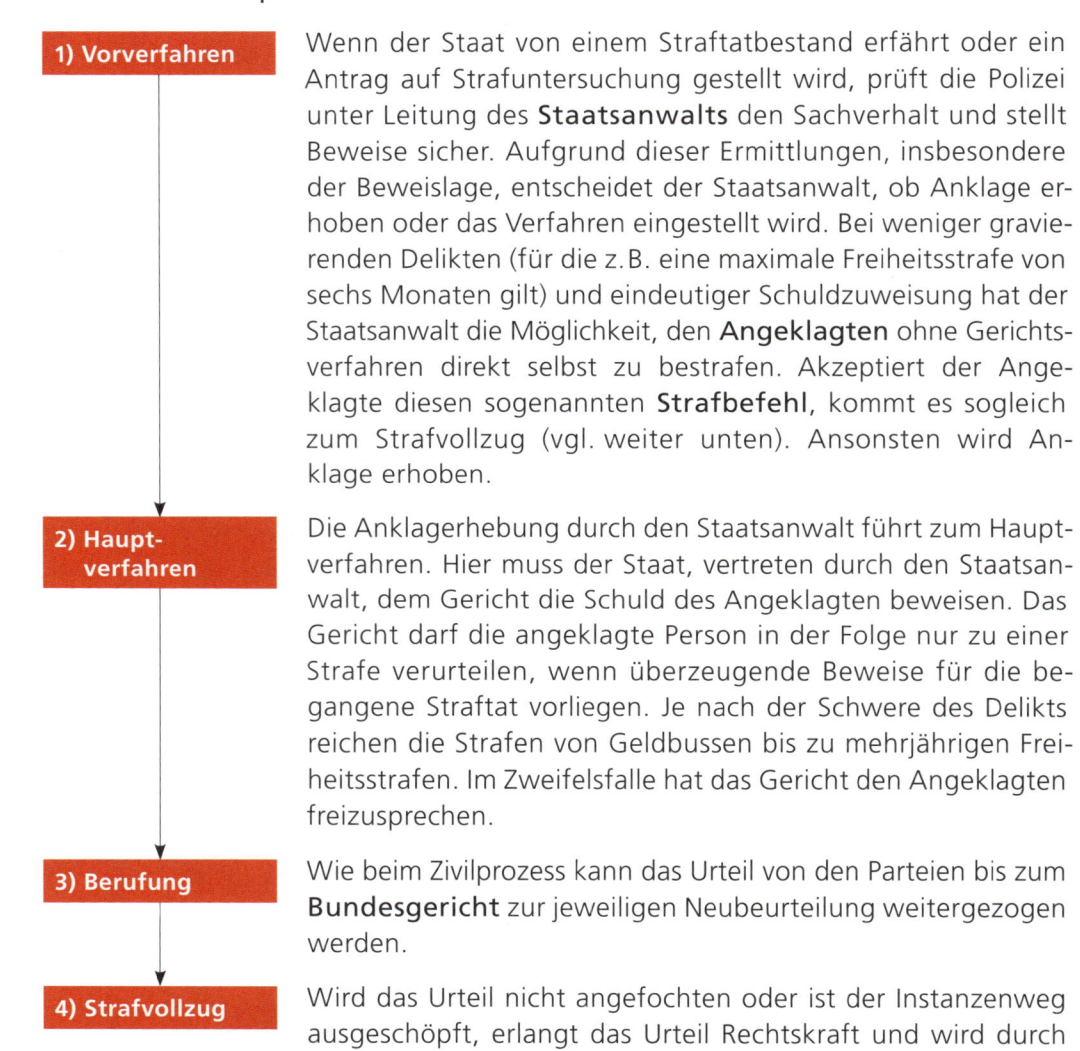

1) Vorverfahren

Wenn der Staat von einem Straftatbestand erfährt oder ein Antrag auf Strafuntersuchung gestellt wird, prüft die Polizei unter Leitung des **Staatsanwalts** den Sachverhalt und stellt Beweise sicher. Aufgrund dieser Ermittlungen, insbesondere der Beweislage, entscheidet der Staatsanwalt, ob Anklage erhoben oder das Verfahren eingestellt wird. Bei weniger gravierenden Delikten (für die z.B. eine maximale Freiheitsstrafe von sechs Monaten gilt) und eindeutiger Schuldzuweisung hat der Staatsanwalt die Möglichkeit, den **Angeklagten** ohne Gerichtsverfahren direkt selbst zu bestrafen. Akzeptiert der Angeklagte diesen sogenannten **Strafbefehl**, kommt es sogleich zum Strafvollzug (vgl. weiter unten). Ansonsten wird Anklage erhoben.

2) Hauptverfahren

Die Anklagerhebung durch den Staatsanwalt führt zum Hauptverfahren. Hier muss der Staat, vertreten durch den Staatsanwalt, dem Gericht die Schuld des Angeklagten beweisen. Das Gericht darf die angeklagte Person in der Folge nur zu einer Strafe verurteilen, wenn überzeugende Beweise für die begangene Straftat vorliegen. Je nach der Schwere des Delikts reichen die Strafen von Geldbussen bis zu mehrjährigen Freiheitsstrafen. Im Zweifelsfalle hat das Gericht den Angeklagten freizusprechen.

3) Berufung

Wie beim Zivilprozess kann das Urteil von den Parteien bis zum **Bundesgericht** zur jeweiligen Neubeurteilung weitergezogen werden.

4) Strafvollzug

Wird das Urteil nicht angefochten oder ist der Instanzenweg ausgeschöpft, erlangt das Urteil Rechtskraft und wird durch die staatlichen Behörden durchgesetzt.

A E-Aufgaben 2 und 3

5.3 Verwaltungsprozess

→ 1. Semester 2.1

Das **Verwaltungsrecht** enthält Vorschriften, wie die verschiedenen staatlichen Behörden, sei es die Steuerverwaltung, die Polizei, das Strassenverkehrsamt oder das Amt für Berufsbildung, ihre Aufgaben im Umgang mit den Bürgerinnen und Bürgern wahrzunehmen haben. Der **Verwaltungsprozess** gibt den Bürgerinnen und Bürgern in diesem Zusammenhang die Möglichkeit, **Verfügungen** (Entscheide) von Behörden anzufechten und von einer höheren staatlichen Instanz prüfen zu lassen. Jede Verfügung einer Behörde, wie z.B. die Steuereinschätzung, die Ablehnung eines Baugesuchs oder Zeugnisnoten, muss deshalb eine **Rechtsmittelbelehrung** enthalten, in welcher festgehalten ist, in welcher Frist die Verfügung bei welcher Behörde mit einem **Rekurs** (**Beschwerde** oder **Einsprache**) angefochten werden kann. Im Rekursfall prüft diese nächsthöhere Behörde die angefochtene Verfügung auf ihre Rechtmässigkeit hin und teilt ihren Entscheid dem **Rekurrenten** mit.
Dieser Rekursentscheid der übergeordneten Behörde kann in der Folge zur Neubeurteilung weitergezogen werden, in der Regel an das kantonale **Verwaltungsgericht**, an das **Bundesverwaltungsgericht** (falls Entscheid einer Bundesbehörde) und schliesslich an das **Bundesgericht**.

Lösung Einführungsfall

> Im Fall von Jonas Iten kann der Notenentscheid im Rahmen eines Verwaltungsverfahrens bei der gemäss Rechtsmittelbelehrung bezeichneten Behörde (in der Regel bei der Schulleitung oder bei der zuständigen Prüfungskommission) mit einem Rekurs angefochten werden. Den abschlägigen Rekursentscheid könnte Jonas sodann noch an die kantonale Bildungsbehörde und danach an die zuständigen Gerichtsinstanzen weiterziehen.

A E-Aufgabe 4, W-Aufgabe 5

Leistungsziele

1.5.3.1 Wichtige Grundlagen des Rechts und des Staates

- Ich zeige anhand von Beispielen die Anforderungen an ein modernes Rechtssystem und erkläre die folgenden Grundlagen von Zivilprozess, Strafprozess, Verwaltungsprozess:
  - Gegenstand anhand von typischen Beispielen
  - Beteiligte

Prozessrecht

E 5.1 Zivilprozess

1. Sachverhalt

Ein Transportunternehmen will 25 Kisten exklusiven Rotwein im Wert von CHF 12 000 an das Restaurant TRAUBE von Anna Rothenbühler liefern. Anna Rothenbühler verweigert jedoch die Annahme mit der Bemerkung, sie habe diesen Wein gar nie bestellt. Auf ihre Beschwerde beim Absender, der Weinhandelsfirma VINSENT AG, erhält sie dann vom zuständigen Sachbearbeiter zur Antwort, es liege von ihr eine telefonische Bestellung vor und die VINSENT AG würde auf der Abnahme des Weins bestehen.

a) Sowohl Anna Rothenbühler wie auch die VINSENT AG beharren auf ihren Standpunkten. Wer wird in der Folge welchen Prozess anstrengen? Die Antwort ist zu begründen.

Wer:

Prozessart:

Begründung:

b) Welche Rolle hat der Staat in diesem Prozess?

c) Welche staatliche Instanz wird als erste mit dem Rechtsfall konfrontiert, und was ist genau deren Aufgabe?

Staatliche Instanz:

Aufgabe:

d) Unter welchen Voraussetzungen befasst sich eine weitere staatliche Instanz mit dem Streit, und wie heisst diese Instanz?

e) In welcher Phase des Verfahrens wird der Rechtsstreit zwischen Anna Rothenbühler und der VINSENT AG endgültig beigelegt? Nennen Sie mindestens zwei mögliche Szenarien.

E 5.2 Strafprozess

2. Ablauf beim Strafprozess

a) Setzen Sie die alphabetisch aufgelisteten Begriffe in der richtigen Reihenfolge in die leeren Kästen des unten abgebildeten Ablaufschemas zum Strafprozess ein. Ein Begriff wird zwei Mal gebraucht. Zwei Begriffe werden nicht benötigt.

Anklageerhebung	Friedensrichter	Schlichtung	Strafvollzug
Berufung	Hauptverfahren	Strafbefehl	Vorverfahren

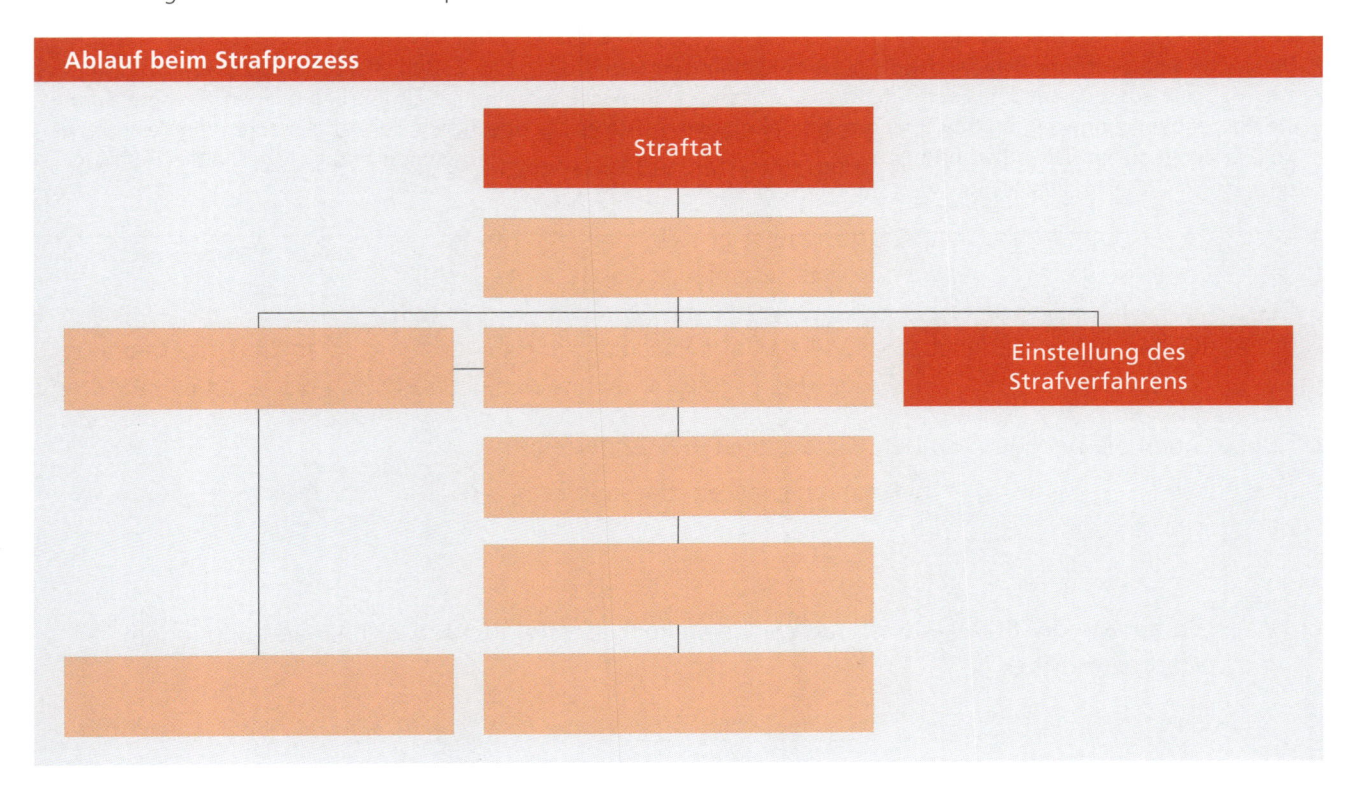

Ablauf beim Strafprozess

(Schema mit Kästen: Straftat → [leer] → verzweigt in [leer links], [leer Mitte], Einstellung des Strafverfahrens; Mitte weiter: [leer] → [leer] → [leer unten Mitte]; links unten: [leer])

b) In welcher Phase des Strafprozesses gemäss obenstehendem Ablauf greift erstmals eine Gerichtsinstanz in das Verfahren ein?

c) In welchem Fall wird das Strafverfahren eingestellt?

d) Welche beiden Teilvoraussetzungen müssen vorliegen, damit der Staatsanwalt den Angeklagten mit einem Strafbefehl sanktionieren darf, und weshalb hat der Gesetzgeber dieses Instrument wohl geschaffen?

Prozessrecht

3. Sachverhalt zum Strafprozess

Geldstrafe wegen gefälschten Abfallmarken

Das Kantonsgericht Luzern verurteilte den Detailhändler Hermann Schuler wegen des Verkaufs von gefälschten amtlichen Wertzeichen zu einer Geldstrafe von CHF 9600. Das Gericht sah es als erwiesen an, dass der Angeklagte in seinem Geschäft während gut eines Jahres wissentlich gefälschte Abfallmarken verkauft und damit einen Erlös von rund CHF 26 000 erzielt hatte.

Die Sache flog aufgrund eines Hinweises eines Kunden auf. Bei der anschliessenden Hausdurchsuchung stellte die Polizei beim Angeklagten 589 Bogen mit gefälschten Abfallmarken sicher. Die Fälschung von amtlichen Wertzeichen gilt als Offizialdelikt, und der Staatsanwalt eröffnete daraufhin ein Verfahren. Der angeklagte Detailhändler beteuerte seine Unschuld. Er habe die Abfallmarken einem ihm unbekannten Dritten abgekauft und nicht gewusst, dass es sich dabei um Fälschungen handelte. Darauf ging das Gericht nicht ein. Die Tatsache, dass er dem unbekannten Verkäufer für 2000 Bogen mit je zehn Gebührenmarken im Wert von total CHF 37 000 erwiesenermassen bloss CHF 6500 bezahlt hatte, hätte bei ihm den Verdacht auf eine Fälschung hervorrufen müssen. Somit hatte er die Unechtheit der Abfallmarken mindestens bewusst in Kauf genommen und sich deshalb schuldig gemacht.

Quelle: Online-Magazin «zentral+»

a) Wer setzte den beschriebenen Strafprozess in Gang?

b) Bezeichnen Sie bezogen auf den Fall die zwei Prozessparteien.

c) Weshalb musste der Staatsanwalt nach Sicherstellung der gefälschten Abfallmarken in jedem Fall ein Verfahren eröffnen?

d) Hermann Schuler wurde verurteilt. Wie lautete das Strafmass und wer setzte dieses fest?

E 5.3 Verwaltungsprozess

4. Sachverhalt

Peter Leu reichte vor einiger Zeit bei der Gemeinde ein Baugesuch für den Umbau seines Einfamilienhauses ein. Gestern nun hat er von der zuständigen Gemeindebehörde schriftlichen Bescheid bekommen, dass ihm die entsprechende Baubewilligung verweigert werde, da die geplante Aufstockung des Hauses gegen den gültigen Bauzonenplan verstosse.

a) Wie lautet der Fachbegriff für den Entscheid, mit dem die Behörde die Baubewilligung verweigert?

b) Peter Leu ist nicht einverstanden mit der Begründung der Behörde für die Ablehnung seines Baugesuchs und will sich wehren. Was kann er rechtlich unternehmen?

c) Wie findet Peter Leu heraus, wie er gemäss oben stehender Teilaufgabe b) genau vorzugehen hat?

d) Wie heissen die beiden Parteien bei dieser von Peter Leu angestrengten Prozessart? Markieren Sie die zwei richtigen Auswahllösungen.

☐ Angeklagter   ☐ Ankläger   ☐ Beklagter

☐ Beschwerdeführer ☐ Friedensrichter ☐ Kläger

☐ Staat   ☐ Staatsanwalt   ☐ Verwaltungsgericht

e) Welches ist der Instanzenweg bei dieser Prozessart? Setzen Sie entsprechend die Zahlen 1 (für erste Instanz) bis 3 (für dritte Instanz) vor die unten aufgeführten Behörden. Drei Behörden gehören nicht zu dieser Prozessart und sind entsprechend wegzulassen.

...... Amtsgericht   ...... Kantonales Verwaltungsgericht

...... Bundesstrafgericht   ...... Bundesverwaltungsgericht

...... Bundesgericht   ...... Kantonales Baudepartement

W 5 Prozessrecht

5. Drei Prozessarten

Kreuzen Sie die Prozessarten an, welche in den folgenden Sachverhalten jeweils zur Anwendung kommen.

Sachverhalt	Zivilprozess	Strafprozess	Verwaltungsprozess
Ein Händler klagt gegen einen Kunden, weil dieser eine Forderung von CHF 2400 bestreitet.	☐	☐	☐
Eine Ehefrau reicht beim Amtsgericht die Scheidungsklage ein.	☐	☐	☐
Die YouTrade AG ist mit der Steuerveranlagung nicht einverstanden und geht dagegen vor.	☐	☐	☐
Eine Modeboutique zeigt eine Kundin wegen Ladendiebstahls bei der Polizei an.	☐	☐	☐
Ein Automobilist überfährt bei Rot eine Kreuzung und verletzt in der Folge mit seinem Auto einen Passanten.	☐	☐	☐
Ein Mann bestreitet die Vaterschaft bei einem neugeborenen Kind.	☐	☐	☐
Ein Elternpaar ist mit der Klassenzuteilung ihres Kindes nicht einverstanden und interveniert bei der Schulbehörde.	☐	☐	☐
Ein Politiker setzt sich gegen die Beschimpfungen eines Journalisten rechtlich zur Wehr.	☐	☐	☐
Ein Erbe klagt, weil er sich gegenüber den Miterben übergangen fühlt.	☐	☐	☐
Gegen eine Person läuft ein Verfahren, weil sie im Verdacht steht, einen Kaufvertrag gefälscht zu haben.	☐	☐	☐
Eine Fahrschülerin wehrt sich dagegen, dass ihr wegen einer Kleinigkeit der Lernfahrausweis entzogen wurde.	☐	☐	☐
Eine Frau klagt gegen einen Autohändler, weil dieser sich weigert, für Mängel am gekauften Auto aufzukommen.	☐	☐	☐
Ein Bauer wird von einem Nachbarn wegen nicht tiergerechter Kuhhaltung angezeigt.	☐	☐	☐
Ein Bürger setzt sich dagegen zur Wehr, dass ihm die Gemeinde das Halten eines Tigers als Haustier untersagt hat.	☐	☐	☐

6 Recht und Staat
Entstehung der Obligation

Inhaltsverzeichnis

	Theorie	Aufgaben
6.1 Obligationsbegriff und Entstehung durch Vertrag	**144**	150
6.2 Unerlaubte Handlung	**145**	153
6.3 Ungerechtfertigte Bereicherung	**148**	158

Leistungsziele	149

6 Entstehung der Obligation

6.1 Obligationsbegriff und Entstehung durch Vertrag

Einführungsfall

Thea Hollenstein hat völlig unerwartet von SWISS LOTTO einen Gewinn von CHF 50 000 überwiesen erhalten. An einer Verlosung hat Thea jedoch nie teilgenommen. Prompt meldet sich einen Monat später die Lottogesellschaft und bittet darum, den Geldbetrag zurückzugeben. Es handle sich um eine unglückliche Verwechslung. Tatsächlicher Gewinner sei Herr Theo Hollenstein. Einen Teil des Geldes hat Thea inzwischen bereits für eine ausgiebige Feier verbraucht.
Muss Thea Hollenstein den ganzen Gewinn zurückgeben oder kann sie ihn behalten?

Wenn Rechte und Pflichten entstehen, heisst die entsprechende Beziehung zwischen den beteiligten Rechtssubjekten **Obligation**. Der Begriff Obligation bezeichnet die Tatsache, dass aus der Sicht der einen Person (Schuldner) eine Verpflichtung besteht, etwas zu tun, zu unterlassen oder zu dulden. Aus der Sicht der anderen Person (**Gläubiger**) besteht ein entsprechender Anspruch. Man bezeichnet Obligationen deshalb allgemein auch als Schuldner-Gläubiger-Verhältnisse.

Beispiel René Fischer verspricht, Ronny Weber nächste Woche sein Notebook zu schenken (vgl. Abbildung).

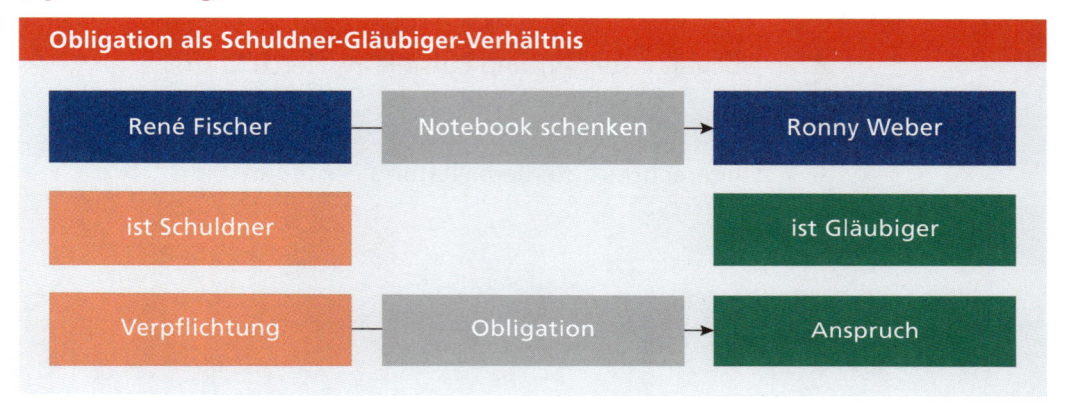

Obligation als Schuldner-Gläubiger-Verhältnis

René Fischer	Notebook schenken	Ronny Weber
ist Schuldner		ist Gläubiger
Verpflichtung	Obligation	Anspruch

Art. 1–67 OR Man unterscheidet grundsätzlich drei verschiedene Gründe, aus denen Obligationen zwischen Personen entstehen können: den **Vertrag**, die **unerlaubte Handlung** sowie die **ungerechtfertigte Bereicherung**.

Die Entstehung der Obligation durch Vertrag ist in der Praxis der häufigste Grund. Verträge entstehen dadurch, dass die beteiligten Personen bestimmte Verpflichtungen bzw. Ansprüche verbindlich und gewollt verabreden, z.B. durch den Abschluss eines Kauf- oder Arbeitsvertrags. Neben der verbindlichen Verabredung müssen für die rechtlich korrekte Vertragsentstehung eine Reihe weiterer Voraussetzungen erfüllt sein, darunter z.B. die Handlungsfähigkeit der Vertragsparteien.

→ 4.2

Merke In der Regel entstehen im Rahmen eines Vertrags mehrere Obligationen gleichzeitig.

Beispiel Beim Kauf besteht die Verpflichtung des Verkäufers in der Übergabe der Kaufsache. Die Verpflichtung des Käufers besteht in der Bezahlung des Kaufpreises (vgl. Abbildung).

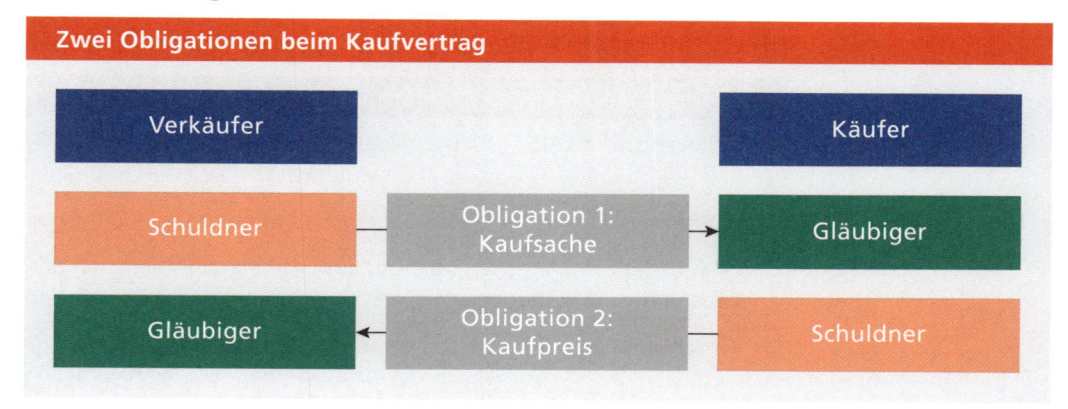

Zwei Obligationen beim Kaufvertrag

Verkäufer		Käufer
Schuldner	Obligation 1: Kaufsache →	Gläubiger
Gläubiger	← Obligation 2: Kaufpreis	Schuldner

→ 7.1 Einzelheiten und Aufgaben zur vertraglichen Obligationsentstehung folgen im Kapitel zur allgemeinen Vertragslehre.

A E-Aufgaben 1 und 2, W-Aufgaben 3 bis 5

6.2 Unerlaubte Handlung

Es gibt verschiedene Gründe, weshalb jemand den Schaden einer anderen Person zu verantworten hat. Immer hat die verantwortliche Person (Schuldner) gegenüber der geschädigten Person (Gläubiger) eine Obligation aus **unerlaubter Handlung**. Man spricht auch von **Haftpflicht**.

Beispiel Ein Passant in Eile rennt eine ältere Dame in der Fussgängerzone um. Die Dame bleibt unverletzt, zerreisst sich aber beim Sturz ihren Mantel. Vom Passanten wird erwartet, dass er für den entstandenen Schaden aufkommt.

→ 4.2 Unter der Voraussetzung, dass der Verursacher **deliktsfähig** ist (in der Regel mit der Urteilsfähigkeit), führt jede unerlaubte Handlung zur entsprechenden Verantwortung. So muss zum Beispiel bereits ein 15-jähriger Junge die beim Fussballspielen zertrümmerte Fensterscheibe des Nachbarn ersetzen (und nicht seine Eltern).

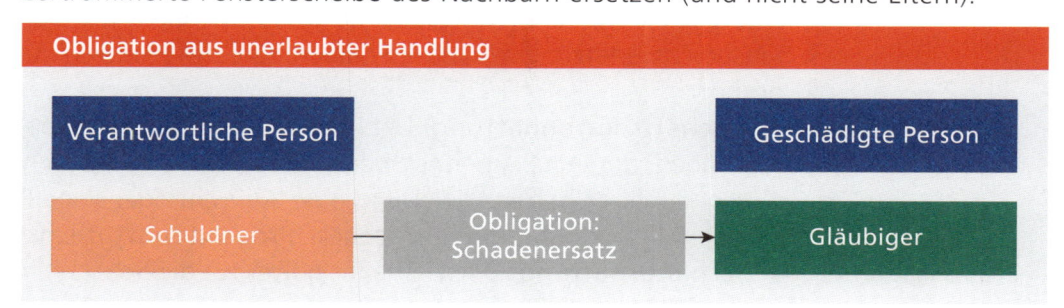

Obligation aus unerlaubter Handlung

Verantwortliche Person		Geschädigte Person
Schuldner	Obligation: Schadenersatz →	Gläubiger

6.2.1 Verschuldenshaftung

Art. 41 Abs. 1 OR Von **Verschuldenshaftung** spricht man, wenn der Schuldner den Schaden einer anderen Person persönlich verursacht hat. Für die entsprechende **Schadenersatzpflicht**, müssen die vier folgenden Tatbestandsmerkmale erfüllt sein:

Tatbestandsmerkmal	Erklärung
1. Widerrechtlichkeit	Die geschützten Rechte einer anderen Person werden verletzt (z.B. Eigentumsrecht, Recht auf körperliche Unversehrtheit).
2. Schaden	Es liegt eine Vermögensminderung einer anderen Person vor.
3. Adäquater Kausalzusammenhang	Die Handlung ist beim üblichen Lauf der Dinge geeignet, den entsprechenden Schaden zu verursachen.
4. Verschulden	Der verantwortlichen Person kann Absicht oder **Fahrlässigkeit** vorgeworfen werden. Die Fahrlässigkeit wird weiter unterschieden in **grobe** (Schaden nicht gewollt, aber bewusst in Kauf genommen) und **leichte** (fehlende Sorgfalt).

Merke Obligationen aus unerlaubten Handlungen haben manchmal auch strafrechtliche Konsequenzen, sind also gleichzeitig Straftaten.

Beispiel Der Verursacher eines Verkehrsunfalls wegen übersetzter Geschwindigkeit muss nicht nur dem Opfer den Schaden ersetzen (Folge der unerlaubten Handlung), sondern er wird zusätzlich für sein zu schnelles Fahren gebüsst (Folge der Straftat).

6.2.2 Kausalhaftung

Bei der **Kausalhaftung** hat der Schuldner den Schaden einer anderen Person nicht persönlich verursacht. Er hat aber entweder eine besondere Verantwortung für die Ursache, oder es gibt ein Spezialgesetz, welches seine Verantwortung ausdrücklich so regelt.

Milde/einfache Kausalhaftung

Bei der **milden Kausalhaftung** trägt der Schuldner für die Ursache des Schadens eine besondere Verantwortung und muss sich in dem Zusammenhang eine Sorgfaltspflichtverletzung vorwerfen lassen. Die folgenden Arten stehen im Vordergrund:

Art. 55 Abs. 1 OR
- **Geschäftsherrenhaftung**: Der Arbeitgeber (Geschäftsherr) haftet für die Schäden, die seine Arbeitnehmer (z.B. bei ausservertraglichen Drittpersonen) wegen mangelhafter Anweisung oder Aufsicht oder seine Produkte wegen fehlerhafter Produktion verursachen (**Produktehaftpflicht**).

Art. 56 Abs. 1 OR
- **Tierhalterhaftung**: Der Tierhalter haftet für die Schäden, die sein Tier wegen mangelhafter Aufsicht anrichtet.

Art. 58 Abs. 1 OR	▪ **Werkeigentümerhaftung**: Der Eigentümer eines Gebäudes oder eines anderen Werkes (z.B. ein Spielplatz oder eine Strasse) haftet für die Schäden, die dieses wegen mangelhaften Unterhalts oder fehlerhafter Konstruktion bzw. Herstellung verursacht.
Art. 333 Abs. 1 ZGB	▪ **Haftung der Eltern**: Die Eltern haften für die Schäden, die das Kind wegen ungenügender Aufsicht anrichtet.

→ 4.3 Von der milden Kausalhaftung kann sich der Schuldner grundsätzlich befreien, wenn er beweist, dass er sich sorgfältig genug verhalten hat (**Umkehr der Beweislast**). Das erforderliche Mass an Sorgfalt wird den Umständen entsprechend beurteilt. So muss z.B. ein Lernender durch den Arbeitgeber stärker beaufsichtigt werden als ein erfahrener, ausgelernter Mitarbeiter.

Scharfe/strenge Kausalhaftung (Gefährdungshaftung)

Bei der **scharfen Kausalhaftung** rechtfertigt ein Spezialgesetz die Verantwortung dadurch, dass eine Person bereits wegen des Schaffens einer potenziell gefährlichen Situation für Schäden anderer Personen einstehen muss. In diesen Fällen ist die Person auch ohne ein Verschulden oder eine Sorgfaltspflichtverletzung privatrechtlich für Schäden haftbar, da von ihrem Tun (z.B. Autofahren) grosse Gefahren für die Allgemeinheit ausgehen. Folgende Personenkreise sind in erster Linie von der scharfen Kausalhaftung betroffen:
- Eisenbahngesellschaften durch das Eisenbahngesetz
- Fluggesellschaften durch das Luftfahrtgesetz
- Atomkraftwerke durch das Atomenergiegesetz
- Motorfahrzeughalter durch das Strassenverkehrsgesetz

6.2.3 Verjährung von Obligationen aus unerlaubter Handlung

Art. 60 Abs. 1 OR Wenn ein Gläubiger erkennt, dass er einen Schadenersatzanspruch wegen einer unerlaubten Handlung hat, muss er ihn grundsätzlich innerhalb von drei Jahren (**relative Verjährung**), spätestens aber innerhalb von 10 Jahren seit der schädigenden Handlung geltend machen (**absolute Verjährung**). Die wesentliche Folge der Verjährung ist, dass danach der Schadenersatz durch den Gläubiger nicht mehr erzwungen werden kann.

→ 7.5 Das Thema Verjährung und Aufgaben dazu folgen weiter hinten in diesem Band.

A E-Aufgaben 6 bis 9, W-Aufgaben 10 bis 13

Entstehung der Obligation

6.3 Ungerechtfertigte Bereicherung

Art. 62 OR Eine Obligation aus **ungerechtfertigter Bereicherung** entsteht, wenn jemand eine Leistung ohne Rechtsgrund oder aus einem Rechtsgrund, der nachträglich weggefallen ist, erhalten hat. Die Bereicherung (Vermögensvorteil) der einen Person muss einhergehen mit der **Entreicherung** (Vermögensnachteil) der anderen Person. Der Vermögensvorteil (Geld-, Sach- oder Dienstleistung) ist vom Schuldner zurückzuerstatten.

Obligation aus ungerechtfertigter Bereicherung

Bereicherte Person → Schuldner — Obligation: Rückerstattung → Entreicherte Person / Gläubiger

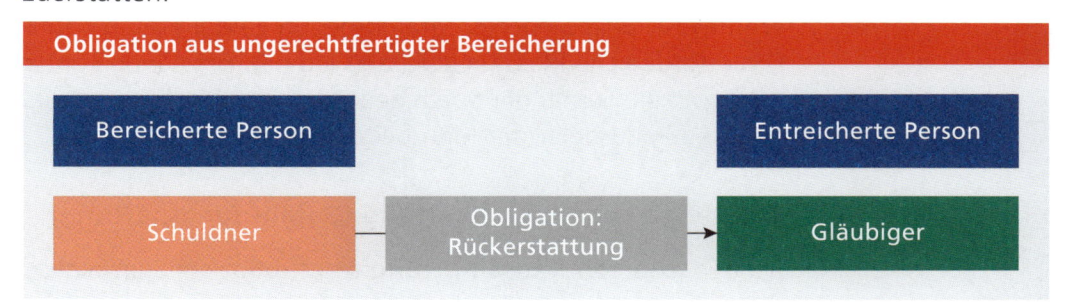

Beispiel
- Der Kunde hat versehentlich eine Rechnung zweimal bezahlt.
- Eine Geldüberweisung ist an den falschen Empfänger gelangt.
- Der Kaufvertrag kommt nicht zustande, nachdem der Verkäufer die Ware im Voraus geliefert hat.

Art. 66 OR Nicht zurückverlangt werden können Leistungen, die für einen rechtswidrigen oder unsittlichen Zweck erbracht wurden (z.B. Zahlung für Anstiftung zum Vertragsbruch, Bestechungsgelder, Anzahlungen für Drogengeschäfte).

Art. 67 Abs. 1 OR
→ 7.5 Wenn ein Gläubiger erkennt, dass er einen Bereicherungsanspruch hat, muss er ihn grundsätzlich innerhalb von drei Jahren (**relative Verjährung**), spätestens aber innerhalb von 10 Jahren seit der Entstehung geltend machen (**absolute Verjährung**). Danach ist der entsprechende Leistungsanspruch nicht mehr erzwingbar. Dies entspricht den Verjährungsregeln der unerlaubten Handlung.

Lösung Einführungsfall | Im Fall von Thea Hollenstein handelt es sich um eine ungerechtfertigte Bereicherung. Die Überweisung des Gewinns durch die Lottogesellschaft erfolgte ohne Rechtsgrund. Entsprechend muss Thea Hollenstein den ganzen Betrag von CHF 50 000 zurückbezahlen, selbst wenn sie einen Teil davon bereits ausgegeben hat.

Entstehungsgründe von Obligationen

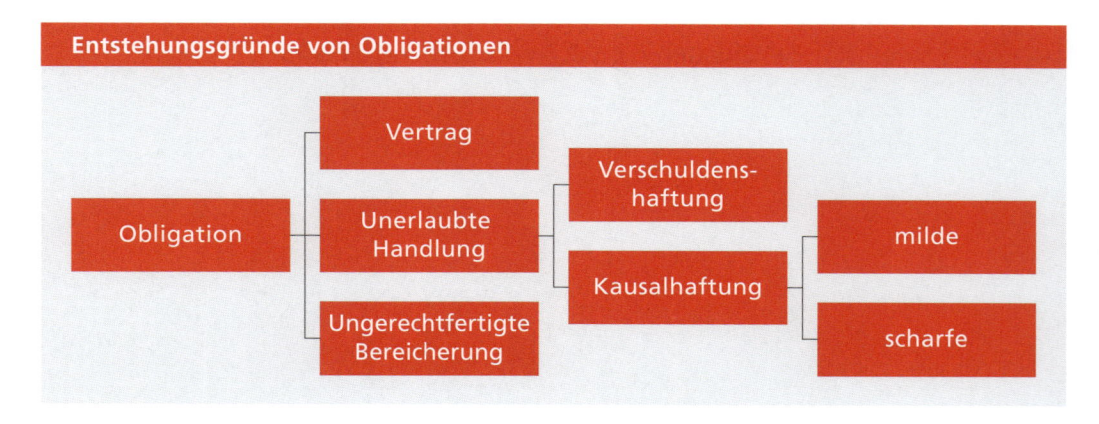

Obligation
- Vertrag
- Unerlaubte Handlung
  - Verschuldenshaftung
  - Kausalhaftung
    - milde
    - scharfe
- Ungerechtfertigte Bereicherung

A E-Aufgabe 14, W-Aufgaben 15 bis 18

Leistungsziele

1.5.3.3 Entstehung Obligation

- Ich stelle in einfachen Rechtsfällen fest, ob eine Obligation entstanden ist, und zeige die wesentlichen Rechtsfolgen auf:
  - Vertrag
  - Unerlaubte Handlung (Verschuldens- und Kausalhaftung)
  - Ungerechtfertigte Bereicherung

E 6.1 Obligationsbegriff und Entstehung durch Vertrag

1. Aussagen zum Obligationsbegriff

Kreuzen Sie bei den nachfolgenden Aussagen an, ob sie richtig oder falsch sind.
Berichtigen Sie die falschen Aussagen auf der leeren Zeile.

R	F	Aussage
☐	☐	Obligationen sind Schuldner-Gläubiger-Verhältnisse.
☐	☐	Der häufigste Entstehungsgrund für Obligationen ist die unerlaubte Handlung.
☐	☐	Im Obligationsverhältnis hat der Gläubiger eine Verpflichtung.
☐	☐	Obligationen entstehen aus unterschiedlichen Gründen, haben jedoch immer Verpflichtungen und entsprechende Ansprüche zum Inhalt.
☐	☐	Im Rahmen eines Vertrags entsteht in der Regel genau eine Obligation.

2. Gründe der Obligationsentstehung

Vervollständigen Sie die nachfolgende Übersicht der Entstehungsgründe von Obligationen.

Übersicht

Obligationsentstehung
- Vertrag
-
-

W 6.1 Obligationsbegriff und Entstehung durch Vertrag

3. Schuldner-Gläubiger-Beziehungen

Bezeichnen Sie bei den folgenden Sachverhalten den Schuldner bzw. Gläubiger so konkret wie möglich. Ein Beispiel ist bereits gelöst.

Sachverhalt	Schuldner	Gläubiger
Bezahlung des Kaufpreises	Käufer	Verkäufer
Übergabe der Kaufsache		
Rückgabe der Mietsache		
Lohn aus Lehrvertrag		
Schadenersatzanspruch bei einem Verkehrsunfall		

4. Allgemeine Bestimmungen der Obligationsentstehung

Bestimmen Sie mithilfe des Gesetzbuches, in welchen OR-Artikeln die allgemeinen Bestimmungen der Obligationsentstehung enthalten sind.

Vertrag	Unerlaubte Handlung	Ungerechtfertigte Bereicherung

Entstehung der Obligation

5. Inhalt der Obligation

Geben Sie bei den folgenden Sachverhalten an, für wen eine Obligation in einem Tun, Dulden oder Unterlassen besteht. Umschreiben Sie die entsprechenden Obligationen konkret. Pro Sachverhalt können mehrere Obligationen vorkommen. Der erste Sachverhalt ist als Beispiel bereits gelöst.

Sachverhalt	tun/dulden/ unterlassen	Konkrete Umschreibung
Elvira Maurer hat bei einem Versandhaus telefonisch Kleider bestellt. Der Rechnungsbetrag lautet auf CHF 135.70.	tun tun	Versandhaus: Ware liefern Elvira Maurer: Rechnung bezahlen
Über ein privates Grundstück führt ein Fussweg, der von allen Leuten benutzt werden darf. Für das Wegrecht bezahlt die Gemeinde dem Grundeigentümer eine Entschädigung		
Patrick Benz ist kaufmännischer Lehrling bei Coop. Er hat mit Coop einen Lehrvertrag abgeschlossen.		
Die Firma Grips AG hat einen besonders schnell trocknenden Nagellack mit Namen «GOFAST» auf den Markt gebracht. Die Rechte für den Vertrieb in Übersee verkauft sie an die Firma Clever AG.		
Reto Meier hat ein Rotlicht übersehen, in der Folge das Fahrzeug von Sarah Müller gerammt und dabei einen Schaden von CHF 15 000 verursacht.		

E 6.2 Unerlaubte Handlung

6. Haftungsarten

Vervollständigen Sie die nachfolgende Übersicht der unerlaubten Handlungen.

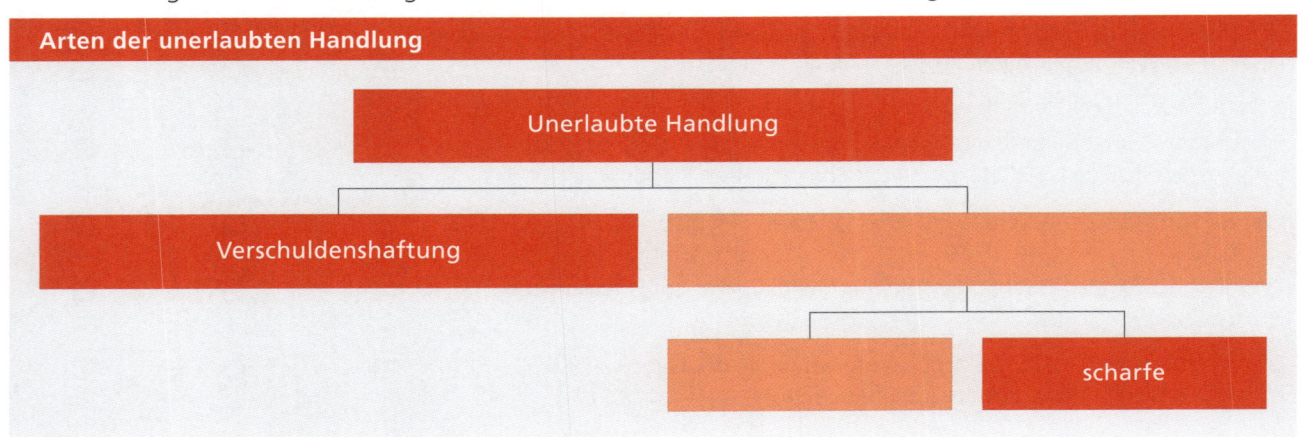

Arten der unerlaubten Handlung

- Unerlaubte Handlung
  - Verschuldenshaftung
  - [ ]
    - [ ]
    - scharfe [ ]

7. Haftungsbegriffe

Nennen Sie zu jedem Begriff ein Synonym.

Begriff	Synonym
Haftung ohne Verschulden	
Milde Kausalhaftung	
Gefährdungshaftung	

8. Verschuldenshaftung – Umgang mit dem Gesetzbuch

Bestimmen Sie im Art. 41 Abs. 1 OR den genauen Wortlaut der umschriebenen Tatbestandsmerkmale der Verschuldenshaftung. Das erste Tatbestandsmerkmal ist als Beispiel bereits eingetragen.

Umschreibung	Wortlaut im Art. 41 Abs. 1 OR
Das geschützte Recht einer anderen Person wird verletzt.	«widerrechtlich»
Eine andere Person erleidet eine Vermögensverminderung.	
Den Verursacher trifft ein Verschulden.	
Die Handlung muss normalerweise geeignet sein, den Schaden herbeizuführen.	

Entstehung der Obligation

9. Arten der unerlaubten Handlung

Kreuzen Sie bei den folgenden Sachverhalten die zutreffende Haftungsart an.

Sachverhalt	Ver-schuldens-haftung	Kausalhaftung	
		milde	scharfe
Ein Flugzeug der Busch-Air stürzt wegen eines Unwetters über einer Wohngegend ab.	☐	☐	☐
Ernst Munter hetzt durch die Lauben der Berner Altstadt und bringt dabei eine Passantin zu Fall. Sie erleidet einen schmerzhaften Rippenbruch.	☐	☐	☐
Werner Lätts Lama tritt Verena Rittmeiers grossen Zeh platt.	☐	☐	☐
Yves Bergers Tochter (3 Jahre) zertrümmert beim Spielen im Porzellanladen viel Geschirr.	☐	☐	☐
Die Handbremse des Autos löst sich ohne Grund. In der Folge walzt der herrenlose Wagen den Zaun des Nachbarn nieder.	☐	☐	☐

W 6.2 Unerlaubte Handlung

10. Unerlaubte Handlung – Verschuldens- und Kausalhaftung

Bestimmen Sie für die folgenden Sachverhalte die Art des Verschuldens (Absicht oder grobe/leichte Fahrlässigkeit) und begründen Sie Ihren Entscheid. Wo Sie kein Verschulden feststellen, bestimmen Sie die entsprechende Kausalhaftungsart. Der erste Sachverhalt ist als Beispiel bereits gelöst.

Sachverhalt	Verschulden	Begründung
In einem AKW ist Radioaktivität ausgetreten. Die umliegenden Felder werden verseucht.	– (Kausalhaftung)	Gefährdungshaftung für die gefährliche Anlage
Max Breuer ist mit dem Mountainbike querfeldein gefahren und hat dem Landwirt einige Pflanzen geknickt.		
Mein streunender Hund hat im Garten des Nachbarn das halbe Festbuffet gefressen und nur die Fische übrig gelassen.		
Der Hilfsarbeiter von Maler Max Grau hat nicht die Wand des Kunden, sondern jene des Nachbarn angemalt, weil er nicht richtig instruiert wurde.		
Walter Heftig ärgert sich über seinen Nachbarn und zertrampelt aus Wut dessen Blumenbeet.		
Obwohl ich weiss, dass die Bremsen an meinem Auto defekt sind, leihe ich mein Auto Ivan Eng aus. Er kommt damit nur bis zur nächsten Kreuzung, wo er einen Unfall verursacht.		

Recht und Staat

Sachverhalt	Verschulden	Begründung
Bei den SBB in Stein ist ein Tankwagen entgleist und hat Feuer gefangen. Das Feuer greift auf einige der umliegenden Häuser über.		
Ein Ziegel ist vom Dach meines Hauses gefallen und hat eine Passantin verletzt.		

11. Verschuldenshaftung im Sachverhalt

Der Skifahrer Bernhard Matti hat sich in der Berghütte ein Käsefondue genehmigt und nimmt anschliessend die Talfahrt in Angriff. Aus Übermut verliert er nach wenigen Metern die Kontrolle über seine Skis und kollidiert mit der Snowboarderin Nadja Stocker, welche die Piste korrekt überquert. Diese erleidet einen offenen Oberschenkelbruch und verbringt den Rest des für zwei Wochen geplanten Urlaubs im Spital. Im Spital erkrankt Nadja Stocker zusätzlich an einer Infektion, verursacht durch nicht sachgemäss sterilisierte Operationsinstrumente. Dadurch wird sie für weitere zwei Wochen ausser Gefecht gesetzt, was neben der nutzlos bezahlten Ferienreise zusätzlich einen Erwerbsausfall zur Folge hat. Ohne Infektion hätte Nadja Stocker nach den Ferien wieder arbeiten können.

Beantworten Sie zum Sachverhalt die folgenden Fragen.

a) Welcher Gesetzesartikel (inklusive Absatz) regelt die Verschuldenshaftung?

b) Warum liegt im Zusammenhang mit dem Skiunfall eine Verschuldenshaftung von Bernhard Matti vor?

c) Worin besteht konkret die Widerrechtlichkeit im Verhalten von Bernhard Matti?

d) Worin besteht konkret das Verschulden im Verhalten von Bernhard Matti?

e) Kann Nadja Stocker von Bernhard Matti Schadenersatz für die Ferienreise und den zusätzlichen Erwerbsausfall wegen der Infektion verlangen? Begründen Sie Ihre Antwort.

12. Kausalhaftung im Sachverhalt

Wegen einer vereisten Stelle verliert ein Skifahrer in der Skischule die Kontrolle über seine Skis und kollidiert mitten auf der Piste mit einem nicht vorschriftsgemäss gepolsterten Liftmast der «Männlichenbahn» in Grindelwald. Der Skifahrer erleidet aus diesem Grund schwere Kopfverletzungen mit bleibender Invalidität.

Beantworten Sie zum Sachverhalt die folgenden Fragen.

a) Die Skipiste stellt ein Werk im Sinne des Obligationenrechts dar. Um welche Art der Kausalhaftung handelt es sich bei der Werkeigentümerhaftung? Kreuzen Sie die richtige Antwort an.

☐ Milde Kausalhaftung ☐ Scharfe Kausalhaftung

b) Auf welchen Gesetzesartikel (inklusive Absatz) beruft sich der Skifahrer, wenn er die Bergbahn zur Verantwortung ziehen will?

c) Beurteilen Sie, ob der Bergbahn im Zusammenhang mit der Skipiste eine «fehlerhafte Anlage oder mangelhafter Unterhalt» vorgeworfen werden kann.

d) Welche konkrete Rechtsfolge lässt sich aus der Beurteilung gemäss c) ableiten?

13. Unerlaubte Handlung – Sachverhalt

Lesen Sie den auszugsweise abgedruckten Zeitungsartikel und beantworten Sie dazu die anschliessenden Fragen.

Haftung für ungenügende Wassertiefe: Schadenersatz und Schmerzensgeld nach fatalem Turmsprung

(...)
Am Strand von Colombier am Neuenburgersee ereignete sich ein schwerer Unfall, als ein gut 17 Jahre alter Schwimmer von einem rund 40 Jahre zuvor errichteten Turm ins Wasser sprang. Der geübte Taucher schlug vermutlich mit dem Kopf auf dem Grund auf und brach sich die Wirbelsäule, wodurch er zum Tetraplegiker wurde. Eine polizeiliche Untersuchung ergab, dass der Neuenburgersee im Bereiche des Sprungturms statt der erforderlichen 3,80 Meter nur gerade eine Tiefe zwischen 1,85 und 2,15 Metern aufwies. Auf eine Klage des Unfallopfers hin verurteilte das zuständige kantonale Zivilgericht den Kanton Neuenburg als Eigentümer des Turms (...) zur Zahlung von insgesamt 866 721 Franken als Schadenersatz und Genugtuung. (...)

Das Urteil der I. Zivilabteilung bestätigt zunächst, dass die ungenügende Wassertiefe am Fusse des Sprungturms ein Konzeptionsfehler und damit ein Werkmangel ist. Wohl genügt dafür nicht jede beliebige Gefahr, doch gilt ein Werk als mangelhaft, wenn ein bestimmungsgemässer Gebrauch nicht gefahrlos möglich ist. Jedenfalls die obere Sprungplattform des Turms konnte aufgrund der ungenügenden Wassertiefe nicht ohne Gefahr zum (bestimmungsgemässen) Tauchsprung benutzt werden. (...)

Unbestritten geblieben war, dass zwischen Werkmangel und Unfall ein rechtlich erheblicher Kausalzusammenhang besteht. Denn nach dem gewöhnlichen Lauf der Dinge und gemäss allgemeiner Lebenserfahrung kann eine ungenügende Wassertiefe bei einem Sprungturm zu derartigen Unfällen führen. (...)

Zwar ist ihm (dem Schwimmer) vorzuwerfen, dass er nicht vorsichtiger war, obwohl er bei früheren Sprüngen bereits den Grund berührt hatte und daher von der ungenügenden Wassertiefe wissen musste. Zudem war er beim verhängnisvollen letzten Sprung auf das Geländer gestiegen und hatte damit die Sprunghöhe noch vergrössert. Diesem Selbstverschulden hatten indes die kantonalen Richter (...) im Rahmen ihres Ermessens Rechnung getragen, indem sie die Haftungsansprüche des Schwimmers um 20 Prozent reduzierten. (...)

Quelle: Neue Zürcher Zeitung

---

a) Was für ein Verfahren kam im vorliegenden Fall zwischen welchen Parteien zur Anwendung? Begründen Sie Ihren Entscheid.

b) Benennen Sie die fragliche Haftungsart so genau wie möglich. Nennen Sie auch den massgebenden Gesetzesartikel.

c) Wer wurde aufgrund des entsprechenden Tatbestandes verurteilt?

Entstehung der Obligation

d) Worin bestand konkret der Mangel, aufgrund dessen die Verurteilung erfolgte?

e) Wie wird der adäquate Kausalzusammenhang zwischen dem Mangel und dem Schaden beschrieben?

f) Warum hat das Gericht ein gewisses Mass an Selbstverschulden des Verunfallten bejaht?

g) Inwiefern wurde das Selbstverschulden des Verunfallten im Urteil berücksichtigt?

E 6.3 Ungerechtfertigte Bereicherung

14. Umgang mit dem Gesetzbuch

Bestimmen Sie aufgrund von Art. 62 Abs. 1 OR den Tatbestand und die allgemeine Rechtsfolge der ungerechtfertigten Bereicherung, indem Sie einen WENN-DANN-Satz bilden.

Tatbestand (WENN)	Rechtsfolge (DANN)

W 6.3 Ungerechtfertigte Bereicherung

15. Bereicherung im Sachverhalt

Die ISO-LIQ AG, Anbieterin isotonischer Getränke, verwendet auf ihren Werbeplakaten das Gesicht des bekannten Velorennfahrers Simon Zeller. Davon hat Simon Zeller erst nachträglich erfahren. Durch die erwähnten Werbeplakate steigerte die ISO-LIQ AG ihren Gewinn im letzten Quartal um CHF 15 000. Entsprechende Werbeverträge hätten Simon Zeller im selben Zeitraum erfahrungsgemäss ungefähr denselben Betrag eingebracht.

Beantworten Sie zum Sachverhalt die folgenden Fragen.

a) Auf welchen Gesetzesartikel (inklusive Absatz) beruft sich Simon Zeller, wenn er gegenüber der Getränkeanbieterin eine ungerechtfertigte Bereicherung geltend machen will?

b) Worin konkret besteht die Bereicherung (der Vermögensvorteil) der ISO-LIQ AG?

c) Worin konkret besteht die Entreicherung (der Vermögensnachteil) von Simon Zeller?

W 6 Entstehung der Obligation

16. Beurteilung der Obligationsentstehung

Kreuzen Sie für die nachfolgenden Sachverhalte das Zutreffende an.

UH = Unerlaubte Handlung   UB = Ungerechtfertigte Bereicherung   V = Vertrag   KO = Keine Obligation

Sachverhalt	UH	UB	V	KO
Erwin Etter bezahlt versehentlich dieselbe Rechnung zweimal.	☐	☐	☐	☐
Reto Meilis Pferd steht auf den Fuss eines Passanten, welcher in der Folge ärztlich behandelt werden muss.	☐	☐	☐	☐
Der Wirt Dino Tellenbach bricht einem Stammgast bei einem Streit mit einem Faustschlag die Nase.	☐	☐	☐	☐
Olivia Figurado stolpert bei einer Wanderung und bricht sich das linke Bein.	☐	☐	☐	☐
Frieda Zogg verlangt die bereits bezahlten Raten zurück, weil sich der Abzahlungskaufvertrag mit der HIGH-END AG als ungültig herausstellt.	☐	☐	☐	☐
Der Klient eines Rechtsanwaltes verliert seinen Prozess, weil der Anwalt ein Formular zu spät beim Gericht abgegeben hat.	☐	☐	☐	☐

Entstehung der Obligation

17. Beurteilung der Obligationsentstehung mit Begründung

Ist in den folgenden Sachverhalten eine Obligation entstanden? Wenn ja, aus welchem Grund? Wenn nein, warum nicht?

Sachverhalt	Entscheid/Begründung
Leo Klein zerschlägt in Susanne Vegas Mietwohnung versehentlich eine Fensterscheibe.	
Leo Klein stolpert auf dem Heimweg von Susanne Vega über einen Randstein und bricht sich das Bein.	
Die ZERO AG erhält von der CENTO AG die Rechnung für eine Warenlieferung.	
Sie verlangen schriftlich einen Termin beim Hausarzt und warten auf seine Antwort.	
Sie haben bei einem Versandhaus versehentlich zweimal dieselbe Hose bestellt. Das Versandhaus ist damit einverstanden, dass Sie eine Hose zurücksenden.	

18. Beurteilung und Umschreibung der Obligationsentstehung

Bestimmen Sie für die nachfolgenden Sachverhalte den Entstehungsgrund für die jeweiligen Obligationen und umschreiben Sie dem Beispiel entsprechend die Art der Verpflichtung.

Sachverhalt	Entstehungsgrund	Art der Verpflichtung
Theo Limbeck hat nicht aufgepasst, ist gestolpert und hat die Uhr von Antonio Cantoni zerbrochen.	Unerlaubte Handlung	Theo Limbeck: Schadenersatz zahlen
Die Kundin Knecht AG hat bei der Lieferantin Meister AG 20 Laptops gekauft.		
Seit drei Monaten überweist die Personalabteilung irrtümlicherweise den Lohn des Fabrikationsleiters auf das Konto der Lernenden Anita Gross.		
Markus Fengler arbeitet seit einem Jahr bei den SBB als Zugbegleiter.		
Familie Obradovic hat eine Wohnung der Gribi AG in der Feldbergstrasse gemietet.		

7 Recht und Staat
Allgemeine Vertragslehre

Inhaltsverzeichnis

		Theorie	Aufgaben
7.1	Voraussetzungen der Vertragsentstehung	**162**	178
7.2	Vertragsmängel: Nichtigkeit und Anfechtbarkeit	**167**	182
7.3	Vertragserfüllung	**171**	185
7.4	Vertragsverletzungen	**172**	188
7.5	Verjährung von Obligationen	**173**	189
7.6	Sicherung der Vertragserfüllung	**175**	192

Leistungsziele 177

7 Allgemeine Vertragslehre

Einführungsfall

Rita Milesevic telefoniert der Sachbearbeiterin der EDU-TREND AG und lässt sich über ein 5-tägiges Führungsseminar auf der Riffelalp (buchbar bis Ende Monat) informieren. Da sie sich sehr für die entsprechenden Inhalte interessiert und ihr der Preis von CHF 1700 relativ günstig erscheint, bucht sie noch am Telefon den letzten freien Platz im Seminar.
Kann Rita Milesevic die Buchung rückgängig machen, wenn sie vier Wochen später auf ein besseres Angebot stösst?

7.1 Voraussetzungen der Vertragsentstehung

Damit vertragliche Obligationsverhältnisse **gültig**, d.h. rechtlich wirksam entstehen können, muss eine Reihe von Bedingungen erfüllt sein. Das Gesetz regelt die allgemeinen Voraussetzungen grundsätzlich immer gleich, egal um welchen konkreten Vertrag es sich handelt.

Allgemeiner Vertragstatbestand

Vertragsvoraussetzungen:
- Handlungsfähigkeit der Vertragsparteien
  - Konsens
  - Verpflichtungswille
- Übereinstimmende gegenseitige Willensäusserung
  - Äusserung des Vertragswillens
- Einhaltung von Formvorschriften
- Einhaltung von Inhaltsvorschriften

→ 4.2 Die erforderliche Handlungsfähigkeit der Personen heisst im Zusammenhang mit Vertragsabschlüssen auch **Geschäfts- oder Vertragsfähigkeit**. Zur Erinnerung: Natürliche Personen müssen grundsätzlich volljährig und urteilsfähig sein, und juristische Personen müssen die dazu erforderlichen Organe bestellt haben.

7.1.1 Übereinstimmende gegenseitige Willensäusserung

Art. 1 Abs. 1 OR Verträge können nur entstehen, wenn die Vertragsparteien inhaltlich dasselbe wollen und dies auch entsprechend geäussert haben. Das Gesetz spricht von der «**übereinstimmenden gegenseitigen Willensäusserung**», die erforderlich ist. Im Einzelnen sind die folgenden Tatbestandsmerkmale zu überprüfen.

Konsens

Art. 2 Abs. 1 OR Wollen die Vertragsparteien in den wesentlichen Punkten dieselbe inhaltliche Vereinbarung treffen? Bei Einigkeit der Vertragsparteien spricht man von **Konsens**, bei Uneinigkeit von **Dissens**. Uneinigkeit wegen Nebenpunkten verhindert die Vertragsentstehung nicht.

Beispiel **Konsens**
- Unter heftigen Zahnschmerzen ruft Susi Moser ihren Zahnarzt an, um möglichst schnell einen Termin zu bekommen. Der Zahnarzt verspricht, den faulen Weisheitszahn am nächsten Morgen zum üblichen Tarif zu ziehen.
- Urs Hallauer hat sich mit der FINANZ AG geeinigt, nächsten Monat als Kreditsachbearbeiter anzufangen. Als der erste Monatslohn fällig wird, kommt es zum Streit, weil Urs Hallauer Barzahlung verlangt, die FINANZ AG aber den Lohn auf Urs Hallauers Bankkonto überweisen will (Uneinigkeit betrifft Nebenpunkt).

Beispiel **Dissens**
- Hugo von Däniken bewirbt sich beim FREIZEITPARK IM RIED AG als Aushilfskraft. Er rechnet mit einem Stundenlohn von CHF 25. Der FREIZEITPARK IM RIED AG will jedoch nur CHF 20 pro Stunde bezahlen.
- Reinhold Steck bestellt telefonisch bei der ROCK AG 20 Karabinerhaken zum Klettern. Wegen der schlechten Telefonverbindung meint die zuständige Sachbearbeiterin, 20 «Karabinergewehre» liefern zu müssen.

Verpflichtungswille

Art. 18 Abs. 1 OR Beim Vertragsabschluss ist zu überprüfen, ob die Äusserung der Vertragsparteien mit dem tatsächlichen inneren Willen übereinstimmt. Der innere Vertragswille ist in den folgenden Fällen nicht gegeben:

Beispiel
- Um das Wesen des Kaufvertrags zu erklären, bietet die Lehrerin dem Lernenden Mathias Kohler ihr gebrauchtes Gesetzbuch für CHF 10 an (Schulbeispiel).
- Um Grundstückgewinnsteuern zu sparen, halten die Parteien im Kaufvertrag einen Preis von CHF 700 000 anstatt der tatsächlich bezahlten CHF 900 000 fest (Scheinvertrag).
- Peter Zellweger verspricht Maria Hollenstein, ihr für einen Kuss drei rote Ferraris zu kaufen (offensichtlicher Scherz).

Äusserung des Vertragswillens (Antrag und Annahme)

Art. 1 Abs. 2 OR
Art. 6 OR
Die Äusserung des Vertragswillens kann **ausdrücklich** (mündlich oder schriftlich) oder **stillschweigend** erfolgen. Damit ein Vertrag entsteht, muss von der einen Partei ein verbindliches **Angebot** (**Antrag**) gemacht werden, welches die andere Partei rechtzeitig annimmt (**Annahme**).
Die stillschweigende Willensäusserung durch Schweigen oder **schlüssiges Verhalten** liegt etwa in folgenden Fällen vor:

Beispiel
- Der Kunde nimmt einen Liter Milch aus dem Regal und legt ihn zusammen mit einem Fünfliber auf das Band beim Kassierer (schlüssiges Verhalten).
- Der Autofahrer drückt bei der Einfahrt auf die Taste für die Billettausgabe, um seinen Wagen ins Parkhaus stellen zu können (schlüssiges Verhalten).
- Wie jedes Jahr im September teilt die HEIZÖL MEISTER AG dem Hauseigentümer Hans Egger in einem Schreiben mit, dass der Öltank Ende Oktober aufgefüllt werde. Hans Egger reagiert nicht auf das Schreiben (stillschweigende Annahme).

Allgemeine Vertragslehre

Ob ein Angebot verbindlich und die entsprechende Annahme rechtzeitig erfolgt ist, hängt von den konkreten Umständen ab. Die zu unterscheidenden Fälle werden in der Folge dargelegt.

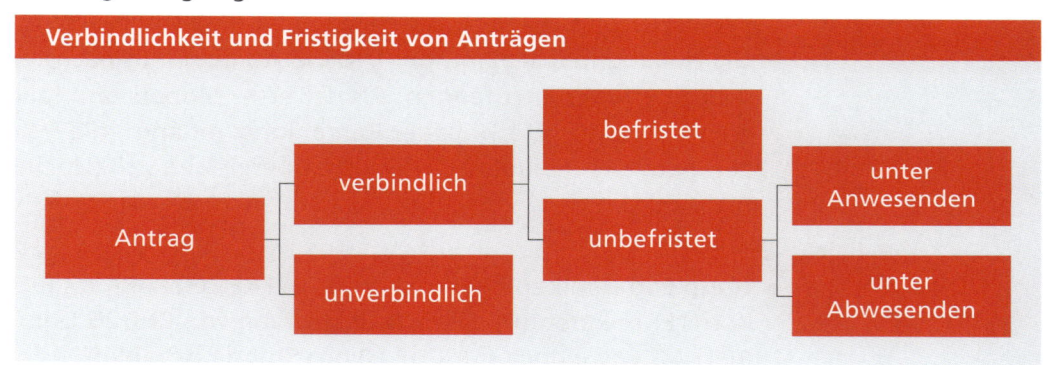

Verbindlichkeit und Fristigkeit von Anträgen

Antrag → verbindlich → befristet / unbefristet → unter Anwesenden / unter Abwesenden
Antrag → unverbindlich

Mündliche oder schriftliche Anträge an bestimmte Personen sind grundsätzlich verbindlich, können also durch eine rechtzeitige Annahme zum Vertragsabschluss führen. Zu beachten sind die folgenden, ausnahmsweise unverbindlichen Anträge.

Art. 6a OR
- **Unverlangte Ansichtsendung**: Das Nichtreagieren auf die Zusendung einer unbestellten Sache hat für den Empfänger keine rechtlichen Folgen. Die Sache muss weder bezahlt, noch zurückgeschickt oder aufbewahrt werden.

Art. 7 Abs. 1 OR
- **Ablehnende Erklärung**: Der Anbieter kann ausdrücklich erklären, dass ein Antrag unverbindlich erfolge. Üblich sind Formulierungen wie «ohne Gewähr», «freibleibend», «Änderungen vorbehalten» oder eben «unverbindlich».

Art. 7 Abs. 2 OR
- **Preislisten, Kataloge oder Inserate**: Naturgemäss müssen entsprechende Angaben unverbindlich bleiben. Z.B. werden Preislisten laufend aktualisiert oder auf ein attraktives Inserat melden sich sehr viele Interessenten.

Art. 9 Abs. 1 OR
- **Rechtzeitiger Widerruf**: Gültig ist jeder Widerruf, der mindestens gleichzeitig wie das Angebot beim Empfänger eintrifft, und auch jeder spätere Widerruf, der vom Empfänger zeitlich vor dem Angebot zur Kenntnis genommen wird.

Wie lange ein Angebot verbindlich ist, hängt – wie bereits erwähnt – von den konkreten Umständen ab. Das Gesetz unterscheidet die folgenden Fälle.

Art. 3 OR
a) **Befristetes Angebot**: Die Annahme muss innerhalb der festgelegten Frist beim Anbieter eingetroffen sein.

Art. 4 OR
b) **Unbefristetes Angebot unter Anwesenden**: Das Angebot im persönlichen Gespräch (z.B. am Telefon) ist nur so lange verbindlich, wie vom betreffenden Antrag gesprochen wird. Es muss folglich sofort angenommen werden.

Art. 5 OR
c) **Unbefristetes Angebot unter Abwesenden**: Erfolgt ein schriftliches Angebot z.B. per Post, so darf der Empfänger nach einer angemessenen Bedenkzeit auf demselben Weg antworten. Wie lange eine angemessene Bedenkzeit ist, hängt vom konkreten Fall ab (so z.B. für den Kauf eines Buches als Ansichtsendung nur wenige Tage, aber für den Kauf einer Liegenschaft – basierend auf einer 20-seitigen Offerte – evtl. mehrere Wochen).

Alle verbindlichen Anträge führen durch rechtzeitige Annahme (ausdrücklich oder stillschweigend) zum Vertragsabschluss. Die verspätete (vermeintliche) Annahme oder die Annahme eines unverbindlichen Angebots gelten rechtlich wiederum als Angebot.

Art. 40a-f OR Ein Recht auf Rücktritt vom Vertrag während 14 Tagen besteht ausnahmsweise bei gewerblichen, nicht vom Käufer veranlassten Haustürgeschäften oder Telefonverkäufen über CHF 100.

Lösung Einführungsfall | Im Fall von Rita Milesevic handelt es sich beim Telefonanruf um ein verbindliches, befristetes Angebot, welches rechtzeitig (sofort) und ausdrücklich (mündlich) angenommen wird. Dadurch ist ein Vertrag entstanden, von dem Rita Milesevic nicht gegen den Willen der EDU-TREND AG zurücktreten kann.

A E-Aufgabe 1

7.1.2 Einhaltung von Formvorschriften

Jedes **Rechtsgeschäft** (Willensäusserung einer handlungsfähigen Person mit rechtlicher Wirkung) kann von besonderen Formvorschriften betroffen sein. Dies gilt sowohl für **zwei- oder mehrseitige Rechtsgeschäfte**, deren Entstehung vom Willen mehrerer Personen abhängig ist (alle Verträge mit Antrag und Annahme), als auch für **einseitige Rechtsgeschäfte**, bei denen der Wille einer Person massgebend ist (z.B. eine Kündigung oder ein Testament). Das Gesetz unterscheidet die unten stehenden Formen von Rechtsgeschäften.

Formvorschriften für Rechtsgeschäfte

Form von Rechtsgeschäften
- formfreie Rechtsgeschäfte (Grundsatz)
- formale Rechtsgeschäfte
  - Schriftlichkeit
    - einfache
    - qualifizierte
  - öffentliche Beurkundung
  - Eintrag in öffentliches Register

Art. 11 OR Grundsätzlich muss beim Vertragsabschluss keine bestimmte Form eingehalten werden. Er kann also mündlich, schriftlich oder auch stillschweigend erfolgen. Dieser Grundsatz wird als **Formfreiheit** bezeichnet. Schreibt das Gesetz ausnahmsweise eine bestimmte Form vor, so entsteht der entsprechende Vertrag erst, wenn diese Vorschrift erfüllt ist.

Merke Bei der Beurteilung der Formvorschriften einer Vertragsart oder auch von Rechtsgeschäften generell gilt: Wenn das Gesetz keine Form erwähnt, ist auch keine bestimmte einzuhalten.

Art. 16 OR Die Vertragsparteien können in Ergänzung zu den gesetzlichen Vorschriften freiwillig eine bestimmte Form vereinbaren. Die freiwillige schriftliche Form ist in der Praxis z.B. beim Abschluss von Arbeits- oder auch Mietverträgen üblich.
Ein- oder mehrseitige Rechtsgeschäfte können an die folgenden Formen gebunden sein.

Einfache Schriftlichkeit

→ 3. Semester Kapitel 9

Wo das Gesetz aus Beweisgründen oder zum Schutz der Vertragsparteien die schriftliche Form verlangt, ohne sie näher zu umschreiben, spricht man von einfacher Schriftlichkeit. So muss z.B. der Mieter einer Wohnung den Mietvertrag schriftlich kündigen.

Art. 13 und 14 OR

Die gesetzlich verlangte Schriftlichkeit beinhaltet grundsätzlich die eigenhändige Unterschrift aller sich verpflichtenden Personen. Folglich genügen ein normaler E-Mail-Verkehr oder auch eine kopierte Unterschrift den gesetzlichen Anforderungen nicht. Im E-Mail-Verkehr zulässig sind alternativ zur eigenhändigen Unterschrift zertifizierte elektronische **Signaturen**.

Qualifizierte Schriftlichkeit

→ 4. Semester Kapitel 14
→ 3. Semester Kapitel 9

Die qualifizierte Schriftlichkeit ist im entsprechenden Gesetz näher umschrieben. Entweder müssen bestimmte Inhalte schriftlich oder sogar handschriftlich vereinbart werden (z.B. beim Testament), oder bestimmte Formulare sind vorgeschrieben (z.B. bei der Kündigung einer Wohnung durch den Vermieter).

Öffentliche Beurkundung

Bei der öffentlichen Beurkundung (**notarielle Beurkundung**) wirkt eine speziell dazu befähigte Person (Notar, Fürsprecher, Rechtsanwalt) beim Vertragsabschluss mit. Diese Person stellt insbesondere bei komplexen Vertragsabschlüssen, wie z.B. der Gründung einer Aktiengesellschaft oder dem Kauf eines Grundstücks, sicher, dass alle gesetzlichen Erfordernisse beachtet werden. Es kann auch darum gehen, dass die Urkundsperson die sich verpflichtenden Vertragsparteien – so z.B. die Eheleute beim Abschluss eines Ehevertrags – über die rechtlichen Konsequenzen ihrer Vereinbarung aufklärt (**Schutz vor Übereilung**).

Eintrag in ein öffentliches Register

Die Eintragung in ein **öffentliches Register** ist dann vorgeschrieben, wenn die Allgemeinheit ein anerkanntes Interesse daran hat, sich über bestimmte rechtliche Sachverhalte informieren zu können. So informiert z.B. das **Handelsregister** darüber, was der Zweck einer Aktiengesellschaft ist, oder das **Grundbuch** darüber, wer die Eigentümerin bzw. der Eigentümer einer bestimmten Liegenschaft ist.

A E-Aufgaben 2 und 3

7.1.3 Einhaltung von Inhaltsvorschriften

Art. 19 Abs. 1 OR

Grundsätzlich ist beim Vertragsabschluss kein bestimmter Inhalt vorgeschrieben, d.h., es gilt der Grundsatz der Inhaltsfreiheit. Die folgenden Ausnahmen sind zu beachten:

Art. 20 Abs. 1 OR

Der Vertragsinhalt darf nicht **unmöglich** (z.B. Verkauf einer bereits vernichteten Sache), **rechtswidrig** (z.B. Drogenschmuggel) oder **unsittlich** (nicht widerrechtlich, jedoch gegen Anstandsregeln verstossend) sein.

Art. 20 Abs. 2 OR

Verträge mit nur teilweise unzulässigem Inhalt sind bezüglich der zulässigen Inhalte gültig, wenn sie von den Parteien auch ohne den unzulässigen Inhalt abgeschlossen worden wären.

Beispiel Drei voneinander unabhängige Bilder werden in einer Galerie gekauft, wobei eines davon schon vorher ohne Wissen des Galeristen vernichtet wurde. Der Kaufvertrag für die beiden noch vorhandenen Bilder kommt zustande.

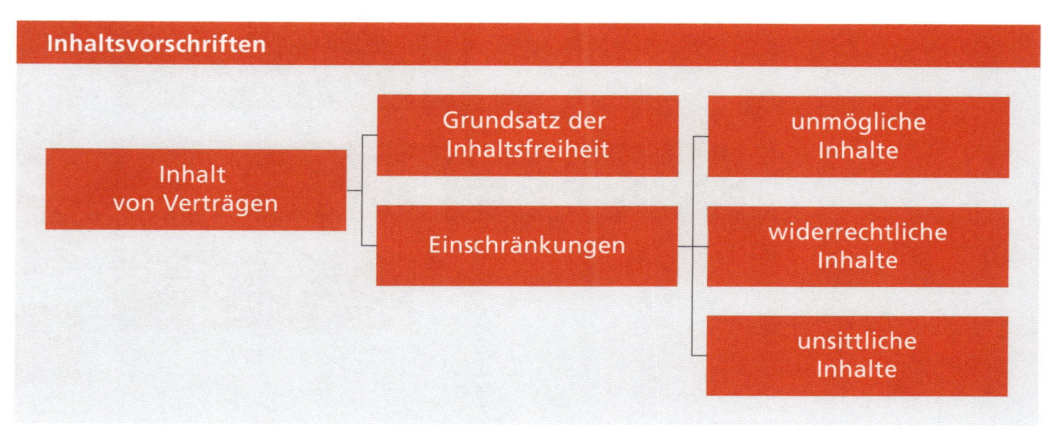

Inhaltsvorschriften

Inhalt von Verträgen
- Grundsatz der Inhaltsfreiheit
- Einschränkungen
  - unmögliche Inhalte
  - widerrechtliche Inhalte
  - unsittliche Inhalte

A E-Aufgabe 4, W-Aufgaben 5 bis 7

7.2 Vertragsmängel: Nichtigkeit und Anfechtbarkeit

Einführungsfall Leandra Sauber kauft bei der AUTO-DISCOUNT AG einen 10-jährigen Gebrauchtwagen für CHF 9900. Die Käuferin legt Wert darauf, einen Wagen mit nicht allzu vielen Kilometern zu kaufen. Beim ersten Service nach einem halben Jahr stellt der Mechaniker fest, dass der Kilometerstand durch die AUTO-DISCOUNT AG absichtlich von 260 000 auf 60 000 Kilometer manipuliert worden war, um einen höheren Preis verlangen zu können. Das Fahrzeug hatte beim Kauf einen tatsächlichen Wert von lediglich CHF 1000.
Kann Leandra Sauber das Auto ein halbes Jahr nach dem Kauf noch zurückgeben und den Kaufpreis zurückverlangen?

Sind alle vier Tatbestandsmerkmale (Handlungsfähigkeit der Vertragsparteien, übereinstimmende gegenseitige Willensäusserung, Einhaltung von Form- und Inhaltsvorschriften) erfüllt, ist ein gültiger Vertrag mit entsprechenden Rechten und Pflichten für die betroffenen Vertragsparteien entstanden. Fehlen jedoch einzelne, mehrere oder sogar alle Tatbestandsmerkmale, so spricht man von einem **nichtigen Vertrag**, was bedeutet, dass gar nie ein Vertrag entstanden ist. Der entsprechende Mangel (z. B. die Handlungsunfähigkeit einer Vertragspartei) ist rechtlich derart gravierend, dass er als «unheilbar» gilt. Bereits erfolgte Leistungen sind als ungerechtfertigte Bereicherung zurückzuerstatten.

→ 6.3
Art. 21–31 OR Davon zu unterscheiden sind «heilbare» Mängel der Vertragsentstehung (**Anfechtungsgründe**). Das sind vier im Gesetz geregelte Fälle, in denen eine Vertragspartei durch den Vertragsabschluss einen bestimmten Nachteil erleidet (Übervorteilung, wesentlicher Irrtum, absichtliche Täuschung und Furchterregung). Die benachteiligte Vertragspartei kann wahlweise den Vertrag nachträglich für ungültig erklären und bereits Geleistetes zurückverlangen (Bereicherungsanspruch). Ohne entsprechende oder bei verspäteter Erklärung (Anfechtung) gilt der Vertrag jedoch, wie wenn er von Anfang an einwandfrei gewesen wäre. Der ursprüngliche Vertragsmangel wird «geheilt».

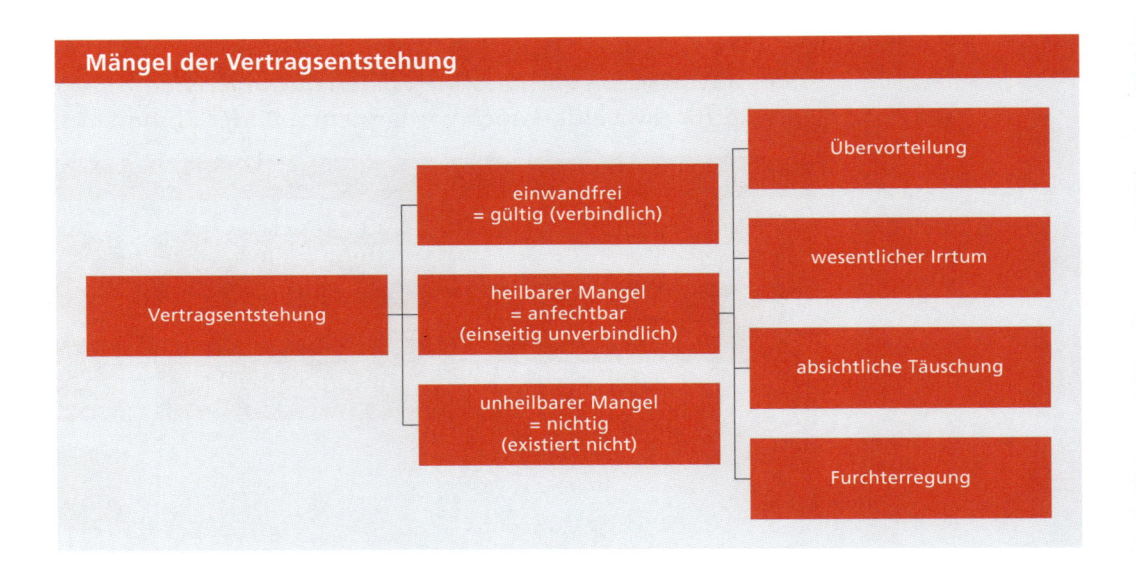

Allgemeine Vertragslehre

Mängel der Vertragsentstehung

Vertragsentstehung
- einwandfrei = gültig (verbindlich)
- heilbarer Mangel = anfechtbar (einseitig unverbindlich)
  - Übervorteilung
  - wesentlicher Irrtum
  - absichtliche Täuschung
  - Furchterregung
- unheilbarer Mangel = nichtig (existiert nicht)

7.2.1 Übervorteilung

Art. 21 OR — Der Begriff **Übervorteilung** bezeichnet die Tatsache, dass eine Partei einen für sie nachteiligen Vertrag vereinbart, weil von der anderen Partei bewusst eine Notlage, Unerfahrenheit oder ein Leichtsinn ausgenutzt (ausgebeutet) wird. Der Nachteil muss in einem offensichtlichen Missverhältnis zwischen Leistung und Gegenleistung bestehen und von der übervorteilten (benachteiligten) Partei spätestens ein Jahr nach Vertragsabschluss geltend gemacht werden.

Beispiel — Weil der Kreditsachbearbeiter einer Bank merkt, dass der ausländische Privatkunde keine Ahnung von den hiesigen Verhältnissen hat, lässt er sich das Vierfache eines üblichen Zinses versprechen.

7.2.2 Wesentlicher Irrtum

Art. 23 OR
Art. 31 OR — Irrt sich eine Partei in einem für den Vertragsabschluss massgebenden Punkt, kann sie den Vertrag innerhalb eines Jahres seit der Feststellung des Irrtums als unverbindlich erklären.

Art. 24 Abs. 1 OR — Die gesetzlich **wesentlichen Irrtümer** werden im OR abschliessend aufgezählt:
Ziffer 1: Irrtum betreffend Vertragsart (z.B. Kaufvertrag statt Mietvertrag)
Ziffer 2: Irrtum betreffend Sache oder Person (z.B. Vertrag mit falschem Arbeitgeber)
Ziffer 3: Irrtum betreffend Leistungsumfang (z.B. Kauf von 100 Gramm statt 100 Kilogramm Gold zum vereinbarten Preis)
Ziffer 4: Irrtum betreffend objektiv wesentlicher Vertragsgrundlage (z.B. gekauftes «Bauland» ist nicht bebaubar)

Art. 24 Abs. 2 OR — Der Irrtum muss **objektiv wesentlich** sein. D.h., auch für die sich nicht irrende Partei muss von Anfang an sichtbar sein, dass der Vertrag ohne Irrtum nicht zustande gekommen wäre. Das ist nicht der Fall, wenn sich der Irrtum auf den (inneren, nicht sichtbaren) Beweggrund zum Vertragsabschluss bezieht (**Motivirrtum**).

Beispiel	Jemand kauft einen Fingerring in der Annahme, dieser gefalle seiner Verlobten. Nun findet die Verlobte diesen Ring aber tatsächlich scheusslich. Der Ring kann trotzdem nicht (gegen den Willen des Verkäufers) zurückgegeben werden (unwesentlicher Motivirrtum).
Art. 24 Abs. 3 OR	Ebenfalls unwesentliche Irrtümer sind Rechenfehler. Ein entsprechender Vertrag gilt mit dem berichtigten Betrag.
Beispiel	Hat der Verkäufer im schriftlichen Vertrag den Preis fälschlicherweise mit 12 Stück mal CHF 6 pro Stück = CHF 60 berechnet, so sind trotzdem CHF 72 zu bezahlen.
Art. 26 Abs. 1 OR	Wenn sich die irrende Partei eigene Fahrlässigkeit vorwerfen lassen muss, hat sie der anderen Partei den Schaden aus dem Wegfallen des Vertrags zu ersetzen.
Beispiel	Ein Händler kauft vom Importeur eine Ware, deren Wiederverkauf verboten ist. Das Verbot gilt in Fachkreisen als allgemein bekannt. Der Händler hätte sich ohne weiteres darüber informieren können, muss sich also mangelhafte Abklärungen vor dem Vertragsabschluss vorwerfen lassen. Wenn er in der Folge wegen wesentlichem Irrtum vom Vertrag zurücktreten will, muss er dem Importeur den entstandenen Schaden (z.B. entgangener Gewinn) ersetzen.

7.2.3 Absichtliche Täuschung

Art. 28 OR Art. 31 OR	Bei einer **absichtlichen Täuschung** wird der Irrtum bewusst durch eine Partei herbeigeführt und die andere Partei gerade dadurch zum Vertragsabschluss verleitet. Die getäuschte Partei kann innerhalb eines Jahres seit der Feststellung der Täuschung vom Vertrag zurücktreten, wobei es keine Rolle spielt, ob der Irrtum wesentlich oder unwesentlich ist.
Lösung Einführungsfall	Im Fall von Leandra Sauber liegt eine absichtliche Täuschung vor, da die Käuferin durch die Manipulation der AUTO-DISCOUNT AG geradezu zum Vertragsabschluss verleitet wurde (Leandra Sauber legte Wert auf einen geringen Kilometerstand). Die Käuferin kann das Fahrzeug zurückgeben und den Kaufpreis zurückfordern.

7.2.4 Furchterregung (Drohung)

Art. 29–31 OR	Eine **Furchterregung** (**Drohung**) liegt vor, wenn jemand einen Vertrag nur deshalb abschliesst, weil er sich begründet um Leib, Leben, Ehre oder Vermögen (der eigenen oder einer nahestehender Personen) fürchtet. Der entsprechende Vertrag ist während eines Jahres seit der Beseitigung der Furcht anfechtbar.
Art. 30 Abs. 2 OR	Ebenfalls widerrechtlich und dadurch anfechtbar sind Verträge, die von der benachteiligten Partei nur deshalb vereinbart werden, weil sie sich davor fürchtet, dass die andere Partei andernfalls ein bestimmtes Recht geltend macht.
Beispiel	Der Arbeitgeber droht, den Arbeitsvertrag seines Mitarbeiters zu kündigen, wenn dieser nicht den teuren Mietvertrag für eine kleine Wohnung unterzeichnet.

Allgemeine Vertragslehre

7.2.5 Übersicht: Gültige und ungültige Vertragsentstehung

Der mangelfreie, d.h. gültige Vertragsabschluss führt zum vorbehaltlosen, zweiseitig verbindlichen Vertrag. Vom mangelhaften, d.h. ungültigen Vertragsabschluss spricht man, wenn der Vertrag wegen fehlenden Voraussetzungen gar nie zustande gekommen ist (Nichtigkeit) oder Anfechtungsgründe zu einer einseitigen Unverbindlichkeit des an sich entstandenen Vertrags führen. Wurden bei nichtigen oder erfolgreich angefochtenen Verträgen bereits Leistungen ausgetauscht, können diese grundsätzlich (als ungerechtfertigte Bereicherung) zurückgefordert werden.

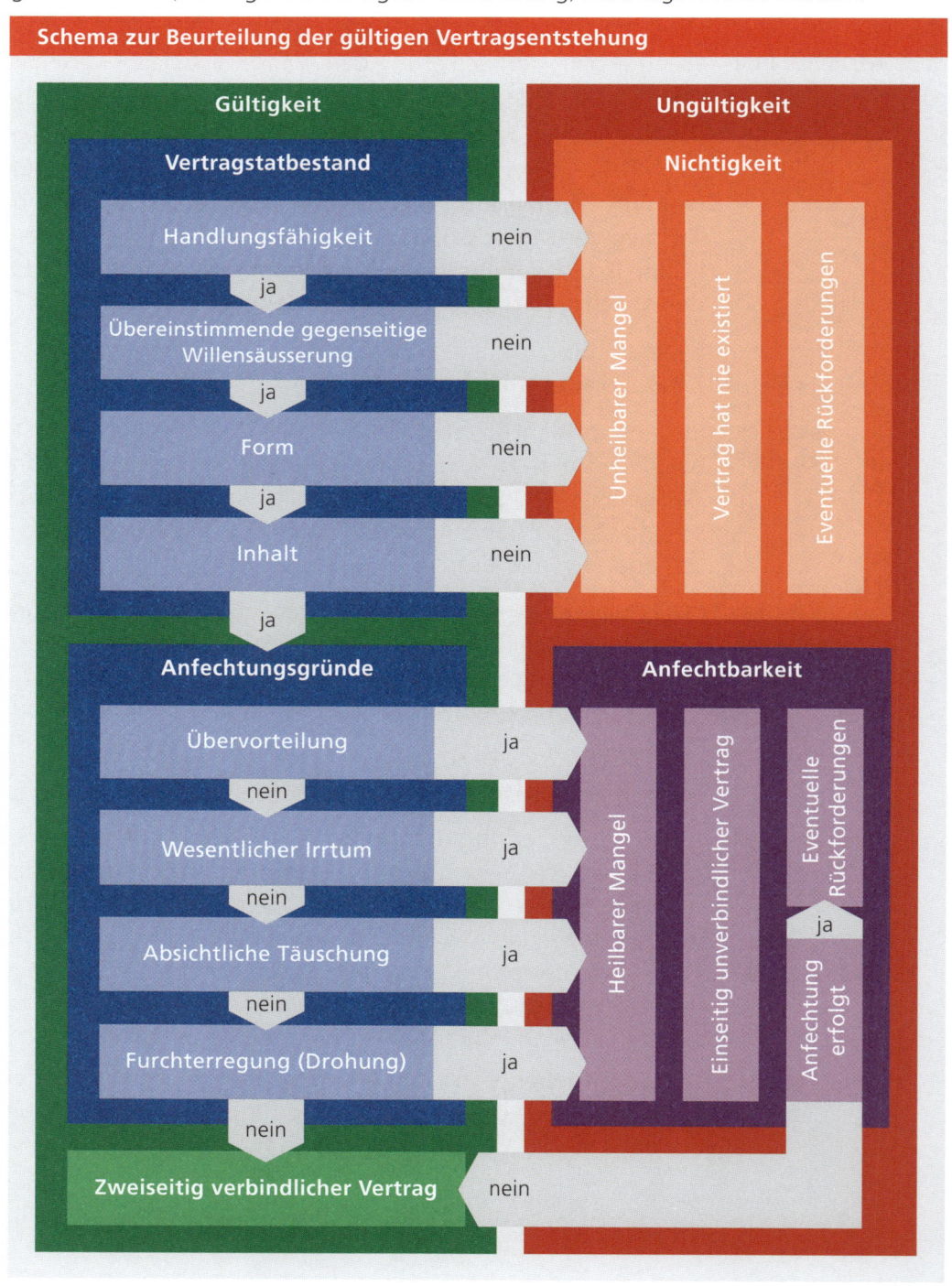

Schema zur Beurteilung der gültigen Vertragsentstehung

Gültigkeit		Ungültigkeit
Vertragstatbestand		**Nichtigkeit**
Handlungsfähigkeit	nein →	Unheilbarer Mangel / Vertrag hat nie existiert / Eventuelle Rückforderungen
ja ↓		
Übereinstimmende gegenseitige Willensäusserung	nein →	
ja ↓		
Form	nein →	
ja ↓		
Inhalt	nein →	
ja ↓		
Anfechtungsgründe		**Anfechtbarkeit**
Übervorteilung	ja →	Heilbarer Mangel / Einseitig unverbindlicher Vertrag / Eventuelle Rückforderungen
nein ↓		
Wesentlicher Irrtum	ja →	
nein ↓		
Absichtliche Täuschung	ja →	
nein ↓		
Furchterregung (Drohung)	ja →	
nein ↓		
Zweiseitig verbindlicher Vertrag	← nein	Anfechtung erfolgt ja

A E-Aufgaben 8 und 9, W-Aufgaben 10 und 11

7.3 Vertragserfüllung

Einführungsfall

Werner Beyeler lässt beim berühmten Kunstmaler Rolf Fuss ein Porträt malen. Da es sich bei Rolf Fuss um einen äusserst renommierten Künstler handelt, ist Werner Beyeler bereit, das Doppelte des üblichen Preises zu bezahlen. In der Folge ist Rolf Fuss sehr stark überlastet, sodass er seinen langjährigen Schüler Benjamin Grün anweist, das Bild anzufertigen. Als Werner Beyeler das fertige Bild sieht, gefällt es ihm zwar sehr, aber er ist nicht damit einverstanden, dass Benjamin Grün es gemalt hat.
Kann Werner Beyeler verlangen, dass Rolf Fuss persönlich das Bild anfertigt?

Bei der korrekten **Erfüllung von Verträgen** geht es im Wesentlichen um die vier folgenden Fragen:
- Wer muss etwas leisten (welche Person)?
- Was ist der Inhalt/Gegenstand der Leistung?
- Wo muss die Leistung erbracht werden (an welchem Ort)?
- Wann muss die Leistung erfolgen (zu welcher Zeit)?

→ 4.1

Das Obligationenrecht enthält zu diesen Erfüllungsfragen allgemeine Bestimmungen, die zur Anwendung kommen, sofern die Vertragsparteien nichts anderes vereinbart haben und sofern es keine besonderen Bestimmungen dazu gibt. Die allgemeinen gesetzlichen Erfüllungsregeln sind folglich dispositiv.

7.3.1 Person (WER?)

Art. 68 OR

Grundsätzlich muss der Schuldner einen Vertrag nicht persönlich erfüllen, sondern jemand anderes kann das für ihn tun. So muss es etwa dem Gläubiger egal sein, ob der Schuldner CHF 500 persönlich überweist oder das durch seine Ehefrau (von ihrem eigenen Geld) erledigen lässt. Wenn es aber darauf ankommt, dass der Schuldner den Vertrag persönlich erfüllt, weil es sich aus der Natur des Vertrags oder aus der Vereinbarung ergibt, ist er dazu verpflichtet (z.B. dass der Facharzt und nicht sein Assistent die Diagnose stellt).

Lösung Einführungsfall

Im Fall von Werner Beyeler muss der Kunstmaler Rolf Fuss die vertragliche Leistung persönlich erbringen, da es dem Besteller (Werner Beyeler) offensichtlich darauf ankommt (und es liegt auch in der Natur der Sache), dass der berühmte Künstler selbst und nicht sein (unbekannter) Schüler das Bild anfertigt. Ansonsten wäre Werner Beyeler kaum bereit, den doppelten Preis zu bezahlen.

7.3.2 Inhalt der Leistung (WAS?)

→ Kapitel 6

Was genau Inhalt der vertraglichen Leistung ist, ergibt sich in erster Linie aus der Vereinbarung. Wie bereits weiter vorne dargelegt, kann die Obligation in einem Tun, einem Dulden oder auch in einem Unterlassen bestehen.

Art. 71 OR

Wo eine Auswahl aus gleichwertiger, vertretbarer Ware (**Gattungsware**/Massenware wie z.B. Getreide, Kopfsalate, neue Autos) zu treffen ist, steht diese gemäss Gesetz dem Schuldner zu. In der Praxis überlässt der Schuldner in der Regel die Auswahl freiwillig dem Gläubiger. So nimmt etwa der Kunde im Einkaufscenter selbst das Brot aus dem Regal.

Art. 84 Abs. 1 OR

Geldschulden sind in Schweizer Franken (gesetzliches Zahlungsmittel) zu bezahlen.

Allgemeine Vertragslehre

7.3.3 Ort (WO?)

Art. 74 Abs. 1 OR Grundsätzlich geht aus dem Willen der Vertragsparteien oder aus den Umständen hervor, an welchem Ort eine Leistung zu erbringen ist.

Art. 74 Abs. 2 OR Wo diesbezüglich keine Rückschlüsse möglich sind, ist der gesetzliche Erfüllungsort von der Art der Leistung abhängig. Art. 74 Abs. 2 OR unterscheidet drei Fälle:

Ziffer 1: Geldschulden sind am Wohnsitz (Domizil) des Gläubigers zu zahlen (Bringschulden). Die Überweisung auf ein entsprechendes Konto des Gläubigers gilt als korrekte Erfüllung.

Ziffer 2: Wird eine individuelle, nicht vertretbare Sache (**Speziesware**/Einzelstück, z.B. gebrauchte Gegenstände, Kunstwerke, Sonderanfertigungen) geschuldet, ist diese vom Gläubiger an dem Ort zu holen, an dem sie sich beim Vertragsabschluss befand (Holschulden).

Ziffer 3: Vertretbare Sachschulden (Gattungsware) – das Gesetz spricht von «anderen Verbindlichkeiten» – sind vom Gläubiger am Wohnsitz (Domizil) des Schuldners zu holen (Holschulden).

7.3.4 Zeit (WANN?)

Art. 75 OR
Art. 82 OR Wo die Vertragsparteien keine Erfüllungszeit vereinbart haben und keine besonderen Bestimmungen dazu existieren, kann die Erfüllung sofort beim Vertragsabschluss durch den Schuldner geleistet und auch vom Gläubiger gefordert werden. Den vereinbarten oder gesetzlichen Erfüllungszeitpunkt bezeichnet man allgemein mit dem Begriff «**Fälligkeit**». Bei Verträgen mit gegenseitiger (sofortiger) Leistungspflicht (**zweiseitige Verträge**) kann die Leistung nur fordern, wer gleichzeitig auch die eigene Leistung anbietet.

Art. 78/79 OR Fällt ein vereinbarter Erfüllungszeitpunkt auf einen Sonn- oder Feiertag, so gilt als Termin der nächste Werktag, an dem während der üblichen Geschäftszeiten (z.B. Ladenöffnungs- oder Bürozeiten) die Leistung korrekt erbracht werden kann.

A E-Aufgaben 12 und 13, W-Aufgaben 14 und 15

7.4 Vertragsverletzungen

Art. 97 Abs. 1 OR Erfolgt die Leistung durch den Schuldner nicht richtig (**Schlechterfüllung** nach Massgabe der vereinbarten oder gesetzlichen Erfüllungsregeln), so hat er dem Gläubiger grundsätzlich den daraus entstandenen Schaden zu ersetzen. Von der Schadenersatzpflicht kann sich der Schuldner befreien, wenn er beweist, dass ihn kein Verschulden (Absicht oder Fahrlässigkeit) trifft.

Beispiel *Ein Elektriker hat nachweislich alle erforderlichen Vorsichtsmassnahmen getroffen. Trotzdem kommt es zu einem Kurzschluss.*

Bleibt die Erfüllung zur vereinbarten oder gesetzlichen Zeit völlig aus, sind zwei Fälle zu unterscheiden: der **Schuldnerverzug** und die **nachträgliche Unmöglichkeit**.

Art. 103 Abs. 1 OR Beim Schuldnerverzug ist die nachträgliche (verspätete) Leistung noch möglich. Der Gläubiger hat wie bei der Schlechterfüllung Anspruch auf Schadenersatz und ergänzend dazu bestimmte Wahlrechte, auf die weiter hinten beim Kaufvertrag eingegangen wird. Insbesondere kann er wählen, ob er die Leistung des Schuldners überhaupt noch will oder nicht. Der Schuldner seinerseits hat wie bei der Schlechterfüllung die Möglichkeit, einen Befreiungsbeweis zu erbringen.

➔ 8.3

Art. 97 Abs. 1 OR	Ebenfalls Schadenersatzfolgen hat die nachträgliche Unmöglichkeit der Leistung, die vom Schuldner zu verantworten ist (z.B. die einmalige Kaufsache wird vom Verkäufer absichtlich zerstört).
Art. 119 Abs. 1 OR	Bei der nachträglichen und vom Schuldner nicht zu verantwortenden Unmöglichkeit der Leistung wird dieser von der Schadenersatzpflicht und auch von der Leistungspflicht selbst befreit.
Beispiel	Nachdem einem deutschen Staatsbürger ein Stück Bauland bereits versprochen wurde, verbietet ein neues Gesetz den Verkauf von Schweizer Bauland an Ausländer.

Davon zu unterscheiden ist die anfängliche Unmöglichkeit einer Vertragsleistung mit den entsprechenden Nichtigkeitsfolgen.

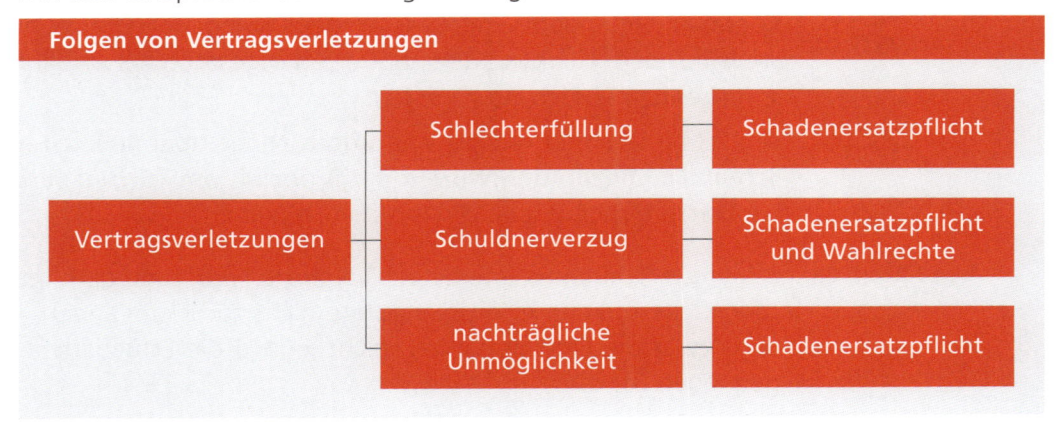

Folgen von Vertragsverletzungen

- Vertragsverletzungen
  - Schlechterfüllung — Schadenersatzpflicht
  - Schuldnerverzug — Schadenersatzpflicht und Wahlrechte
  - nachträgliche Unmöglichkeit — Schadenersatzpflicht

A E-Aufgabe 16, W-Aufgabe 17

7.5 Verjährung von Obligationen

Einführungsfall Vor vier Jahren hatte sich Pamela Weiss vom Zahnarzt Pius Zach einen faulen Zahn ziehen lassen. Erst heute, vier Jahre später, liegt die Rechnung des Zahnarztes für die damalige Behandlung im Briefkasten von Pamela Weiss, lautend auf CHF 430. Muss Pamela Weiss die Rechnung nach so langer Zeit noch bezahlen?

Nach einer bestimmten Zeit verlieren Forderungen ihre Erzwingbarkeit durch den Gläubiger. Diese Wirkung wird als **Verjährung** bezeichnet und ist rechtlich nötig, damit Schuldner nicht auf unbestimmte Zeit beweisen müssen, dass sie ihren Verpflichtungen nachgekommen sind, also z.B. eine Rechnung bereits bezahlt haben. Folglich sollten entsprechende Beweismittel (Belege) bis zum Eintritt der Verjährung aufbewahrt werden.

7.5.1 Verjährungsfristen

Art. 127 OR	Für alle Forderungen, die nicht einer Ausnahmeregelung unterliegen, beträgt die Verjährungsfrist zehn Jahre (Grundsatz).
Art. 128 OR	Die verkürzte Frist von fünf Jahren gilt für eine Reihe im Art. 128 OR abschliessend aufgelisteter Ausnahmen. Die wichtigsten sind: Ziffer 1: Bezahlung von Zinsen und anderen wiederkehrenden Leistungen Ziffer 2: Bezahlung von Lebensmitteln, Essen und Trinken im Restaurant Ziffer 3: Bezahlung von Handwerkern, Ärzten, Anwälten, Notaren, Arbeitnehmern sowie von Waren-Kleinverkäufen (an Konsumenten)

Allgemeine Vertragslehre

→ 6.2 und 6.3 Bereits drei Jahre nach ihrer Feststellung verjähren Schadenersatzforderungen aus unerlaubter Handlung sowie aus ungerechtfertigter Bereicherung.

→ 7.6
→ 4. Semester Kapitel 14
Ausnahmsweise sind Forderungen unverjährbar, wenn sie etwa grundpfandgesichert sind (z.B. Hypothekarkredite) oder wenn es sich um Erbteilungsansprüche oder als Sicherheit hinterlegte Geldbeträge (Kaution) handelt.

Lösung Einführungsfall
> Im Fall von Pamela Weiss handelt es sich um eine Forderung aus ärztlicher Besorgung gemäss Art. 128 Ziffer 3 OR, welche nach fünf Jahren verjährt. Pamela Weiss muss folglich die Rechnung des Zahnarztes auch vier Jahre nach der Behandlung noch bezahlen.

Art. 129 OR
Art. 130 Abs. 1 OR
Art. 75 ff. OR
Die gesetzlichen Verjährungsfristen bei den allgemeinen Bestimmungen des OR können nicht anders vereinbart werden (zwingend). Die Verjährungsfrist beginnt jeweils mit der Fälligkeit (vereinbarter oder gesetzlicher Erfüllungszeitpunkt) der entsprechenden Forderung zu laufen.

Beispiel *Am 5. März kommt es zum Vertragsabschluss über 5000 Liter Heizöl, lieferbar am 4. Mai. Die Bezahlung wird vom Käufer bis am 16. Juni versprochen. Die Verjährungsfrist der Geldschuld startet am 16. Juni.*

Art. 63 Abs. 2 OR Erfüllt ein Schuldner eine bereits verjährte Forderung (z.B. im Unwissen der Verjährungsfristen), kann er das Geleistete nicht zurückverlangen, weil durch die Verjährung zwar die Erzwingbarkeit, nicht jedoch die Erfüllbarkeit der Obligation untergegangen ist.

7.5.2 Hinderung, Stillstand und Unterbrechung

Art. 134 OR Während eines besonderen Abhängigkeitsverhältnisses zwischen Schuldner und Gläubiger (z.B. zwischen Kindern und ihren Eltern oder auch zwischen Ehepartnern) beginnt die Verjährung nicht (**Hinderung**) beziehungsweise steht still, wenn sie vorher schon begonnen hat (**Stillstand**). Erst wenn das Abhängigkeitsverhältnis beendet ist (z.B. durch die Auflösung der Ehe bei Ehepartnern), beginnt die Verjährung bzw. wird sie fortgesetzt.

Beispiel *Während der Ehe gibt die Ehefrau ihrem Ehemann ein Darlehen für die Tilgung persönlicher Schulden, die er schon vor der Ehe hatte. Nach 15 Jahren wird die Ehe geschieden. Die Verjährung der Darlehensschuld beginnt erst jetzt zu laufen.*

Art. 135/137 OR
→ 7.6
→ 4. Semester Kapital 12
Davon zu unterscheiden ist die **Unterbrechung** der Verjährung durch bestimmte Rechtsgeschäfte: so etwa wenn der Schuldner eine Zins- oder Teilzahlung macht, eine Sicherheit hinterlegt (Pfand), einen Ersatzschuldner verpflichtet (Bürgschaftsvertrag), eine Klage einreicht oder seine Zahlungsunfähigkeit erklärt. Der Gläubiger unterbricht die Verjährung z.B. durch eine Klage oder die Einleitung einer Schuldbetreibung (amtliches Zwangsverfahren). Durch die Unterbrechung beginnt die Frist von neuem (also bei null) zu laufen. Die Unterbrechung dient dem Gläubigerschutz.

A E-Aufgaben 18 und 19, W-Aufgaben 20 und 21

7.6 Sicherung der Vertragserfüllung

Dem Gläubiger stehen verschiedene Mittel zur Verfügung, mit deren Hilfe er seine rechtliche Position gegenüber dem Schuldner verbessern kann (**Sicherungsmittel**). Die Nicht- oder Schlechterfüllung einer vertraglichen Leistung kann auf diese Weise zwar nicht immer verhindert werden. Aber mindestens die daraus entstehenden negativen Folgen werden für den Gläubiger gemildert.

Realsicherheiten bestehen aus sichergestellten Geld- oder Sachleistungen. **Personalsicherheiten** dagegen sind von der Zahlungsfähigkeit des Schuldners oder einer anderen Person abhängig.

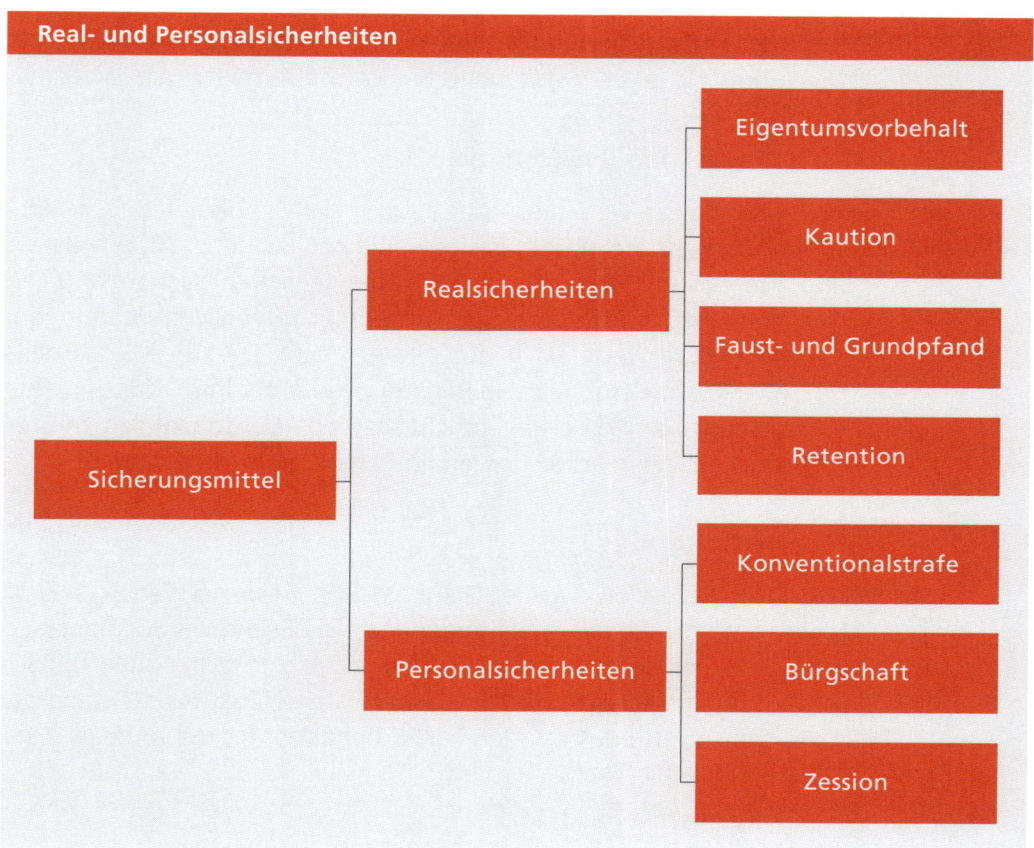

Real- und Personalsicherheiten

- Sicherungsmittel
  - Realsicherheiten
    - Eigentumsvorbehalt
    - Kaution
    - Faust- und Grundpfand
    - Retention
  - Personalsicherheiten
    - Konventionalstrafe
    - Bürgschaft
    - Zession

Sicherungsmittel sind in der Regel zusätzliche Vereinbarungen, also ihrerseits Verträge, die als Ergänzung zum Hauptvertrag verabredet werden müssen. Welches Sicherungsmittel im konkreten Fall zur Anwendung kommt, hängt vom abzusichernden Hauptvertrag ab. Entsprechend folgen weitere Ausführungen dazu auch weiter hinten bei den jeweiligen Hauptverträgen.

Allgemeine Vertragslehre

Eigentumsvorbehalt

→ 8.2 Bei dieser Vereinbarung, in der Regel zwischen Käufer und Verkäufer, geht das Eigentum an einer Kaufsache ausnahmsweise erst auf den Käufer über, wenn dieser den ganzen Preis bezahlt hat. Wenn der Kaufpreis nicht wie vereinbart bezahlt wird, kann die Kaufsache vom Verkäufer zurückverlangt werden, was ohne Eigentumsvorbehalt grundsätzlich nicht möglich ist.

Kaution

→ 3. Semester Kapitel 9 Der Schuldner hinterlegt gemäss Vereinbarung auf einem Sperrkonto einen Geldbetrag (**Kaution/Depot**), auf den der Gläubiger bei einer Vertragsverletzung Zugriff hat. Auf diese Weise sichert etwa der Vermieter die Mietzinszahlungen des Mieters.

Faust- und Grundpfand

→ 4. Semester BWZ Kapitel 9 Bei dieser Vereinbarung übergibt der Schuldner dem Gläubiger eine verwertbare Sache als Sicherheit. Bei beweglichen Sachen (z. B. ein wertvolles Gemälde) spricht man vom **Faustpfand,** bei unbeweglichen Sachen (z. B. eine Liegenschaft) vom **Grundpfand.** Kommt der Schuldner seinen Verpflichtungen nicht nach, wird sein Pfand verwertet, d. h. zu Geld gemacht. Derartige Sicherheiten sind üblich bei Darlehensforderungen von Banken gegenüber ihren Kunden. Bei Darlehen gegen Wertpapiere als Sicherheit spricht man von **Lombardkrediten**, bei Darlehen gegen Liegenschaften als Sicherheit von **Hypothekarkrediten**.

Retention

Art. 895 ZGB Die Retention darf der Gläubiger von Gesetzes wegen (also ohne Vereinbarung) geltend machen. Der Gläubiger darf eine Sache des Schuldners, die im Zusammenhang mit der geschuldeten Leistung steht, zurückbehalten (nicht verwerten), bis dieser korrekt geleistet hat. So darf etwa eine beauftragte Reparaturwerkstätte das reparierte Auto des Kunden zurückbehalten, bis dieser bezahlt hat.

Konventionalstrafe

Bei einer Vertragsverletzung muss der Schuldner einen vorgängig vereinbarten, aber noch nicht sichergestellten Geldbetrag bezahlen. So sanktioniert z.B. ein Bauherr jeden Tag, mit dem sich der Erbauer eines Mehrfamilienhauses mit dessen Fertigstellung verspätet, mit einer Strafe von CHF 10 000 (ohne dass ein entsprechender Schaden bewiesen werden muss).

Bürgschaft

→ 4. Semester BWZ Kapitel 9 Beim Bürgschaftsvertrag verspricht ein Ersatzschuldner (**Bürge**) dem Gläubiger, im Falle der Zahlungsunfähigkeit des Hauptschuldners für diesen zu leisten. Mit Bürgschaften lassen sich z.B. Banken die Kreditrückzahlung von ihren Kunden absichern.

Zession (Forderungsabtretung)

Art. 164 OR Bei der Zession tritt der Schuldner seine eigenen Kundenforderungen seinem Gläubiger ab. Diese Verabredung zwischen Schuldner und Gläubiger kann grundsätzlich ohne Einwilligung der Kunden erfolgen und ist z.B. üblich bei der Kreditrückzahlung gegenüber Banken.

A E-Aufgaben 22 bis 24, W-Aufgaben 25 und 26

Leistungsziele

1.5.3.4 Allgemeine Vertragslehre

- Ich beschreibe die Funktion und die Wirkung von Sicherungsmitteln für Verträge.
- Ich löse einfache Rechtsfälle zur Entstehung und Erfüllung von Verträgen. Dabei erläutere ich die folgenden Aspekte:
    - Entstehung (Vertragsfähigkeit der Parteien; Formvorschriften; Willensübereinstimmung: Antrag/Annahme/Widerruf; Vertragsinhalt)
    - Vertragsmängel (Übervorteilung; wesentlicher Irrtum; absichtliche Täuschung; Furchterregung)
    - Nichtigkeitsgründe
    - Erfüllung (Gegenstand, Ort, Zeit)
    - Nicht-/Schlechterfüllung
    - Verjährung und Verjährungsfristen

Allgemeine Vertragslehre

E 7.1 Voraussetzungen der Vertragsentstehung

1. Willensäusserung – Antrag und Annahme

Ist in den folgenden Sachverhalten a) bis f) durch die rechtzeitige Annahme eines verbindlichen Angebots ein Vertrag zustande gekommen? Begründen Sie Ihre Antwort mit dem massgebenden Gesetzesartikel inklusive Absatz.

a) Lea Joller bietet Riana Kählin in der Deutschlektion ihren Taschenrechner für CHF 30 an. In der nächsten Pause willigt Riana ein.

☐ ja ☐ nein Artikel: _____

b) Serge Meier offeriert Thomas Huber schriftlich sein Auto für CHF 5000, ohne eine Bedenkzeit zu nennen. Zwei Tage später teilt Huber dem Meier mit, dass er das Auto kaufen möchte, aber nur zum Preis von CHF 4000.

☐ ja ☐ nein Artikel: _____

c) Das Modehaus RONJA AG teilt Johanna Wille mit, dass das von ihr aus dem Versandkatalog bestellte Kleid leider nicht mehr lieferbar sei.

☐ ja ☐ nein Artikel: _____

d) Ohne ein Wort zu sagen löst Franz Kunz am Automaten eine Fahrkarte von Bern nach Solothurn.

☐ ja ☐ nein Artikel: _____

e) Metzger Paul Hirt hat seinem Stammkunden, dem Restaurant SONNE, in einem persönlichen Schreiben «Jubiläumswürste zum Preis von CHF 2.50 pro Stück» ohne Angabe einer Frist angeboten. Das Restaurant SONNE bestellt einen Monat später 100 Würste.

☐ ja ☐ nein Artikel: _____

f) Bernhard Leu kauft bei einem Versandhaus eine Jeans für CHF 100 via Bestellformular. Das Versandhaus schickt die Hose umgehend, die Rechnung lautet jedoch auf CHF 130. Bernhard Leu überweist den Betrag von seinem Bankkonto.

☐ ja ☐ nein Artikel: _____

2. Einhaltung von Formvorschriften

Geben Sie für die folgenden Rechtsgeschäfte genau an, welcher Gesetzesartikel im OR bzw. ZGB welche Vertragsform vorschreibt.

Rechtsgeschäft	Gesetzesartikel	Vertragsform
Einzelarbeitsvertrag		
Ehevertrag		
Lehrvertrag		
Grundstückkauf		
Erbvertrag		

3. Einhaltung von Formvorschriften

Umschreiben Sie allgemein die einfache und die qualifizierte Schriftlichkeit sowie die öffentliche Beurkundung.

....

....

....

....

....

4. Einhaltung von Inhaltsvorschriften

Beschreiben Sie für die drei folgenden Sachverhalte, inwiefern die Inhaltsvorschriften verletzt wurden.

Sachverhalt	Verletzung
Verkauf einer Zugreise von Bern nach Milano für CHF 175, versprochene Reisedauer eine halbe Stunde.	
Es stellt sich heraus, dass die zu liefernden Automaten laut Gesetz nicht in die Schweiz importiert werden dürfen.	
Der Chefdesigner eines Automobilherstellers verspricht bei Stellenantritt, dass er bei einer allfälligen Vertragsauflösung nie für einen anderen Automobilhersteller arbeiten wird.	

Allgemeine Vertragslehre

W 7.1 Voraussetzungen der Vertragsentstehung

5. Vertragsentstehung – fehlende Tatbestandsmerkmale

Kreuzen Sie bei den folgenden Sachverhalten das jeweils problematische Tatbestandsmerkmal an und begründen Sie Ihren Entscheid in Stichworten.

HV = Handlungsfähigkeit der Vertragsparteien
ÜW = Übereinstimmende gegenseitige Willensäusserung
FV = Formvorschriften
IV = Inhaltsvorschriften

Sachverhalt	HV	ÜW	FV	IV
Herbert Otth bietet Damian Merz einen Gebrauchtwagen für CHF 4500 an. Damian Merz ist noch unschlüssig. Begründung:	☐	☐	☐	☐
Der Fahrradhändler Viktor Kalbermatten verkauft einem 12-jährigen Mädchen ein Velo per Handschlag. Begründung:	☐	☐	☐	☐
Der betrunkene Dino Hartmann schliesst mit Ursina Berner einen schriftlichen Arbeitsvertrag mit einem Stundenlohn von CHF 25 ab. Begründung:	☐	☐	☐	☐
Lukas Totti und Klaus Amiet schliessen einen schriftlichen Vertrag über die Aufteilung ihres gemeinsamen Diebesgutes ab. Begründung:	☐	☐	☐	☐
Weil die schriftliche Bestellung schlecht lesbar ist, meint Kuno Gertsch 2 Tonnen Seelachs anstatt 2 Kilogramm Thunfisch liefern zu müssen. Begründung:	☐	☐	☐	☐
Der todkranke Werner Grau flüstert seinem Sohn auf dem Sterbebett zu, dass er CHF 50 000 erben soll. Begründung:	☐	☐	☐	☐

6. Verletzung von Inhaltsvorschriften im Sachverhalt

Letzte Woche wurden Sie ohne eigenes Verschulden in einen Verkehrsunfall mit Leo Lusch verwickelt. Lusch hatte ein Rotlicht überfahren. Es wurde zum Glück niemand verletzt. Als Sie die Polizei benachrichtigen wollten, versprach Ihnen Lusch, nächste Woche CHF 500 auf Ihr Bankkonto zu überweisen, wenn Sie darauf verzichten würden. Er hatte Angst vor einer Strafanzeige mit Bussenfolge. Sie erklärten sich damit einverstanden. Einen Monat später jedoch ist der vereinbarte Betrag immer noch nicht überwiesen. Sie wollen Lusch in der Folge dazu zwingen, das Geld zu überweisen. Davon will der nichts mehr wissen.

Lösen Sie zum Sachverhalt die folgenden Aufgaben.

a) Welcher Gesetzesartikel inklusive Absatz ist massgebend für die Frage, ob die Vereinbarung zwischen Leo Lusch und Ihnen inhaltlich in Ordnung ist oder nicht?

....

b) Kreuzen Sie an, ob die Vereinbarung unmöglich, widerrechtlich oder unsittlich ist. Begründen Sie Ihren Entscheid.

☐ unmöglicher Inhalt   ☐ widerrrechtlicher Inhalt   ☐ unsittlicher Inhalt

Begründung:

....

....

c) Welche konkrete Rechtsfolge ergibt sich aus Ihrem Entscheid im Punkt b?

....

....

7. Sachverhalt

In einem Zeitungsinserat, dem die E-Mail-Adresse des Anbieters zu entnehmen ist, werden neue Taschenrechner der Marke SCHNELL für CHF 27 angeboten. Hanna Emsig bestellt am nächsten Tag per E-Mail ein Exemplar ohne Angabe einer Frist.

Kreuzen Sie an, ob die nachfolgenden Aussagen bezogen auf den Sachverhalt richtig oder falsch sind. Falsche Aussagen berichtigen Sie auf der leeren Zeile.

R	F	Aussage
☐	☐	Das Zeitungsinserat ist ein unverbindliches Angebot.
☐	☐	Falls Hanna Emsig volljährig und urteilsfähig ist, ist sie auch vertragsfähig.
☐	☐	Hanna Emsigs Bestellung gilt als unbefristetes Angebot unter Abwesenden.

Allgemeine Vertragslehre

R	F	Aussage
☐	☐	Hanna kann ihre Bestellung widerrufen, falls ihre Mitteilung spätestens einen Tag nach der Bestellung beim Anbieter eintrifft.
☐	☐	Die schriftliche Bestellung ist notwendige Voraussetzung der Vertragsentstehung.
☐	☐	Wenn sich herausstellt, dass die angebotenen Taschenrechner vom Verkäufer gestohlen wurden, dann ist ein entsprechender Kaufvertrag nichtig.

E 7.2 Vertragsmängel: Nichtigkeit und Anfechtbarkeit

8. Anfechtungsgründe

Beurteilen Sie für die folgenden Sachverhalte, ob der Vertrag gültig oder anfechtbar ist. Bei anfechtbaren Verträgen kreuzen Sie den entsprechenden Grund an. Begründen Sie alle Entscheide.

WI = Wesentlicher Irrtum   AT = Absichtliche Täuschung   FE = Furchterregung   ÜV = Übervorteilung
GV = Gültiger Vertrag

Sachverhalt	Anfechtbarer Vertrag				GV
	WI	AT	FE	ÜV	
a) Benno Baumann hat ein Stück Land gekauft, um darauf ein Einfamilienhaus zu bauen. Nun stellt sich zur Überraschung aller Beteiligten heraus, dass der sandige Untergrund für eine Bebauung nicht geeignet ist. Begründung:	☐	☐	☐	☐	☐
b) Vor zwei Jahren kaufte Yves Helbling für CHF 12 000 einen Rover als «unfallfreies Fahrzeug». Jetzt stellt ein Fachmann fest, dass der Wagen einen Unfall hatte, der vom Verkäufer verschwiegen wurde. Begründung:	☐	☐	☐	☐	☐
c) Zwei Wochen nach der Trauung möchte Eva Blau ihre Ehe mit Fredi Leisi anfechten, weil er im Haushalt nicht so mithilft, wie sie sich das vorgestellt hatte. Begründung:	☐	☐	☐	☐	☐
d) Weil der Verkäufer beim Verkaufsgespräch wie wild mit den Armen rudert, kauft die eingeschüchterte Erna Bleiker gleich zwei Staubsauger vom Typ ULTRA. Begründung:	☐	☐	☐	☐	☐

Sachverhalt	Anfechtbarer Vertrag				GV
	WI	AT	FE	ÜV	
e) Nachdem er vor 10 Tagen einen Kredit zu 7% Jahreszins aufgenommen hat, könnte Karl Ulmer denselben Betrag bei einer anderen Bank für nur 5% erhalten. Deshalb möchte er vom teureren Kreditvertrag zurücktreten. Begründung:	☐	☐	☐	☐	☐
f) Hassan Güllür, der deutschen Sprache nicht mächtig und erst seit einer Woche in der Schweiz, arbeitet 100% für CHF 1000 pro Monat am Fliessband eines Montagebetriebes. Begründung:	☐	☐	☐	☐	☐

9. Anfechtungstatbestände und -folgen

a) Ergänzen Sie das jeweils fehlende Tatbestandsmerkmal gemäss Obligationenrecht.

Übervorteilung	Absichtliche Täuschung	Furchterregung
Art. 21 OR	Art. 28/31 OR	Art. 29–30 OR
Offenbares Missverhältnis	Absichtliche Täuschung	Begründete Furcht
Jahresfrist seit Vertragsabschluss		

b) Welches ist die rechtliche Folge, falls in einem konkreten Fall einer der obigen Tatbestände gegeben ist?

c) Welcher weitere bei Teilaufgabe a) nicht erwähnte Tatbestand führt zu denselben Folgen?

d) Welches ist im Vergleich zur Anfechtbarkeit die rechtliche Folge, wenn eine der Vertragsvoraussetzungen fehlt?

Allgemeine Vertragslehre

e) Erklären Sie in eigenen Worten den Unterschied zwischen «Nichtigkeit» und «Anfechtbarkeit» eines Vertrags.

Nichtigkeit =

Anfechtbarkeit =

W 7.2 Vertragsmängel: Nichtigkeit und Anfechtbarkeit

10. Anfechtungsgrund Irrtum

Entscheiden Sie für die Sachverhalte a) bis e), ob gemäss Obligationenrecht ein wesentlicher oder unwesentlicher Irrtum vorliegt. Die Antwort ist jeweils zu begründen, und der entsprechende Gesetzesartikel ist anzugeben.

a) Ein Teppichgeschäft macht eine verbindliche Offerte: 85 m² zu CHF 44 pro m² = CHF 3470 (statt CHF 3740). Der Käufer nimmt die Offerte kommentarlos an.

☐ wesentlich ☐ unwesentlich Artikel:

Begründung:

b) Eine Verkäuferin verwechselt beim Dekorieren die Preisschilder: Den Preis für den Schal heftet sie an den Nerzmantel und umgekehrt.

☐ wesentlich ☐ unwesentlich Artikel:

Begründung:

c) Linda Schär kauft ein Ballkleid für CHF 600 und führt es am Abend ihrem Mann vor. Da dem Ehegatten die Farbe überhaupt nicht gefällt, will sie das Kleid am anderen Tag in die Boutique zurückbringen.

☐ wesentlich ☐ unwesentlich Artikel:

Begründung:

d) Dieter Meier schliesst am 10. Mai einen Mietvertrag für eine Wohnung ab. Als Mietbeginn ist der 1. Oktober vorgesehen. Als er am 1. Juli vom Vermieter die Wohnungspläne verlangt, stellt er enttäuscht fest, dass es sich bei der betreffenden Wohnung nicht um die schöne Attikawohnung mit Blick auf die Stadt Zürich handelt, die er eigentlich mieten wollte, sondern um die enge, düstere Parterrewohnung.

☐ wesentlich ☐ unwesentlich Artikel:

Begründung:

e) Ein Wirt in Thun kauft einen Geldspielautomaten. Nach der Installation stellt sich heraus, dass dieser Typ Automat im Kanton Bern verboten ist.

☐ wesentlich ☐ unwesentlich   Artikel: ....

Begründung: ....

....

11. Anfechtung im Sachverhalt

Weil der Rocker Silvester Hittmann so bedrohlich aussieht, kauft August Hase dessen alte Lederjacke für CHF 2000. Erst nach längerem und intensivem Krafttraining traut sich August Hase endlich, Silvester Hittmann zur Rede zu stellen und von ihm das Geld für die wertlose Jacke zurückzuverlangen. Silvester Hittmann will davon nichts wissen.

Entscheiden Sie, ob August Hase den Kaufvertrag wegen Furchterregung anfechten kann. Begründen Sie Ihre Antwort mithilfe des Art. 30 Abs. 1 OR.

Antwort:

☐ Anfechtung möglich   ☐ Anfechtung nicht möglich

Begründung: ....

....

....

E 7.3 Vertragserfüllung

12. Richtige Erfüllung von Verträgen

Kreuzen Sie an, ob die nachfolgenden Aussagen richtig oder falsch sind.
Falsche Aussagen berichtigen Sie auf der leeren Zeile.

R	F	Aussage
☐	☐	Es gibt Vertragsleistungen, die nur durch den Schuldner persönlich erfüllbar sind. Arbeitsleistungen gemäss Lehrvertrag gehören dazu.
☐	☐	Es gibt Vertragsleistungen, die nicht unbedingt vom Schuldner persönlich zu erfüllen sind. Geldleistungen gehören dazu.
☐	☐	Die Erfüllungsregeln des Obligationenrechts betreffend Person, Inhalt, Ort und Zeitpunkt der Leistung sind zwingend einzuhalten.

Allgemeine Vertragslehre

R	F	Aussage
☐	☐	Wurde in einem Vertrag die Lieferung der Ware in zwei Wochen vereinbart, ist grundsätzlich auch die Zahlung erst in zwei Wochen fällig.
☐	☐	Bei Gattungsware steht gemäss OR das Recht, das konkrete Stück auszuwählen, dem Gläubiger der Ware zu.
☐	☐	Die Erfüllung von Leistungen, deren Fälligkeit durch die Vertragsparteien nicht vereinbart wurde, muss grundsätzlich innert 30 Tagen erfolgen.

13. Richtiger Ort der Erfüllung

Wo liegt in den folgenden Sachverhalten der gesetzliche Erfüllungsort? Geben Sie die Ortschaft und den massgebenden Gesetzesartikel inklusive Absatz und Ziffer an.

a) Sie sind wohnhaft in Bellach und haben Ihre Ferienwohnung in Lauterbrunnen tapezieren lassen. Dafür schulden Sie dem Malermeister aus Grindelwald CHF 1500.

   Ortschaft: .... Artikel: ....

b) Sie kaufen von einem Autohändler in Münsingen einen Gebrauchtwagen. Der Wagen steht beim Vertragsabschluss auf einem Parkplatz in Worb.

   Ortschaft: .... Artikel: ....

c) Meinrad Felber, Belp, kauft bei Geflügelzüchter Heinz Kohler, Seedorf, 200 beliebige Küken zu CHF 3.50 das Stück. Die Küken befinden sich beim Vertragsabschluss auf der Zuchtstation in Lyss.

   Ortschaft: .... Artikel: ....

d) Könnten Felber und Kohler (vgl. Teilaufgabe c) den Erfüllungsort beliebig vereinbaren? Begründen Sie Ihre Antwort.

   ☐ ja   ☐ nein

   Begründung: ....

W 7.3 Vertragserfüllung

14. Persönliche Leistungspflicht

Entscheiden Sie für die folgenden Sachverhalte, ob eine persönliche Leistungspflicht durch den Schuldner erforderlich ist oder nicht. Begründen Sie Ihren jeweiligen Entscheid.

E = persönliche Leistung erforderlich   N = persönliche Leistung nicht erforderlich

Sachverhalt	E	N
Amanda Clerc ist seit 5 Jahren für die Buchhaltung der ZOLLINGER AG zuständig.	☐	☐
Begründung:		
Der Rheumatologe Lorenz Sutter soll Otto Walker eine Diagnose und Therapie zu dessen chronischen Rückenschmerzen machen.	☐	☐
Begründung:		
Ein Brief soll rechtzeitig in St. Gallen ankommen.	☐	☐
Begründung:		
Vera Hauri soll für Bestellungen beim Versandhaus insgesamt CHF 280 überweisen.	☐	☐
Begründung:		

15. Erfüllungsort und -zeit im Sachverhalt

Albert Amsler aus Aarberg hat mit Bruno Bächler aus Burgdorf vertraglich vereinbart, ihm seinen gebrauchten Fernseher zum Preis von CHF 200 zu verkaufen. Das Gerät befindet sich in Amslers Ferienwohnung in Sigriswil.

Beantworten Sie die folgenden Fragen zum Sachverhalt.

a) Wie heisst im Sachverhalt der Gläubiger der Geldleistung? Nennen Sie den Namen.

b) Wo ist der gesetzliche Erfüllungsort der Geldleistung? Nennen Sie die Ortschaft.

c) Wo ist der gesetzliche Erfüllungsort der Sachleistung? Nennen Sie die Ortschaft.

d) Ab wann können Leistung und Gegenleistung gemäss OR gefordert werden?

Allgemeine Vertragslehre

E 7.4 Vertragsverletzungen

16. Vertragsverletzungs- und Nichtigkeitstatbestand

Ordnen Sie die Beschreibungen (Grossbuchstaben) dem jeweils richtigen Tatbestand zu.

A = Die Erfüllung war von Anfang an nicht möglich.
B = Die Erfüllung ist noch nicht erfolgt.
C = Die Erfüllung ist erfolgt, aber nicht richtig.
D = Die Erfüllung ist nicht mehr möglich.

Vertragsverletzungstatbestände:
Schlechterfüllung
Schuldnerverzug
Unmöglichkeit

Nichtigkeitstatbestand:
Unmöglichkeit

W 7.4 Vertragsverletzungen

17. Tatbestand und Folgen von Vertragsverletzungen

a) Welche beiden Tatbestandsmerkmale nennt Art. 97 Abs. 1 OR für die Schadenersatzpflicht des Schuldners?

....

....

b) Inwiefern unterscheidet sich der Tatbestand der nachträglichen Unmöglichkeit vom Tatbestand des Verzugs?

Nachträgliche Unmöglichkeit: ....

Schuldnerverzug: ....

c) Welches ist die rechtliche Folge …

   1) der anfänglichen Unmöglichkeit eines Vertragsinhalts?

   ....

   2) der nachträglichen, durch den Schuldner zu verantwortenden Unmöglichkeit eines Vertragsinhalts?

   ....

   3) der nachträglichen, durch den Schuldner nicht zu verantwortenden Unmöglichkeit eines Vertragsinhalts?

   ....

   4) des Schuldnerverzugs?

   ....

E 7.5 Verjährung von Obligationen

18. Verjährungsfristen von Rechtsgeschäften

Kreuzen Sie für die folgenden Rechtsgeschäfte die richtige Verjährungsfrist an.

Rechtsgeschäft	Jahre				Unverjährbar
	1	3	5	10	
Offene Arztrechnung	☐	☐	☐	☐	☐
Kleinkreditrückzahlung	☐	☐	☐	☐	☐
Ausstehende Bankzinsen	☐	☐	☐	☐	☐
Anfechtung wegen Übervorteilung	☐	☐	☐	☐	☐
Hypothekenrückzahlung	☐	☐	☐	☐	☐
Offene Lohnforderung	☐	☐	☐	☐	☐
Schadenersatz aus unerlaubter Handlung	☐	☐	☐	☐	☐
Zahlung von 200 t Edelstahl durch eine Reederei	☐	☐	☐	☐	☐

Allgemeine Vertragslehre

19. Aussagen zur Verjährung

Kreuzen Sie an, ob die nachfolgenden Aussagen richtig oder falsch sind.
Falsche Aussagen berichtigen Sie auf der leeren Zeile.

R	F	Aussage
☐	☐	Die gesetzlichen Verjährungsregeln sind zwingend, können also durch die Vertragsparteien nicht abgeändert werden.
☐	☐	Die Verjährungsfristen dienen dem Schutz des Gläubigers.
☐	☐	Die Verjährungsfrist vertraglicher Obligationen beginnt mit dem Zeitpunkt des Vertragsabschlusses.
☐	☐	Grundsätzlich beträgt die Verjährungsfrist vertraglicher Obligationen ein Jahr.
☐	☐	Durch das Versprechen eines Ersatzschuldners, notfalls für den Hauptschuldner einzustehen, wird die Verjährung unterbrochen.
☐	☐	Wird die Verjährung einer Schuld nach 4½ Jahren durch eine Betreibung unterbrochen, so dauert die Restverjährung nach Abschluss des Betreibungsverfahrens bei einer 5-jährigen Frist noch ein halbes Jahr.

W 7.5 Verjährung von Obligationen

20. Verjährungsregeln mit Problemlöseschema

Der Drucker Peter Buchmann erhält von der Papier Schwarz AG am 15.10.2010 eine Lieferung Druckpapier im Wert von CHF 1500. Die Ware bezahlt Peter Buchmann sofort bei Auslieferung bar gegen eine Quittung. Am 23.11.2016 erhält er dann von der Papier Schwarz AG die eingeschriebene Mitteilung, die Bezahlung der Lieferung vom 15.10.2010 sei noch ausstehend und bis am 30.11.2016 zu begleichen. Buchmann hat in der Woche zuvor sämtliche Zahlungsbelege vernichtet. Er war der Meinung, dass er durch die eingetretene Verjährung von jeder Beweislast befreit sei.

a) Bestimmen Sie die anwendbare Verjährungsfrist. Nennen Sie den massgebenden Gesetzesartikel und begründen Sie Ihre Antwort.

Verjährungsfrist: ....

Gesetzesartikel: ....

Begründung: ....

....

b) Muss Peter Buchmann die Rechnung der Papier Schwarz AG ein zweites Mal begleichen? Begründen Sie Ihre Antwort.

Antwort:

☐ ja   ☐ nein

Begründung: ....

....

21. Verjährungsstillstand und -unterbruch

Bestimmen Sie für die folgenden Sachverhalte mithilfe des Gesetzbuches, ob es sich um den Tatbestand des Verjährungsstillstands (S) oder Verjährungsunterbruchs (U) handelt.

Sachverhalt	S	U
Der beim Arbeitgeber wohnende Arbeitnehmer hat eine Forderung gegenüber Ersterem.	☐	☐
Der Gläubiger leitet das Betreibungsverfahren ein.	☐	☐
Das Kind hat eine Forderung gegenüber seinen Eltern.	☐	☐
Der Schuldner macht eine Anzahlung.	☐	☐
Der Schuldner bestreitet mit einer Klage das Bestehen der Schuld.	☐	☐
Der Gläubiger hat eine Forderung gegenüber seiner Ehefrau.	☐	☐
Der Schuldner erklärt seine Zahlungsunfähigkeit und meldet Konkurs an.	☐	☐

Allgemeine Vertragslehre

E 7.6 Sicherung der Vertragserfüllung

22. Real- und Personalsicherheiten

Vervollständigen Sie die folgende Übersicht der Sicherungsmittel.

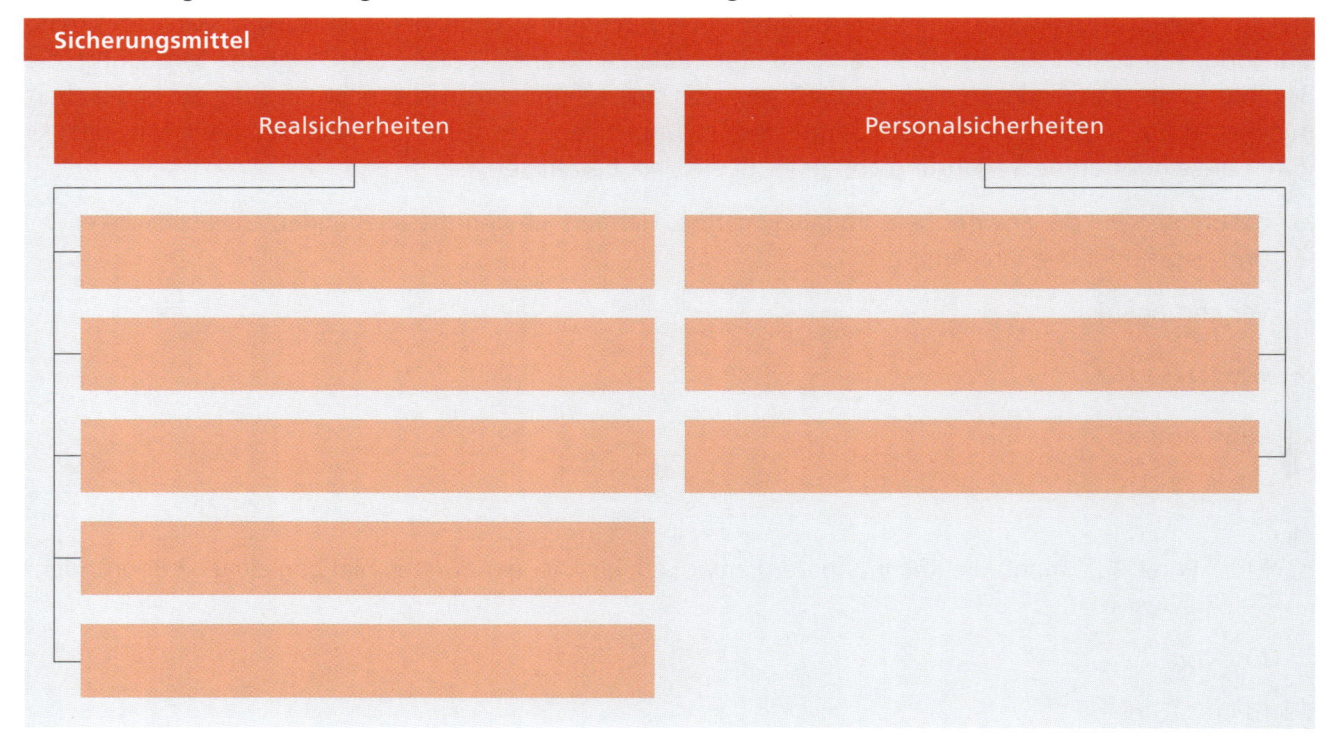

Sicherungsmittel	
Realsicherheiten	**Personalsicherheiten**

23. Aussagen zu Sicherungsmittel

Kreuzen Sie an, ob die folgenden Aussagen richtig oder falsch sind.
Falsche Aussagen berichtigen Sie auf der leeren Zeile.

R	F	Aussage
☐	☐	Um eine vertragliche Leistung zu sichern, braucht es in jedem Fall einen Sicherungsvertrag.
☐	☐	Ein Sicherungsvertrag verhindert die Nichterfüllung durch den Schuldner.
☐	☐	Durch einen Sicherungsvertrag wird nicht die Leistung selbst, sondern eine Ersatzleistung gesichert.
☐	☐	Sicherungsverträge sind erst gültig, wenn der Schuldner erfolglos betrieben wurde.
☐	☐	Bei einem Abzahlungskauf sollte ein Eigentumsvorbehalt gemacht werden, weil ohne Vorbehalt mit der Übergabe auch das Eigentum an einer Sache auf den Käufer übergeht.

Recht und Staat

R	F	Aussage
☐	☐	Wenn ein Spediteur sein Retentionsrecht ausgeübt hat, kann er mit der Sache machen, was er will.
☐	☐	Ein Vorteil der Kaution ist, dass der hinterlegte Geldbetrag eine Realsicherheit ist.

24. Umschreibung von Sicherungsmitteln

Nennen Sie das jeweils umschriebene Sicherungsmittel. Geben Sie jeweils auch an, ob es sich um eine Real- (R) oder Personalsicherheit (P) handelt.

Umschreibung	Sicherungsmittel	R/P
Hinterlegung einer bestimmten Geldsumme		
Im Voraus festgelegte Busse bei Vertragsbruch		
Zurückbehalten von beweglichen Sachen, die dem Schuldner gehören		
Eigentum an der Kaufsache geht erst bei vollständiger Zahlung auf den Käufer über.		
Bewegliche Sachen werden als Sicherheit hinterlegt.		
Liegenschaft wird zur Verwertung versprochen.		
Bürge haftet ersatzweise für den Hauptschuldner.		
Kunden des Schuldners leisten an den Gläubiger		

W 7.6 Sicherung der Vertragserfüllung

25. Sicherungsmittel – vermischte Fragen

Beantworten Sie die folgenden Fragen zu den Sicherungsmitteln.

a) Worin besteht die Sicherheit bei der Kaution?

b) Worin besteht die Sicherheit bei einem Lombardkredit?

c) Worin besteht die Sicherheit bei einem Hypothekarkredit?

Allgemeine Vertragslehre

d) Welches ist aus der Sicht des Schuldners ein Nachteil der Kaution gegenüber der Konventionalstrafe?

e) Was ist aus der Sicht des Gläubigers ein Nachteil der Retention gegenüber dem Faustpfand?

f) Worin besteht die Sicherheit bei der Retention?

g) Warum sind Realsicherheiten aus der Sicht des Gläubigers die «besseren» Sicherungsmittel als die Personalsicherheiten?

26. Sicherungsmittel im Sachverhalt

Welches Vertragssicherungsmittel wird in den folgenden Sachverhalten jeweils angewendet?

a) Bei Autoreparaturwerkstätten ist es üblich, dass einem neuen Kunden das reparierte Fahrzeug nur gegen Barzahlung übergeben wird.

b) Die Maschinenfabrik Huber AG verpflichtet sich gegenüber einem Kunden, für jeden Tag Verspätung bei der Lieferung einer Maschine eine Busse von CHF 10 000 zu bezahlen.

c) Als Sicherheit für ein Darlehen hinterlegt Marco Schulze Wertpapiere bei der Bank FLOW AG.

d) Die Berner Kantonalbank gewährte Armin Meier einen Betriebskredit. Der Onkel von Armin Meier unterschreibt beim Notar eine Erklärung gegenüber der Bank, wonach er sich bei Zahlungsunfähigkeit von Armin Meier zu einer Zahlung von CHF 40 000 verpflichtet.

e) Für allfällige Schäden am Mietobjekt sowie für einen allfälligen Mietzins-Zahlungsrückstand verlangt der Vermieter vom Mieter beim Abschluss des Mietvertrags die Hinterlegung eines Betrags in der Höhe von drei Monatsmieten.

f) Die Astral AG überlässt alle ihre offenen Kundenrechnungen ihrer Geschäftsbank, bis der Betriebskredit von CHF 400 000 getilgt ist.

8 Recht und Staat
Kaufvertrag

Inhaltsverzeichnis

		Theorie	Aufgaben
8.1	Allgemeine Bestimmungen zum Fahrniskauf	**197**	210
8.2	Eigentumsrechte beim Fahrniskauf	**198**	213
8.3	Vertragsverletzungen beim Fahrniskauf	**200**	214

Leistungsziele 209

8 Kaufvertrag

Einführungsfall

Carola Heussi kaufte vor drei Monaten in einem Motorradgeschäft einen gebrauchten Roller zum Preis von CHF 2500. Spezielle Vereinbarungen traf sie damals mit dem Verkäufer keine. Ihr wurde lediglich eine Quittung über den bezahlten Kaufpreis ausgehändigt, und sie musste eine Übernahmebestätigung unterschreiben. Letzten Montagmorgen erlebte Carola dann eine böse Überraschung. Als sie mit dem Roller zur Arbeit fahren wollte, sprang der Motor nicht an. Am Abend brachte sie den Roller in der Folge zu einer nahen Zweiradwerkstatt. Heute Morgen hat sie nun von der Werkstatt Bescheid bekommen, dass sich eine Reparatur des Rollers kaum lohne, da der Motor wegen eines Materialfehlers kaputt sei und ersetzt werden müsste. Sofort telefoniert sie dem Verkäufer und verlangt das Geld zurück. Der Geschäftsführer des Motorradgeschäfts ist da aber ganz anderer Meinung: Das sei allein ihr Problem, sie hätten nämlich seinerzeit beim Kauf keine Garantiefrist vereinbart. Dieses Risiko gehe man halt ein bei solchen Occasionskäufen.
Muss Carola Heussi das so akzeptieren oder kann sie rechtlich gegen das Motorradgeschäft vorgehen?

Art. 184 OR

Der **Kaufvertrag** ist der am häufigsten abgeschlossene Vertrag. Durch ihn wird von den Vertragsparteien vereinbart, das Eigentum an einem Kaufgegenstand wie z.B. einem Auto, einem Bild, einem Brot, einem Haus oder Wertschriften gegen Bezahlung des Kaufpreises vom Verkäufer auf den Käufer zu übertragen. Beim Kaufvertrag entstehen folglich immer zwei Obligationen: Die Warenobligation mit dem Verkäufer als Schuldner (Pflicht zur Warenlieferung) und dem Käufer als Gläubiger (Recht auf Waren) sowie die Geldobligation mit dem Käufer als Schuldner (Pflicht zur Kaufpreiszahlung) und dem Verkäufer als Gläubiger (Recht auf Kaufpreis).

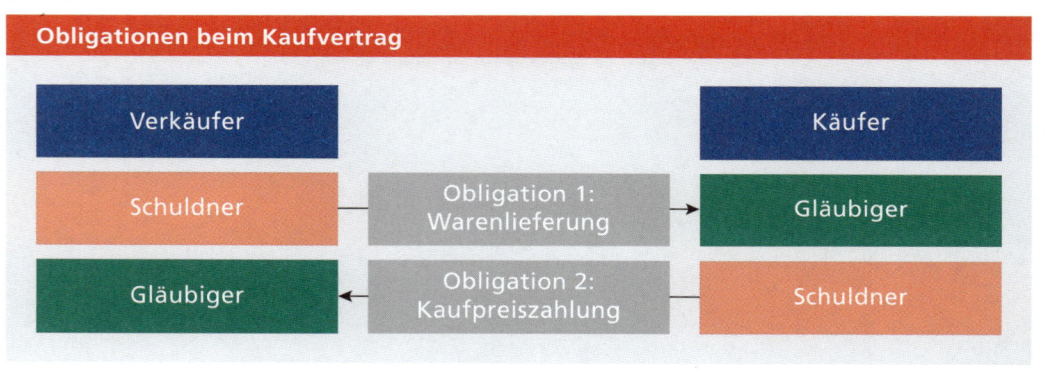

Obligationen beim Kaufvertrag

Verkäufer		Käufer
Schuldner	Obligation 1: Warenlieferung →	Gläubiger
Gläubiger	← Obligation 2: Kaufpreiszahlung	Schuldner

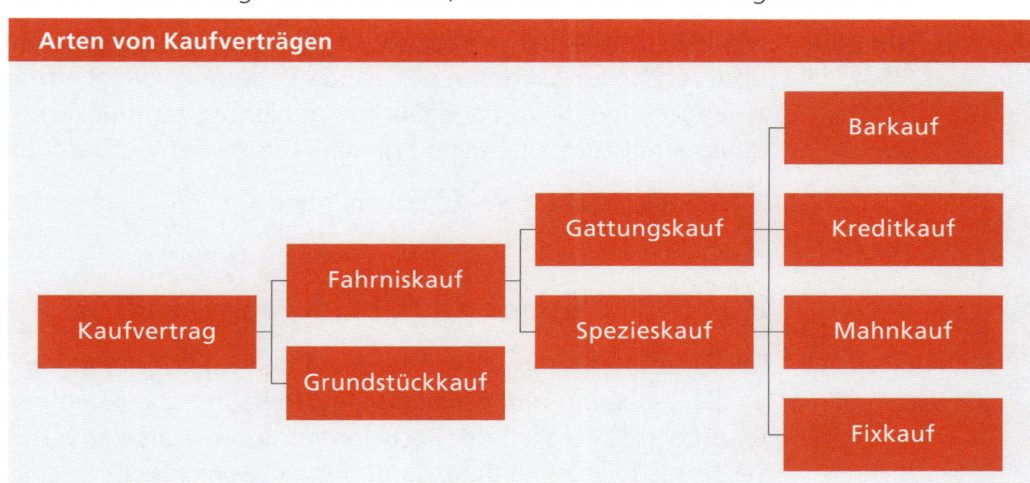

Je nach Kaufgegenstand, Zahlungsart und Liefertermin werden unterschiedliche Arten des Kaufvertrags unterschieden, nachstehend die wichtigsten davon.

Arten von Kaufverträgen

Kaufvertrag
- Fahrniskauf
  - Gattungskauf
    - Barkauf
    - Kreditkauf
  - Spezieskauf
    - Mahnkauf
    - Fixkauf
- Grundstückkauf

8.1 Allgemeine Bestimmungen zum Fahrniskauf

Art. 187 OR
Art. 713 ZGB
→ 7.3

Gemäss Gesetz gilt als **Fahrniskauf** jeder Kauf, bei dem der Kaufgegenstand keine Liegenschaft (Land, Gebäude, Eigentumswohnung) ist. Bei Fahrnis handelt es sich also um bewegliche Sachen. Gegenstand eines Fahrniskaufvertrags kann dabei **Gattungsware** oder **Spezieseware** sein.

Beispiel Getreide, Gold, Fahrzeuge, Computer, Bücher, Maschinen, Musikanlagen, Kunstwerke, Möbel, Strom usw.

Bei Liegenschaften spricht man vom Grundstückkauf.

8.1.1 Formvorschriften

→ 7.1
Art. 11 OR
Art. 16 OR

Im Kaufvertragsrecht finden sich keine speziellen **Formvorschriften** zum Fahrniskauf. Die entsprechenden Verträge können somit grundsätzlich formfrei (in beliebiger Form, auch mündlich) abgeschlossen werden. Aus Beweisgründen empfiehlt sich bei grösseren Kaufsachen die (freiwillige) Schriftform.

8.1.2 Ort und Zeit der Vertragserfüllung

→ 7.3
Art. 74 OR
Art. 75 OR
Art. 184 Abs. 2 OR
Art. 213 OR

Der Ort und die Zeit der **Vertragserfüllung** (Lieferung der Kaufsache und Bezahlung des Kaufpreises) richten sich nach den dispositiven Vorschriften der allgemeinen Vertragslehre und können von den Vertragsparteien folglich frei gewählt werden. Ohne spezielle vertragliche Vereinbarung ist die Warenlieferung sofort nach Abschluss des Kaufvertrags fällig. Gemäss Gesetz handelt es sich dabei immer um **Barkäufe**, d.h., auch die Bezahlung des Kaufpreises durch den Käufer hat unmittelbar bei der Übergabe der Kaufsache zu erfolgen (Zug um Zug, Ware gegen Geld). Ein **Kreditkauf** liegt demgegenüber vor, wenn man im Vertrag übereinkommt, dass der Verkäufer die Ware gegen Rechnung liefert und der Käufer für die Zahlung des Kaufpreises eine Frist beanspruchen kann (z.B. zahlbar in 30 Tagen).

Kaufvertrag

8.1.3 Transport- und Verpackungskosten

→ 7.3
Art. 74 OR
Art. 189 OR

Aufgrund der allgemeinen vertragsrechtlichen Regel, wonach Warenschulden Holschulden sind, ergibt sich folgerichtig im Kaufvertragsrecht, dass allfällige **Transport- und Verpackungskosten** ohne anderslautende Vereinbarung von der Käuferschaft zu tragen sind. Wird dagegen im Kaufvertrag ausdrücklich **Frankolieferung** (frei Haus) verabredet, übernimmt gemäss Gesetz der Verkäufer die erwähnten Kosten.

A E-Aufgaben 1 und 2, W-Aufgaben 3 und 4

8.2 Eigentumsrechte beim Fahrniskauf

Art. 641 Abs. 1 ZGB

Der Zweck des Kaufvertrags ist die entgeltliche Übertragung des **Eigentumsrechts** an der Kaufsache vom Verkäufer auf den Käufer. Das Eigentum an einer Sache bedeutet, in den Schranken der Rechtsordnung die beliebige Verfügungsgewalt über die Sache ausüben zu können. So darf man beispielsweise nach dem Kauf eines teuren Sofas als neuer Eigentümer dieses jederzeit zerstören, wenn einem der Sinn danach steht.

8.2.1 Eigentumsübertragung

Art. 714 ZGB

Im Rahmen eines Fahrniskaufs erfolgt die vertragliche **Eigentumsübertragung** an der Kaufsache durch die Übertragung der tatsächlichen Gewalt über die gekaufte Sache (d.h. durch Übergabe an die Käuferschaft). Diese tatsächliche Gewalt über eine Sache wird im Recht als **Besitz** bezeichnet.

Merke | Man wird gemäss Gesetz nicht mit der Bezahlung des Kaufpreises Eigentümer des Kaufgegenstands, sondern wenn man dessen Besitzer geworden ist.

Die Begriffe Eigentum und Besitz bedeuten also rechtlich nicht dasselbe.

Eigentum	Besitz
Rechtliche (umfassende) Verfügungsgewalt über eine Sache; eine Sache verwerten dürfen	Tatsächliche (körperliche) Verfügungsgewalt über eine Sache; eine Sache gebrauchen dürfen
Z. B. darf der Käufer die Kaufsache nach der Übergabe abändern, weiterverkaufen, verschenken, konsumieren oder zerstören, da er mit dem Kauf das Eigentumsrecht an der Sache erworben hat.	Z. B. darf der Mieter die Mietsache nicht abändern, da er mit dem Mietvertrag nur den Besitz, aber nicht das Eigentum an der Mietsache erwirbt.

Merke | Dieselbe Sache kann einen Eigentümer und eine andere Person als Besitzer haben. So ist der Vermieter der Mietsache deren Eigentümer, der Mieter dagegen deren Besitzer.

8.2.2 Eigentumsvorbehalt

Art. 715 ZGB
Art. 214 Abs. 3 OR
→ 7.3

Grundsätzlich wird jeder Käufer als Besitzer der Kaufsache auch deren Eigentümer und als solcher in seinem Recht geschützt, selbst wenn er bei Kreditkäufen den Kaufpreis nicht bezahlen kann. Dem Verkäufer bleibt dann nur die Möglichkeit einer unter Umständen teuren und eventuell erfolglosen Betreibung. Mit der Vereinbarung eines **Eigentumsvorbehalts** kann bewirkt werden, dass der Käufer nicht als Besitzer, sondern erst nach vollständiger Zahlung des Kaufpreises Eigentümer der Kaufsache wird. Rechtskraft erlangt dieses **Sicherungsmittel** des Verkäufers allerdings nur durch Eintragung im öffentlichen **Eigentumsvorbehaltsregister** am Wohnort des Käufers.

8.2.3 Übergang von Nutzen und Gefahr der Kaufsache

Bei Kaufverträgen erfolgt die Lieferung der Kaufsache und damit die Übertragung des Eigentums auf den Käufer häufig nicht unmittelbar nach Vertragsabschluss. Somit stellt sich die Frage, welche Partei in der Zeit zwischen Vertragsabschluss und Lieferung die Gefahr des Untergangs oder der Beschädigung der Kaufsache trägt bzw. deren Nutzen (Erträge) beanspruchen kann. Das Gesetz sieht dafür folgende dispositiven (abänderbaren) Regeln vor:

Art. 185 Abs. 1 OR
Bei **Speziesware** gehen **Nutzen und Gefahr** sofort mit Abschluss des Kaufvertrags auf den Käufer über.

Art. 185 Abs. 2 OR
Bei **Gattungsware** gilt es zwei Fälle zu unterscheiden:
- Beim **Platzkauf** von Gattungsware (Käufer holt die Ware ab) gehen Nutzen und Gefahr auf den Käufer über, sobald die Kaufsache von den anderen Waren deutlich ausgeschieden ist (für den Käufer beiseitegestellt oder entsprechend angeschrieben wurde).
- Beim **Distanzkauf** von Gattungsware (Ware wird dem Käufer zugesandt) gehen Nutzen und Gefahr auf den Käufer über, sobald der Verkäufer die Kaufsache zum Versand abgegeben hat (z. B. am Postschalter). Das Transportrisiko trägt gemäss Gesetz folglich der Käufer.

Diese Rechtsnormen sind für den Käufer wenig vorteilhaft, da er Warenrisiken zu tragen hat, bevor er überhaupt Besitzer der betreffenden Waren geworden ist. In der Praxis begegnet man dieser Problematik mit entsprechenden Versicherungsverträgen oder mit der vertraglichen Verabredung, dass Nutzen und Gefahr erst bei Übergabe der Kaufsache auf den Käufer übergehen.

A E-Aufgabe 5, W-Aufgabe 6

8.3 Vertragsverletzungen beim Fahrniskauf

→ 7.4

Werden die im Kaufvertrag vereinbarten Obligationen vom Verkäufer bzw. Käufer nicht richtig oder gar nicht erfüllt, spricht man von Vertragsverletzungen.

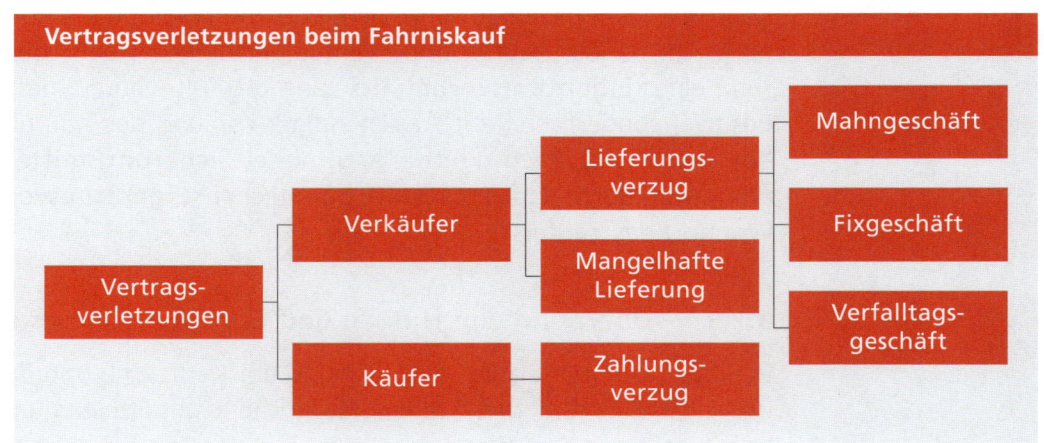

Vertragsverletzungen beim Fahrniskauf

- Vertragsverletzungen
  - Verkäufer
    - Lieferungsverzug
      - Mahngeschäft
      - Fixgeschäft
      - Verfalltagsgeschäft
    - Mangelhafte Lieferung
  - Käufer
    - Zahlungsverzug

8.3.1 Lieferungsverzug des Verkäufers

Wenn der Verkäufer den im Kaufvertrag vereinbarten Liefertermin für die Kaufsache aus eigenem Verschulden nicht einhält, liegt ein Fall von **Lieferungsverzug** vor. Bei dieser Vertragsverletzung durch den Verkäufer kommen sowohl dispositive Vorschriften der allgemeinen Vertragslehre wie auch spezielle Bestimmungen des Kaufvertrags zur Anwendung. Es gilt in diesem Zusammenhang, zwischen Mahngeschäft, Fixgeschäft und Verfalltagsgeschäft zu unterscheiden.

Lieferungsverzug beim Mahngeschäft

Ein **Mahngeschäft** (**Mahnkauf**) liegt vor, wenn die Lieferung der Kaufsache nicht genau terminiert ist. Es gibt also vertraglich keinen genau bestimmten Lieferzeitpunkt.

Beispiel

Mahngeschäfte sind vertragliche Abreden wie «Lieferung des Buches ca. oder voraussichtlich Ende September», «Lieferung der Produktionsanlage im Mai» oder «in Woche 18», «Lieferung von fünf Tonnen Kies auf Abruf».

Ist nun der ungefähr verabredete Lieferzeitpunkt verstrichen und die Lieferung bis dahin ausgeblieben (und somit fällig), hat der Käufer gemäss Gesetz folgende Rechtshandlungen vorzunehmen:

Recht und Staat

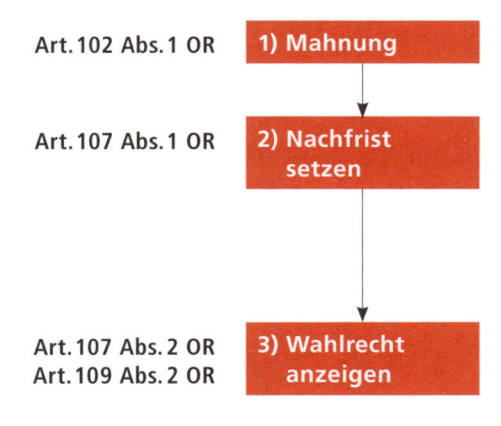

Art. 102 Abs. 1 OR	**1) Mahnung**	Den Verkäufer auffordern, die Kaufsache zu liefern; der Verkäufer wird damit in Verzug gesetzt.
Art. 107 Abs. 1 OR	**2) Nachfrist setzen**	Dem Verkäufer eine angemessene Nachfrist für die Lieferung der Kaufsache einräumen. Die Dauer der angemessenen Nachfrist hängt dabei insbesondere von der Art der Kaufsache ab (diese kann z.B. bei einem Buch kürzer angesetzt werden als bei einer komplexen Produktionsanlage).
Art. 107 Abs. 2 OR Art. 109 Abs. 2 OR	**3) Wahlrecht anzeigen**	Liefert der Verkäufer auch bis zum Ablauf der angesetzten Nachfrist nicht, hat sich der Käufer für eines der folgenden drei Wahlrechte (Varianten) zu entscheiden und muss dies dem Verkäufer unverzüglich mitteilen:

a) auf nachträglicher Lieferung beharren und evtl. **Schadenersatz** wegen Verspätung verlangen (der erlittene Schaden muss dabei durch den Käufer bewiesen werden);
Der Käufer wählt diese Variante, wenn er die Ware unbedingt braucht und diese von niemand anderem schneller erhält.

b) auf Lieferung verzichten und **Schadenersatz** wegen **Nichterfüllung** des Vertrags verlangen;
Der Käufer geht so vor, wenn er die Ware schneller, aber zu einem höheren Preis bei einem anderen Lieferanten beschaffen kann. Als Schaden kann der Käufer den Mehrpreis des sogenannten **Deckungskaufs** und allenfalls zusätzliche Unkosten geltend machen.

c) Rücktritt vom Vertrag;
Der Käufer entscheidet sich für diese Möglichkeit, wenn er sich schneller und billiger anderswo mit der Kaufsache eindecken kann oder sie gar nicht mehr benötigt. Der Käufer hat in diesem Fall das Recht, für seine Umtriebe vom Verkäufer Spesenersatz zu verlangen.

In der Praxis wird der Käufer die Mahnung, die Nachfrist sowie die gewählte Variante (für den Fall, dass die Nachfrist ohne Lieferung verstreicht) allesamt in einer Mitteilung an den Verkäufer richten (aus Beweisgründen schriftlich und eingeschrieben). Versäumt der Käufer die Bekanntgabe der Nachfrist und/oder der gewählten Variante, muss er die Ware bei späterer Lieferung jederzeit und ohne Schadenersatzansprüche noch annehmen.

Kaufvertrag

Lieferungsverzug beim Fixgeschäft

Beim **Fixgeschäft** (**Fixkauf**) kommt dem Lieferzeitpunkt entscheidende Bedeutung zu, weshalb dem Käufer eine verspätete Lieferung nicht zumutbar ist. Entsprechend wird der Liefertermin von den Parteien im Kaufvertrag genau (fix) festgelegt (oder dieser **Stichtag** ergibt sich aus den Umständen bzw. aus der Natur des Geschäfts).

Beispiel Fixkäufe sind Vereinbarungen wie «Lieferung der Hochzeitstorte am 8. Mai», «Lieferung der Apérogetränke am Freitag um 16 Uhr», «Lieferung der 25 Paar Hosen spätestens am 31. Juli» oder «Lieferung des Christbaums nicht nach dem 24. Dezember».

Wenn der Verkäufer die Kaufsache am oder bis zum vereinbarten Termin nicht liefert, ergibt sich folgende Rechtslage:

Art. 102 Abs. 2 OR Eine **Mahnung** durch den Käufer ist beim Fixkauf nicht erforderlich, da der Verkäufer automatisch mit Ablauf des Liefertermins in Verzug kommt.

Art. 108 OR Da die Einhaltung des Liefertermins für den Käufer von zentraler Bedeutung gewesen wäre, ist die Ansetzung einer **Nachfrist** zur Leistungserfüllung ebenfalls nicht notwendig.

Art. 107 Abs. 2 OR Der Käufer kann somit direkt eines der drei **Wahlrechte** – wie zuvor beim Mahngeschäft beschrieben – geltend machen. Die gewählte Variante muss dem Verkäufer wiederum mitgeteilt werden. Unterlässt der Käufer diese Anzeige, muss er die Ware bei späterer Lieferung trotzdem noch annehmen.

Art. 190 OR
Art. 191 OR Eine spezielle gesetzliche Regelung erfährt der Fixkauf im **kaufmännischen Verkehr**. Kaufmännischer Verkehr liegt immer dann vor, wenn die Kaufsache gewerbsmässig für den Wiederverkauf bzw. für die Weiterverarbeitung bestimmt ist wie z.B. bei Handelswaren oder Beton für die Baustelle. Verpasst der Verkäufer beim Fixkauf im kaufmännischen Verkehr den Liefertermin, so besteht automatisch die gesetzliche Vermutung, dass der Käufer auf die Lieferung verzichtet und **Schadenersatz** wegen **Nichterfüllung** beansprucht. Entsprechend muss der Käufer dem Verkäufer nur mitteilen, falls er trotz Verzug die nachträgliche Lieferung vorziehen sollte.

Lieferungsverzug beim Fixkauf und Vorgehen des Käufers

- Lieferungsverzug beim Fixkauf
  - nichtkaufmännischer Verkehr → Mitteilung eines der drei Wahlrechte
  - kaufmännischer Verkehr → Mitteilung nur, falls nachträgliche Lieferung verlangt wird

Merke Wenn Unternehmen für den Eigengebrauch kaufen (und nicht für den Wiederverkauf oder die Weiterverarbeitung), handelt es sich stets um nichtkaufmännischen Verkehr.

Lieferungsverzug beim Verfalltagsgeschäft

Wenn im **nichtkaufmännischen Verkehr** ein genauer Liefertermin vereinbart wurde und die Kaufsache auch nach diesem Termin (**Verfalltag**) für den Käufer noch brauchbar ist (dies im Unterschied zum Fixgeschäft), so liegt ein **Verfalltagsgeschäft** vor.

Beispiel «Lieferung der neuen Polstergruppe am 15. Dezember» oder «Übergabe des Aussendienstfahrzeugs am 20. Januar»

Merke Ein Verfalltagsgeschäft liegt bei folgenden Voraussetzungen vor:
- Nichtkaufmännischer Verkehr
- Genauer Liefertermin vereinbart
- Kaufsache ist auch nach dem Verfalltag für den Käufer noch brauchbar

Bleibt die Lieferung am vereinbarten Termin aus, obliegen dem Käufer gemäss Gesetz die folgenden Pflichten zur Wahrung seiner Interessen:

Art. 107 Abs. 1 OR
- Er muss dem Verkäufer (wie beim Mahngeschäft) eine angemessene **Nachfrist** zur nachträglichen Leistungserfüllung einräumen.

Art. 107 Abs. 2 OR
- Kommt der Verkäufer auch innerhalb der gesetzten Nachfrist seiner Lieferpflicht nicht nach, muss der Käufer eines der drei **Wahlrechte** (wie beim Mahn- und Fixgeschäft) zwingend mitteilen.

Merke Eine Mahnung durch den Käufer ist (wie beim Fixgeschäft) nicht erforderlich, da der Verkäufer automatisch mit Ablauf des Liefertermins in Verzug kommt.

Kaufvertrag

Übersicht Lieferungsverzug				
	Mahngeschäft	Verfalltagsgeschäft	Fixgeschäft nicht-kaufmännisch	Fixgeschäft kaufmännisch
Beispiel	Lieferung des Gasgrills PROFI 2000 an den Pensionär Bernhard Bräter «sobald erhältlich»	Lieferung des Fernsehers FLASH an Familie Egger «bis am 30. Juni»	Lieferung von 500 Feuerwerkskörpern SUPERKNALL an die Gemeinde Belp «am 1. August»	Lieferung von 2 Tonnen Weissmehl an die Bäckerei Zürrer «bis am 15. Mai»
Erfüllungstermin wurde …	nicht oder nur ungefähr vereinbart	genau vereinbart, oder er ergibt sich aus der Natur des Vertrags		
Verzug durch …	Mahnung	Fälligkeit (automatisch)		
Nachträgliche Erfüllung ist …	sinnvoll	nicht zumutbar		
Nachfrist ist …	erforderlich	nicht erforderlich		
Wahlrechte des Käufers sind …	Beharren und Ersatz Verspätungsschaden			
	Verzichten und Schadenersatz wegen Nichterfüllung			
	Rücktritt vom Vertrag und Spesenersatz			
Schweigen des Käufers im Verzugsfall bedeutet …	Beharren (ohne Ersatz Verspätungsschaden)			Verzichten und Schadenersatz

A E-Aufgabe 7, W-Aufgabe 13

8.3.2 Mangelhafte Lieferung (Schlechterfüllung) des Verkäufers

Art. 197 OR Von Schlechterfüllung spricht man, wenn der Verkäufer die vereinbarte Kaufsache zwar liefert, diese aber Mängel aufweist. Mangelhaft ist eine Lieferung in den folgenden Fällen:
- Der Kaufsache fehlen vom Verkäufer ausdrücklich zugesicherte Eigenschaften.
- Der Kaufsache fehlen die üblichen Eigenschaften, von deren Vorhandensein man als Käufer normalerweise ausgehen kann.

Beispiel
- Der Drucker eignet sich nicht wie vom Verkäufer zugesichert für Farbausdrucke.
- Das Gehäuse des neuen Druckers ist zerkratzt.

Art. 210 OR
Art. 199 OR Die Haftung des Verkäufers für solche Mängel am Kaufgegenstand wird rechtlich als **Sachgewährleistung** bezeichnet, allgemein bekannt dafür ist der Begriff **Garantie**. Sie dauert gemäss Gesetz zwei Jahre nach Ablieferung der Sache an den Käufer. Wegen des dispositiven Charakters des gesamten Schweizer Garantierechts kann diese zweijährige Verjährungsfrist für Klagen auf Sachgewährleistung von den Vertragsparteien im Grundsatz beliebig abgeändert, d.h. verlängert, verkürzt oder ganz ausgeschlossen werden.

Art. 210 Abs. 4 OR	Wenn der Verkauf gewerbsmässig (von einem Unternehmen) an einen privaten Käufer erfolgt, darf die Garantiedauer für neue Kaufsachen nicht weniger als zwei Jahre und für gebrauchte Sachen (Occasionen) nicht weniger als ein Jahr betragen. Zulässig hingegen ist der vollständige Ausschluss der Garantie. Eine Verkürzung der Garantiedauer oder auch der vollständige Ausschluss der Garantie ist folglich möglich, wenn der Käufer die Kaufsache für geschäftliche Zwecke erwirbt oder der Verkäufer als Privatperson handelt.
Art. 199 OR Art. 210 Abs. 6 OR	Zudem ist eine vereinbarte Beschränkung oder Aufhebung der Garantie ungültig, wenn der Verkäufer die Mängel an der Kaufsache gekannt, diese aber gegenüber dem Käufer arglistig (in täuschender Absicht) verschwiegen hat. Wird dem Verkäufer eine solche absichtliche Täuschung des Käufers nachgewiesen, kann – als weitere Konsequenz – das Recht auf Sachgewährleistung gar nicht verjähren.
Beispiel	- Irma Becker kauft in einer Autogarage einen gebrauchten VW Polo für den privaten Gebrauch. Da die Autogarage als Verkäuferin gewerbsmässig handelt und das Auto privaten Zwecken dient, muss die Garantiedauer zwingend mindestens ein Jahr betragen (ohne Vereinbarung sind es zwei Jahre). - Die Möbelfabrik Huser AG kauft bei einem Grosshändler eine neue Kaffeemaschine für ihren Pausenraum. In diesem Fall kann die gesetzliche Garantiedauer von zwei Jahren beliebig verkürzt werden, weil die Kaufsache nicht für den privaten Gebrauch bestimmt ist. - Severin Rieter kauft seinem Wohnungsnachbarn ein Occasionsfahrrad ab. Auch hier gibt es keine gesetzliche Mindestfrist für die Garantie, da der Nachbar als Verkäufer nicht gewerbsmässig handelt. - Ein Elektrohändler verkauft einer Schule ein neues Kopiergerät und verschweigt, dass es bei dieser Modellreihe aus Erfahrung aufgrund von mangelhaften Kabelsträngen regelmässig zu Defekten kommt. Eine an sich rechtlich mögliche Vereinbarung über die Beschränkung der Garantie (da kein privater Gebrauch) wäre bei diesem Kaufgeschäft ungültig, weil der Verkäufer arglistig Mängel verschwiegen hat. Und auch die gesetzliche Verjährungsfrist von zwei Jahren beginnt wegen der absichtlichen Täuschung des Käufers erst gar nicht zu laufen.

Kaufvertrag

Vom Gesetz abweichende Regelungen zur Sachgewährleistung werden in der Praxis häufig auf einem **Garantieschein** festgehalten.

Um seine Garantierechte im Fall einer mangelhaften Lieferung beim Verkäufer durchsetzen zu können (und nicht zu verwirken), muss der Käufer wie folgt vorgehen:

Art. 201 OR — **1) Prüfpflicht**: Die Kaufsache muss sofort nach der Übernahme auf **offene Mängel** hin überprüft werden. Als offen gelten Mängel, die bei einer übungsgemässen Untersuchung festgestellt werden können (z.B. ein Handy, das sich nicht einschalten lässt, oder eine Bluse, der drei Knöpfe fehlen).

Art. 201 OR — **2) Anzeigepflicht**: Entdeckte Mängel sind unverzüglich dem Verkäufer mitzuteilen (**Mängelrüge**). Versäumt der Käufer die sofortige Prüf- und Anzeigepflicht, gilt die Ware als genehmigt und eine an sich berechtigte Reklamation kann von der Verkäuferseite abgelehnt werden.

Verdeckte (versteckte) Mängel, die man bei der ordentlichen Übernahmeprüfung nicht erkennen konnte und die sich erst nach einer gewissen Zeit ergeben (z. B. öffnen sich die Nähte eines Sofas oder der Motor eines Autos geht wegen eines Fabrikationsfehlers plötzlich kaputt), sind ebenfalls sofort nach deren Entdeckung zu melden (Mängelrüge). Für solche verdeckten Mängel haftet der Verkäufer gemäss Gesetz zwei Jahre. Für später auftretende Mängel muss der Verkäufer gemäss Gesetz dann nicht mehr einstehen.

Art. 204 OR — **3) Aufbewahrungspflicht**: Wenn die mangelhafte Ware dem Käufer zugesandt wurde (**Distanzkauf**), muss er sie aufbewahren und darf sie dem Verkäufer nicht einfach zurückschicken oder gar vernichten.

Art. 205/206 OR — **4) Wahlrecht mitteilen**: Sofern der Käufer die vorgängig erwähnten Pflichten erfüllt hat und keine vertraglichen Einschränkungen der Sachgewährleistung entgegenstehen, kann er eines der nachstehenden **Wahlrechte** beim Verkäufer geltend machen:

a) mit der **Wandelungsklage** den Kauf rückgängig machen (die mangelhafte Ware wird gegen Rückerstattung eines allfällig bereits bezahlten Kaufpreises samt Zinsen dem Verkäufer zurückgegeben);

b) mit der **Minderungsklage** einen Preisnachlass (Rabatt) verlangen;

c) fehlerfreie **Ersatzlieferung** verlangen (nur beim Gattungskauf möglich).

Art. 206 Abs. 2 OR	Beim **Platzkauf** von mangelhafter Gattungsware (der Käufer holt in diesem Fall die gekaufte Ware beim Verkäufer ab oder nimmt sie gleich mit) hat der Verkäufer das Recht, auf einer sofortigen einwandfreien Ersatzlieferung zu bestehen und dadurch die beiden anderen Wahlrechte des Käufers (Wandelung und Minderung) auszuschliessen.
Merke	Im Gesetz nicht vorgesehen als Wahlmöglichkeit ist die Reparatur der fehlerhaften Ware. Folglich kommt diese Alternative nur zur Anwendung, wenn beide Parteien damit einverstanden sind bzw. wenn diese Möglichkeit beim Abschluss des Kaufvertrags entsprechend vereinbart wurde (z. B. im Garantieschein).
Lösung Einführungsfall	Im Fall von Carola Heussi handelt es sich beim Schaden am gebrauchten Roller um einen verdeckten Mangel. Da beim Kauf keine speziellen Garantievereinbarungen getroffen wurden, haftet das Motorradgeschäft nach Auslieferung des Rollers gemäss Gesetz zwei Jahre für solche verdeckten Mängel. Carola Heussi kann also das Geld zurückverlangen (Wandelung) oder auch Minderung geltend machen (Ersatzlieferung kommt bei Spezieswäre nicht in Frage). Anders würde es sich natürlich verhalten, wenn der Motorschaden auf unsachgemässen Gebrauch durch Carola Heussi zurückzuführen wäre.

8.3.3 Zahlungsverzug des Käufers

	Zahlungsverzug bedeutet, dass der Käufer den Kaufpreis nicht zum vereinbarten Zeitpunkt bezahlt.
Art. 214 OR	Liegt ein **Barkauf** (bzw. Kauf gegen Vorauszahlung) vor, hat der Verkäufer bei Nichtzahlung des Kaufpreises das Recht, sofort vom Vertrag zurückzutreten.
Beispiel	Wenn der Käufer an der Kasse des Lebensmittelhändlers nicht sofort bezahlt, darf er die aus den Regalen genommenen Waren nicht mitnehmen.
Art. 104 OR Art. 102 Abs. 1 OR Art. 107 Abs. 1 OR Art. 102 Abs. 2 OR → 4. Semester Kapitel 12	Bleibt der Käufer bei einem **Kreditgeschäft** den Rechnungsbetrag trotz Fälligkeit schuldig (z. B. zahlt er nicht innerhalb der vereinbarten 30 Tage), muss ihn der Verkäufer mit einer Mahnung in Verzug setzen und ihm eine Zahlungsfrist einräumen. Mit Beginn des Zahlungsverzugs (ab Erhalt der Mahnung) darf der Verkäufer gemäss Gesetz **Verzugszinsen** von 5 % auf dem Kaufpreis verlangen. Wurde hingegen ausdrücklich ein fester Zahlungstag fixiert (z. B. zahlbar bis spätestens am 31. Mai), sind schon nach diesem Verfalltag Verzugszinsen geschuldet (automatischer Verzug ohne Mahnung). Aus Gründen der Kundenpflege geschieht dies indessen kaum. Bezahlt der Käufer trotz (in der Praxis mehrmaliger) Mahnung nicht, bleibt dem Verkäufer die Möglichkeit übrig, den Käufer zu betreiben (Geld mithilfe des Staates einfordern). Die Rückforderung der Kaufsache kann – wie weiter vorne dargelegt – rechtlich nicht durchgesetzt werden, da das Eigentum daran mit der Lieferung auf den Käufer übergegangen ist (ausgenommen sind die Fälle mit rechtsgültigem Eigentumsvorbehalt).
Merke	Die Betreibung einer Geldforderung kann unabhängig von allfälligen Verzugszinsen auch ohne vorgängige Mahnung eingeleitet werden.

Kaufvertrag

8.3.4 Zusammenfassung: Rechte und Pflichten beim Fahrniskauf

Die nachstehende Übersicht zeigt zusammengefasst nochmals die wichtigsten gesetzlichen Rechte und Pflichten der Vertragsparteien beim Fahrniskauf, insbesondere im Zusammenhang mit Vertragsverletzungen.

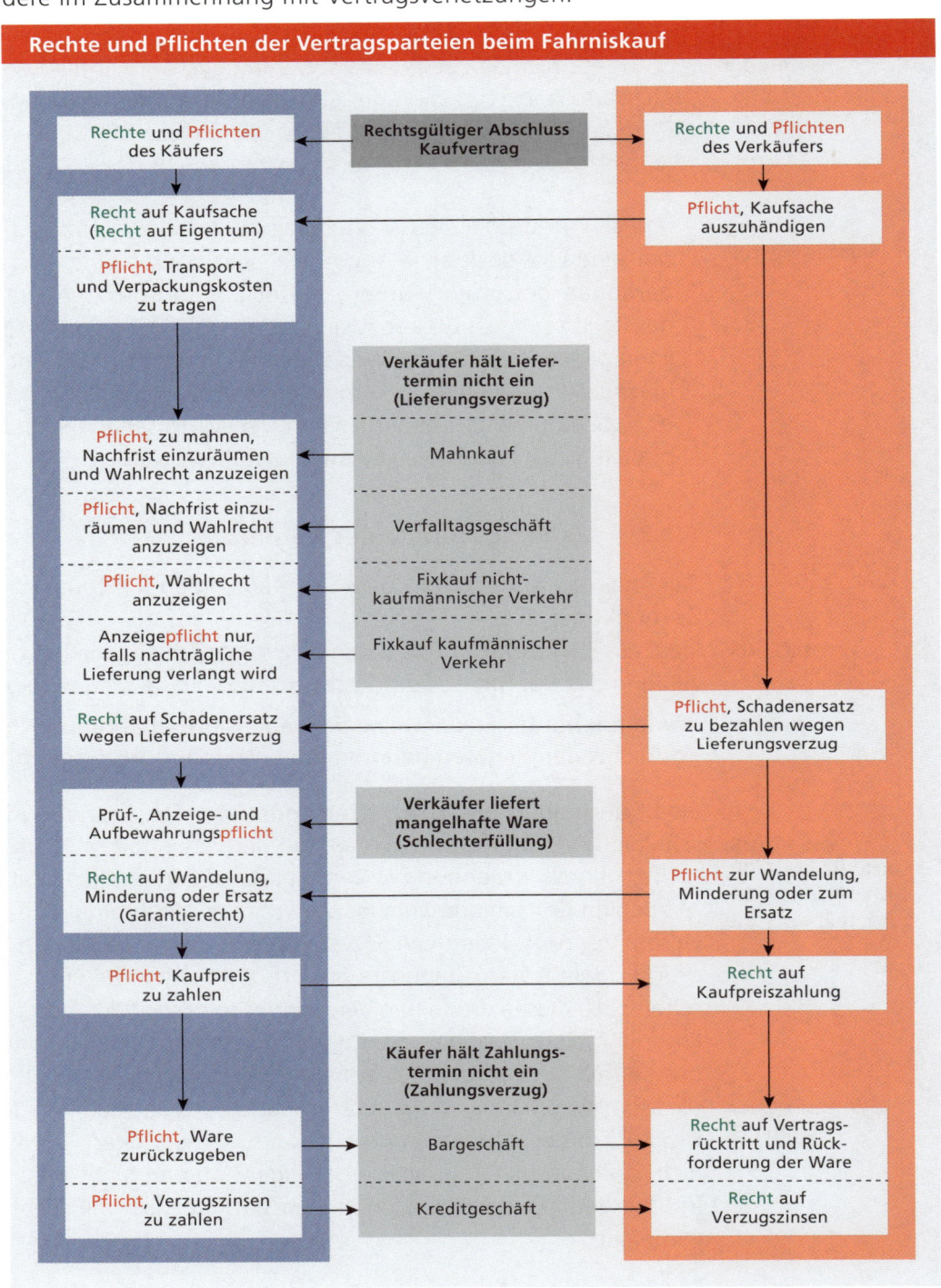

Rechte und Pflichten der Vertragsparteien beim Fahrniskauf

Rechte und Pflichten des Käufers	Rechtsgültiger Abschluss Kaufvertrag	Rechte und Pflichten des Verkäufers
Recht auf Kaufsache (Recht auf Eigentum)		Pflicht, Kaufsache auszuhändigen
Pflicht, Transport- und Verpackungskosten zu tragen		
	Verkäufer hält Liefertermin nicht ein (Lieferungsverzug)	
Pflicht, zu mahnen, Nachfrist einzuräumen und Wahlrecht anzuzeigen	Mahnkauf	
Pflicht, Nachfrist einzuräumen und Wahlrecht anzuzeigen	Verfalltagsgeschäft	
Pflicht, Wahlrecht anzuzeigen	Fixkauf nichtkaufmännischer Verkehr	
Anzeigepflicht nur, falls nachträgliche Lieferung verlangt wird	Fixkauf kaufmännischer Verkehr	
Recht auf Schadenersatz wegen Lieferungsverzug		Pflicht, Schadenersatz zu bezahlen wegen Lieferungsverzug
Prüf-, Anzeige- und Aufbewahrungspflicht	**Verkäufer liefert mangelhafte Ware (Schlechterfüllung)**	
Recht auf Wandelung, Minderung oder Ersatz (Garantierecht)		Pflicht zur Wandelung, Minderung oder zum Ersatz
Pflicht, Kaufpreis zu zahlen		Recht auf Kaufpreiszahlung
	Käufer hält Zahlungstermin nicht ein (Zahlungsverzug)	
Pflicht, Ware zurückzugeben	Bargeschäft	Recht auf Vertragsrücktritt und Rückforderung der Ware
Pflicht, Verzugszinsen zu zahlen	Kreditgeschäft	Recht auf Verzugszinsen

A E-Aufgaben 8 bis 12, W-Aufgaben 14 bis 17

Recht und Staat

Leistungsziele

1.5.3.1 Wichtige Grundlagen des Rechts und des Staates

- Ich zeige anhand von Beispielen die Anforderungen an ein modernes Rechtssystem und erkläre die folgenden Grundlagen:
  – Sachenrecht (Eigentum, Eigentumsvorbehalt und Besitz)

1.5.3.5 Kaufvertrag

- Ich beschreibe die Arten des Kaufvertrags und die Rechte und Pflichten der Vertragsparteien.
- Ich löse einfache Rechtsprobleme in den Bereichen Lieferungsverzug, mangelhafte Lieferung und Zahlungsverzug anhand des OR und zeige die rechtlichen Folgen der Nichterfüllung von Kaufverträgen in den Grundzügen auf.

Kaufvertrag

E 8.1 Allgemeine Bestimmungen zum Fahrniskauf

1. Aussagen zum Fahrniskauf

Kreuzen Sie an, ob die folgenden Aussagen richtig oder falsch sind.
Falsche Aussagen berichtigen Sie auf der Zeile darunter.

R	F	Aussage
☐	☐	Der Käufer ist beim Kaufvertrag der Warenschuldner und der Geldschuldner.
☐	☐	Durch den Kaufvertrag entsteht nur eine Obligation, nämlich die Pflicht des Verkäufers, die Kaufsache zu liefern.
☐	☐	Beim Rennpferd Windstorm handelt es sich um eine Gattungsware.
☐	☐	Gemäss Gesetz dürfen Kaufverträge über Fahrnis nur mündlich abgeschlossen werden.
☐	☐	Ort und Zeit der Erfüllung der Warenobligation können die Parteien beim Fahrniskauf im Rahmen der Rechtsordnung frei vereinbaren.
☐	☐	Ohne spezielle vertragliche Vereinbarung gilt beim Kaufvertrag Barzahlung.
☐	☐	Gemäss Gesetz muss der Käufer die gekaufte Gattungsware beim Verkäufer holen.
☐	☐	Das Gesetz schreibt vor, dass allfällige bei einem Kauf anfallende Transportkosten zwingend vom Käufer zu übernehmen sind.
☐	☐	Beim Fahrniskauf sieht das Gesetz für die Lieferung der Kaufsache eine angemessene Frist vor.

2. Sachverhalt zum Fahrniskauf

Sonja Furger aus Olten kauft an einem Verkaufsstand der Gartenmesse in Luzern einen neuen Rasenmäher der Marke SENSE für CHF 350. Weitergehende Vereinbarungen trifft sie keine mit dem Verkäufer.

a) Handelt es sich beim gekauften Rasenmäher um Gattungsware oder um Speziesware? Markieren Sie die richtige Auswahlantwort.

☐ Gattungsware ☐ Speziesware

b) Sonja Furger und der Verkäufer haben sich über den Kauf des neuen Rasenmähers bloss mündlich geeinigt. Ist damit gemäss Gesetz ein rechtsgültiger Vertrag zustande gekommen? Begründen Sie Ihre Antwort.

Antwort:

Begründung:

c) In der Folge verlangt Sonja Furger vom Verkäufer die Heimlieferung des Rasenmähers. Der Verkäufer ist damit aber überhaupt nicht einverstanden und besteht auf der sofortigen Mitnahme des Rasenmähers. Geben Sie an, wer im Recht ist, begründen Sie Ihre Antwort und nennen Sie die zwei massgebenden Gesetzesartikel.

Wer ist im Recht?

Begründung:

Gesetzesartikel (verlangt sind zwei):

d) Schliesslich will der Verkäufer den Kaufpreis von CHF 350 für den Rasenmäher sofort in bar einkassieren. Sonja Furger dagegen fordert eine Rechnung und Zahlung innert dreissig Tagen. Geben Sie an, wer im Recht ist, begründen Sie Ihre Antwort und nennen Sie den massgebenden Gesetzesartikel.

Wer ist im Recht?

Begründung:

Gesetzesartikel:

Kaufvertrag

W 8.1 Allgemeine Bestimmungen zum Fahrniskauf

3. Sachverhalt zum Fahrniskauf

Pablo Bucher geht in ein Fachgeschäft, lässt sich beraten und kauft schliesslich eine neue Musikanlage zum Nettopreis von CHF 1650. Spezielle vertragliche Abmachungen trifft er keine mit dem Fachgeschäft.

Kreuzen Sie alle auf den Sachverhalt zutreffenden Begriffe an.

☐ Fahrniskauf ☐ Kreditkauf ☐ Barzahlung

☐ Formfreier Vertragsabschluss ☐ Sofortige Lieferung ☐ Rechtsgeschäft

☐ Frankolieferung ☐ Speziesware

4. Fachbegriffe zum Fahrniskauf

Ordnen Sie den Umschreibungen weiter unten die Nummer des jeweils passenden rechtlichen Fachbegriffs zu. Jeder Begriff kommt nur einmal vor. Sechs Begriffe werden nicht gebraucht.

1. Barkauf
2. Dispositiver Artikel
3. Fahrniskauf
4. Gattungsware
5. Geldobligation
6. Gläubiger
7. Kreditkauf
8. Schuldner
9. Speziesware
10. Transportkosten
11. Warenobligation
12. Zwingender Artikel

Umschreibung	Nummer
Diese Kaufsache ist nicht austauschbar.	
So nennt man eine Gesetzesvorschrift, welche nur gilt, wenn nichts anderes vereinbart wurde.	
Man nennt den Käufer so, weil dieser das Recht auf die Kaufsache hat.	
Bei vereinbarter Frankolieferung hat sie der Verkäufer zu tragen.	
Bei dieser Art Kaufvertrag ist der Kaufpreis sofort bei Übergabe der Kaufsache zu bezahlen.	
Der Verkäufer hat immer die Pflicht, diese zu erfüllen.	

E 8.2 Eigentumsrechte beim Fahrniskauf

5. Fachbegriffe zu Eigentum und Besitz

Nennen Sie den Fachbegriff, der jeweils umschrieben wird.

Umschreibung	Fachbegriff
Rechtliche (umfassende) Verfügungsgewalt über eine Sache	
Tatsächliche (körperliche) Verfügungsgewalt über eine Sache	
Bewegliche Sache	
Voraussetzung der Übertragung von Fahrniseigentum	
Eigentumsübertragung wird bei entsprechendem Registereintrag (ausnahmsweise) nicht durch Besitzübertragung ausgelöst	

W 8.2 Eigentumsrechte beim Fahrniskauf

6. Vertragsabschluss und Eigentumsübertragung – Sachverhalt

André Peyer bestellt am 13. November aus einem Internetkatalog via E-Mail ein Navigationsgerät zum Preis von CHF 249 zuzüglich CHF 12 Portospesen. Am 14. November erhält er vom Versandhändler eine elektronische Auftragsbestätigung. Das Gerät soll ihm in den nächsten Tagen zugestellt werden. Fünf Tage später, am 19. November, wird ihm das Navigationsgerät samt Rechnung durch die Post nach Hause geliefert. Am 10. Dezember bezahlt er den Rechnungsbetrag durch Banküberweisung.

a) An welchem Datum ist der Kaufvertrag über das Navigationsgerät zustande gekommen? Nennen Sie auch die massgebenden Gesetzesartikel.

b) An welchem Datum wird André Peyer Eigentümer des Navigationsgeräts? Nennen Sie auch den massgebenden Gesetzesartikel.

c) Wer trug bei diesem Kaufvertrag gemäss Gesetz das Transportrisiko (Gefahr des Verlusts oder der Beschädigung des Navigationsgeräts während des Transports)? Nennen Sie auch den massgebenden Gesetzesartikel mit Absatz.

Kaufvertrag

d) In den allgemeinen Kaufvertragsbestimmungen des Versandhändlers ist festgehalten, dass der Verkäufer bis zur Bezahlung des vollständigen Kaufpreises Eigentümer der Kaufsache bleibt.

   1) Wie nennt man dieses Sicherungsmittel?

   2) Was muss der Versandhändler neben der Vereinbarung im Kaufvertrag zusätzlich unternehmen, damit der Eigentumsvorbehalt gegenüber André Peyer rechtsgültig ist?

E 8.3 Vertragsverletzungen beim Fahrniskauf

7. **Sachverhalte zum Lieferungsverzug**

Kreuzen Sie bei den nachfolgend beschriebenen Sachverhalten an, ob es sich um kaufmännischen oder nichtkaufmännischen Verkehr handelt und ob ein Mahn-, Fix- oder Verfalltagsgeschäft vorliegt. Beschreiben Sie zudem, wie die Käuferin bzw. der Käufer in diesen Fällen des Lieferungsverzugs jeweils rechtlich korrekt vorzugehen hat, um ihre bzw. seine Interessen zu wahren.

a) Die Handels-AG hat bei einem Lieferanten 50 Tonnen Weizen bestellt. Als Liefertermin wurde im Vertrag der 31. Oktober vereinbart. Am 2. November ist die Lieferung ausstehend.

   ☐ Kaufmännischer Verkehr   ☐ Nichtkaufmännischer Verkehr

   ☐ Mahngeschäft   ☐ Fixgeschäft   ☐ Verfalltagsgeschäft

   Rechtliches Vorgehen der Käuferin:

b) Petra Gemperle hat bei einem Versandhaus einen Strickpulli bestellt. Als Liefertermin wurde ihr schriftlich der 15. Januar zugesichert. Am 18. Januar ist der Pulli noch nicht bei ihr eingetroffen.

   ☐ Kaufmännischer Verkehr   ☐ Nichtkaufmännischer Verkehr

   ☐ Mahngeschäft   ☐ Fixgeschäft   ☐ Verfalltagsgeschäft

   Rechtliches Vorgehen der Käuferin:

c) Familie Habegger hat Ende Juni beim Möbelgeschäft Sofa AG in Egnach eine neue Polstergruppe gekauft, lieferbar in sechs Wochen. Am 20. August wartet die Familie noch immer auf die neue Polstergruppe.

   ☐ Kaufmännischer Verkehr   ☐ Nichtkaufmännischer Verkehr

   ☐ Mahngeschäft   ☐ Fixgeschäft   ☐ Verfalltagsgeschäft

   Rechtliches Vorgehen der Käuferin:

d) Daniel Herder hat in einem Warenhaus Skischuhe bestellt. Da seine Grösse nicht vorrätig war, mussten sie nachbestellt werden. Als Abholtermin wurde ihm vom Warenhaus spätestens der 20. Dezember zugesichert. Das sei für ihn der letztmögliche Termin, wie er ausdrücklich erwähnte, da er danach in die Skiferien fahre. Am 20. Dezember teilt ihm das Warenhaus telefonisch mit, dass die Skischuhe nicht eingetroffen seien.

☐ Kaufmännischer Verkehr ☐ Nichtkaufmännischer Verkehr

☐ Mahngeschäft ☐ Fixgeschäft ☐ Verfalltagsgeschäft

Rechtliches Vorgehen des Käufers:

e) Ein Handelsunternehmen hat bei einem Grossisten telefonisch drei neue Drucker für den internen Gebrauch bestellt. Da die Drucker am 2. Januar einsatzbereit sein müssen, wurde als letztmöglicher Liefertermin der 29. Dezember vereinbart. Am 30. Dezember teilt der Grossist dann mit, dass sich die Lieferung um zwei Wochen verzögere, da die Drucker erst nachbestellt werden müssten. Wegen unsachgemässen Umgangs durch einen Mitarbeiter seien die lieferbereiten Drucker kaputtgegangen.

☐ Kaufmännischer Verkehr ☐ Nichtkaufmännischer Verkehr

☐ Mahngeschäft ☐ Fixgeschäft ☐ Verfalltagsgeschäft

Rechtliches Vorgehen des Käufers:

f) Wie könnte das Handelsunternehmen gemäss oben stehender Teilaufgabe e) rechtlich vorgehen, wenn es sich bei der vertraglich gekauften und vor der Lieferung kaputtgegangenen Ware nicht um neue Drucker, sondern um nicht ersetzbare antike Möbelstücke gehandelt hätte? Nennen Sie auch den massgebenden Gesetzesartikel.

8. Sachverhalt zur mangelhaften Lieferung

Die Rigert GmbH handelt mit Kaffeemaschinen und übernimmt auch Reparaturen. Am 25. September erhält die Rigert GmbH von der Cafex AG vier Kaffeemaschinen für die bevorstehende Gewerbeausstellung geliefert. Beim Einrichten des Ausstellungsstandes am 15. Oktober stellt der Geschäftsführer der Rigert GmbH fest, dass das Gehäuse einer Maschine massiv beschädigt ist. Sofort verlangt er Ersatz, was ihm von der Cafex AG verweigert wird.
Geben Sie an, wer im Recht ist, begründen Sie Ihre Antwort und nennen Sie den massgebenden Gesetzesartikel mit Absatz.

Wer ist im Recht?

Begründung:

Gesetzesartikel mit Absatz:

Kaufvertrag

9. Sachverhalt zur mangelhaften Lieferung

Madeleine Siegler hat in einem Sportgeschäft ein neues Zelt für CHF 750 gekauft. Gemäss Garantieschein haftet das Geschäft zwei Jahre für Materialmängel. Vier Wochen später, beim ersten richtigen Gebrauch des Zeltes, bemerkt Madeleine Siegler, dass das Zelt, offenbar wegen mangelhafter Imprägnierung, undicht ist. Sofort meldet sie den Mangel und verlangt vom Sportgeschäft Ersatz, was dieses jedoch mit der Begründung ablehnt, sie hätte sich gleich nach dem Kauf melden müssen.

Muss Madeleine Siegler das so akzeptieren? Begründen Sie Ihre Antwort und nennen Sie auch den massgebenden Gesetzesartikel inklusive Absatz.

Antwort:

☐ Madeleine Siegler hat ihre Garantierechte verwirkt.

☐ Madeleine Siegler hat Anspruch auf Sachgewährleistung.

Begründung:

Gesetzesartikel:

10. Vertragsverletzungen und Gefahrübertragung – Sachverhalt

Die Boutique RED hat beim Grossisten Hauert 100 Paar Jeanshosen in diversen Grössen à CHF 45 bestellt. Im Weiteren wurden im Kaufvertrag die folgenden Abmachungen getroffen:

Lieferung am 11. Mai franko Domizil; die Rechnung ist zahlbar rein netto in 30 Tagen.

a) Schliesslich werden die Hosen am 11. Mai nicht geliefert. Was unternimmt nun die Boutique RED? Nennen Sie auch die massgebenden zwei Gesetzesartikel mit Absätzen.

b) Annahme: Die Hosen werden am 11. Mai geliefert. Ab wann kann der Grossist Hauert Verzugszinsen verlangen, falls die Boutique RED die Rechnung nicht bezahlt? Nennen Sie auch die massgebenden zwei Gesetzesartikel mit Absätzen.

c) Annahme: Die Hosen werden am 11. Mai geliefert. Beim Auspacken zeigt sich aber, dass viele Hosen offene Nahtstellen aufweisen. Welche rechtlichen Möglichkeiten hat jetzt die Boutique RED? Nennen Sie auch den massgebenden Gesetzesartikel.

d) Annahme: Einen Tag vor der Auslieferung werden die 100 bestellten Hosen durch einen Brand im Auslieferungslager des Grossisten Hauert zerstört. Geben Sie an, wer den Schaden an den Hosen zu tragen hat, begründen Sie Ihre Antwort und nennen Sie den massgebenden Gesetzesartikel mit Absatz.

11. Lückentext zu Vertragsverletzungen

Vervollständigen Sie den folgenden Lückentext mit dem jeweils zutreffenden Fachbegriff aus der alphabetisch geordneten Liste. In jede Lücke kommt nur ein Begriff. Zwei Begriffe kommen nicht vor.

| Fixkauf | Käufer | Mahnung | nichtkaufmännisch | Vertragsverletzung |
| kaufmännisch | Mahnkauf | mangelhaft | Verkäufer | Zahlungsverzug |

Wenn bei einem abgeschlossenen Kaufvertrag der Liefertermin für den _____ von entscheidender Bedeutung ist und entsprechend genau vereinbart wurde, handelt es sich dabei rechtlich um einen _____. Ist die Kaufsache zudem für den gewerbsmässigen Weiterverkauf bestimmt, liegt _____ Verkehr vor. Verpasst der _____ in der Folge aus eigenem Verschulden diesen verabredeten Termin, nennt man diese _____ Lieferungsverzug. Wäre als Liefertermin ca. Ende Juni vereinbart worden, hätte der Verkäufer zuerst mit einer _____ in Verzug gesetzt werden müssen. Eine weitere mögliche Vertragsverletzung des Verkäufers stellt die _____ Lieferung dar. Im Gegensatz dazu ist der _____ eine Vertragsverletzung des Käufers.

Kaufvertrag

12. Sachverhalt zum Zahlungsverzug

Robert Wetzel hat bei der DIGITAL-Versand AG ein Elektrogerät für CHF 750 gekauft. Die Rechnung mit Datum vom 15. Januar enthält die Formulierung «zahlbar spätestens bis 15. Februar». Ende März ist die Rechnung immer noch offen.

Beantworten Sie zum Sachverhalt die folgenden Fragen.

a) Was kann die DIGITAL-Versand AG tun, um ihre Rechte zu wahren?

b) Ab welchem Datum kommt Robert Wetzel in Zahlungsverzug? Nennen Sie auch den massgebenden Gesetzesartikel inklusive Absatz.

Gesetzesartikel:

c) Für welche Dauer und wie viel Prozent kann die DIGITAL-Versand AG Verzugszins fordern, wenn die Zahlung am 30. April erfolgt?

W 8.3 Vertragsverletzungen beim Fahrniskauf

13. Sachverhalt zum Lieferungsverzug

Inge Baumann hat bei der Sport-Versand AG einen Trainingsanzug für CHF 175, lieferbar am 15. Dezember, bestellt. Als am 17. Dezember der Trainingsanzug noch nicht bei ihr eingetroffen ist, besorgt sie sich den gleichen Trainingsanzug in einem Sportgeschäft in Winterthur. Sie teilt der Sport-Versand AG telefonisch mit, dass sie auf die Lieferung verzichte, da der Liefertermin nicht eingehalten wurde. Die Sport-Versand AG dagegen will ihr den Trainingsanzug in den nächsten Tagen zustellen.
Geben Sie an, wer im Recht ist, begründen Sie Ihre Antwort und nennen Sie die zwei massgebenden Gesetzesartikel inklusive Absatz.

Wer ist im Recht?

Begründung:

Gesetzesartikel inklusive Absatz (zwei):

Recht und Staat

14. Aussagen zu Vertragsverletzungen

Kreuzen Sie an, ob die folgenden Aussagen richtig oder falsch sind.
Falsche Aussagen berichtigen Sie auf der Zeile darunter.

R	F	Aussage
☐	☐	Wenn eine Privatperson in einem Fachgeschäft ein neues Fernsehgerät kauft, kann die gesetzliche Garantiedauer von zwei Jahren beliebig verkürzt werden.
☐	☐	Wenn bei einem Fixgeschäft im nichtkaufmännischen Verkehr die Warenlieferung am vereinbarten Liefertermin ausbleibt, kann der Käufer sogleich den Vertragsrücktritt erklären.
☐	☐	Wenn ein Händler Waren mit Liefertermin im Monat März kauft, handelt es sich dabei um ein Mahngeschäft.
☐	☐	Wenn ein Industrieunternehmen eine Maschine für den internen Gebrauch kauft, handelt es sich dabei um kaufmännischen Verkehr.
☐	☐	Beim Fixgeschäft im kaufmännischen Verkehr hat der Käufer im Fall eines Lieferverzugs gemäss Gesetz keine Anzeigepflicht, wenn er auf die Kaufsache verzichten will.
☐	☐	Wenn die Kaufsache Mängel aufweist, spricht man rechtlich von der Nichterfüllung des Vertrags.
☐	☐	Kommt der Käufer bei einem Kreditgeschäft mit der Zahlung in Verzug, kann der Verkäufer in jedem Fall vom Vertrag zurücktreten und die Kaufsache zurückfordern.
☐	☐	Der Verkäufer haftet gemäss Gesetz zwei Jahre lang für offene Mängel der Kaufsache.
☐	☐	Bei Speziesware ist die Ersatzlieferung nicht möglich.

Kaufvertrag

R	F	Aussage
☐	☐	Wenn in einem Kaufvertrag ein genauer Liefertermin vereinbart wird, handelt es sich immer um ein Fixgeschäft.
☐	☐	Wenn einem Kunden von einem Versandhändler statt des bestellten Sommerhemdes ein Paar Schuhe geliefert werden, handelt es sich dabei um einen Fall von Schlechterfüllung.

15. Sachverhalt zum Lieferungsverzug

Ein Detaillist kaufte bei einer Weinkellerei 180 Flaschen Wein. Im Kaufvertrag wurde als Liefertermin spätestens der 30. November verabredet. Als der Wein dann auch am 1. Dezember nicht geliefert wird, deckt sich der Detaillist bei einem Grosshändler mit dem Wein ein. Sodann teilt er der Weinkellerei mit, dass er Schadenersatz wegen Lieferungsverzugs geltend machen werde. Die Weinkellerei aber lehnt jegliche Schadenersatzansprüche ab und beharrt ihrerseits darauf, den Wein in den nächsten Tagen zu liefern.

Geben Sie an, wer im Recht ist, begründen Sie Ihre Antwort, und nennen Sie die zwei massgebenden Gesetzesartikel inklusive Absatz.

Wer ist im Recht?

Begründung:

Gesetzesartikel inklusive Absatz (zwei):

16. Mangelhafte Lieferung – Sachverhalt

Gerda Manz kaufte bei einem Discounter einen neuen Staubsauger zum Aktionspreis von CHF 85. Gemäss Garantieschein gewährt der Discounter bei allfälligen Mängeln am Staubsauger während zweier Jahre das Recht auf kostenlose Reparatur. Zudem behält sich der Discounter die Möglichkeit vor, den Staubsauger bei Mängeln zu ersetzen. Bereits nach drei Monaten versagt dann der Staubsauger seinen Dienst. Sofort bringt Gerda Manz den defekten Staubsauger zurück und verlangt die CHF 85 zurück. Der Filialleiter ist damit aber nicht einverstanden und verweist auf den Garantieschein.

Geben Sie an, wer im Recht ist, und begründen Sie Ihre Antwort.

Wer ist im Recht?

Begründung:

17. Sachverhalt zur Garantiedauer

Yvonne Kunz, Treuhänderin, hat mit ihrem Arbeitskollegen Marco Estermann vereinbart, dessen gebrauchten Renault Clio zum Preis von CHF 8000 abzukaufen. Gemäss schriftlichem Kaufvertrag wurde eine Garantie für allfällig auftretende Mängel am Renault Clio ausdrücklich ausgeschlossen. Kurze Zeit nach der Übernahme des Autos teilt Yvonne Kunz ihrem Arbeitskollegen dann mit, dass der Ausschluss der Garantie gar nicht rechtens sei, da das Gesetz bei gebrauchten Kaufsachen zwingend eine Garantiedauer von mindestens einem Jahr vorsehe. Marco Estermann dagegen ist nach wie vor von der Rechtmässigkeit der getroffenen Vereinbarung überzeugt.

Wer hat Recht? Begründen Sie Ihre Antwort und nennen Sie den massgebenden Gesetzesartikel mit Absatz.

Wer ist im Recht?

Begründung:

Stichwortverzeichnis

A

Ablehnende Erklärung **164**
Abschlussbuchungen **48**
Abschluss-Gliederungsprinzip **57**
Abschreibungen **7**
Absichtliche Täuschung **169**
Absolute Verjährung **147**, **148**
Adäquater Kausalzusammenhang **146**
Aktives Wahlrecht **103**
Aktivtausch **4**
Anfechtbarkeit **167**
Anfechtungsgründe **167**
Angebot **163**
Angeklagter **136**
Ankläger **136**
Anlagevermögen **53**
Annahme **163**
Antrag **163**
Antragsdelikt **136**
Anzeigepflicht **206**
Aufbewahrungspflicht **206**
Aufwand **5**
Ausdrücklich **163**

B

Barkauf **197**, **207**
Befristetes Angebot **164**
Beklagter **135**
Beleg **2**, **62**
Belegnummer **3**
Berufung **135**
Beschränkte Handlungsunfähigkeit **118**
Beschwerde **137**
Besitz **198**
Beweislast **122**
Bilanz **49**
Bilanzstichtag **49**
Brauch **120**

Buchungssatz **2**
Bundesblatt **99**
Bundesgericht **136**, **137**
Bundesrat **103**
Bundesverfassung **99**
Bundesverordnung **103**
Bundesverwaltungsgericht **137**
Bürge **176**

D

Deckungskauf **201**
Deliktsfähigkeit **145**
Depot **176**
Dienstleistungserlöse **9**
Dissens **162**
Distanzkauf **199**, **206**
Doppeltes Mehr **100**
Drohung **169**

E

Eigenkapital **53**
Eigentum **198**
Eigentumsrecht **198**
Eigentumsübertragung **198**
Eigentumsvorbehaltsregister **199**
Einfache Schriftlichkeit **166**
Einleitungsartikel **120**
Einseitiges Rechtsgeschäft **165**
Einsprache **137**
Energie- und Entsorgungsaufwand **7**
Entreicherung **148**
Erfolg **5**, **44**
Erfolgskonto **9**
Erfolgsrechnung **54**
Erfolgsunwirksame Buchungen **9**
Erfolgsvorgänge **9**
Erfolgswirksame Buchungen **9**
Erfüllung von Verträgen **171**
Ersatzlieferung **206**
Ertrag **5**, **7**

F

Fahrlässigkeit **146**
Fahrniskauf **197**
Fahrzeugaufwand **7**
Fakultatives (freiwilliges) Gesetzesreferendum **102**
Fakultatives Referendum **102**
Fälligkeit **172**
Fälligkeitsprinzip **52**
Faustpfand **176**
Finanzaufwand **7**
Finanzertrag (Zinsertrag) **9**
Fixgeschäft **202**
Fixkauf **202**
Formfreiheit **165**
Formvorschriften **197**
Frankolieferung **198**
Fremdkapital **53**
Furchterregung **169**

G

Garantie **204**
Garantieschein **206**
Gattungsware **171**, **197**, **199**
Geldschuld **171**
Gericht **121**, **134**
Geschäftsherrenhaftung **146**
Geschäfts- oder Vertragsfähigkeit **162**
Geschriebenes Recht **98**, **120**
Gesetzeslücke **120**
Gesetzesreferendum **101**
Gesetzgebungsverfahren **98**
Gesetzlicher Vertreter **118**
Gewinn **44**
Gewohnheitsrecht **120**
Gläubiger **144**
Gleichberechtigung **115**
Grobe Fahrlässigkeit **146**
Grundbuch **166**

Grundpfand **176**
Gültigkeit (Vertrag) **162**
Guter Glaube **122**
Gutgläubigkeit **122**

H
Haftung der Eltern **147**
Halbkanton **100**
Handelserlöse **9**
Handelsregister **166**
Handlungsfähigkeit **118**
Handlungsunfähigkeit **119**
Hauptbuch **3**
Hinderung **174**
Hypothekarkredit **176**

I
Initiativrecht **99**
Instanzenweg **135**

J
Journal **3**
Juristische Person **117**

K
Kapitalbeschaffung **4**
Kapitalrückzahlung **4**
Kaufmännischer Verkehr **202**
Kaufvertrag **196**
Kaution **176**
Klage **135**
Kläger **135**
Konsens **162**
Kontengruppen **58**
Kontenhauptgruppen **58**
Kontenklassen **58**
Kontenplan **57**, **59**
Kontenrahmen **57**
Kontierungsstempel **62**
Konventionalstrafe **176**
Kreditgeschäft **207**
Kreditkauf **197**

L
Lehre **121**
Leichte Fahrlässigkeit **146**
Lieferungsverzug **200**
Liquiditätsprinzip **52**
Lohnaufwand **7**
Lombardkredit **176**

M
Mahngeschäft **200**
Mahnkauf **200**
Mahnung **202**
Mängelrüge **206**
Materialaufwand **7**
Minderungsklage **206**
Motion **99**
Motivirrtum **168**
Mündigkeit **118**

N
Nachfrist **202**, **203**
Nachträgliche Unmöglichkeit **172**
Natürliche Person **117**
Nichterfüllung **201**, **202**
Nichtiger Vertrag **167**
Notarielle Beurkundung **166**
Nutzen und Gefahr **199**

O
Objektiv wesentlicher Irrtum **168**
Obligation **144**
Obligationenrecht **115**
Offener Mangel **206**
Öffentliche Beurkundung **166**
Öffentliches Register **166**
OR **115**
Organ **119**

P
Passives Wahlrecht **103**
Passivtausch **4**
Platzkauf **199**, **207**

Politische Partei **100**
Politisches Recht **99**
Präjudiz **121**
Privatautonomie **116**
Privatrecht **114**
Produktehaftpflicht **146**
Produktionserlöse **9**
Prozessrecht **134**
Prüfpflicht **206**

Q
Qualifizierte Schriftlichkeit **166**

R
Rabatt **10**
Raumaufwand **7**
Rechnungsperiode **44**
Rechtsfähigkeit **118**
Rechtsgeschäft **165**
Rechtsgrundsatz **120**
Rechtsmissbrauch **121**
Rechtsmittelbelehrung **135**, **137**
Rechtsobjekt **117**
Rechtsordnung **98**
Rechtsquelle **98**, **99**, **100**, **102**, **120**
Rechtssubjekt **117**
Rechtswidriger Vertragsinhalt **166**
Referendum **101**
Referendumsrecht **101**
Rekurrent **137**
Rekurs **137**
Relative Verjährung **147**, **148**
Retention **176**

S
Sachgewährleistung **204**
Schadenersatz **201**, **202**
Scheinvertrag **163**
Scherz **163**
Schlechterfüllung **172**
Schlüssiges Verhalten **163**

Schulbeispiel **163**
Schuldnerverzug **172**
Schutz vor Übereilung **166**
Schweizer Kontenrahmen KMU **57**
Sicherungsmittel **175**, **199**
Signatur (zertifizierte) **166**
Skonto **10**
Sonstiger Betriebsaufwand **7**
Sozialversicherungsaufwand **7**
Speziesware **172**, **197**, **199**
Staatsanwalt **136**
Ständemehr **100**
Stichtag **202**
Stillschweigend **163**
Stillstand **174**
Strafbefehl **136**
Strafprozess **136**

T
Tagebuch **3**
Tierhalterhaftung **146**
Transport- und Verpackungskosten **198**
Treu und Glauben **121**

U
Übereinstimmende gegenseitige Willensäusserung **162**
Überlieferung **121**
Übervorteilung **168**
Übrige Erlöse **9**
Übriger Personalaufwand **7**

Umkehr der Beweislast **147**
Umlaufvermögen **52**
Unbefristetes Angebot unter Abwesenden **164**
Unbefristetes Angebot unter Anwesenden **164**
Unerlaubte Handlung **144**
Ungerechtfertigte Bereicherung **144**, **148**
Unmöglicher Vertragsinhalt **166**
Unsittlicher Vertragsinhalt **166**
Unterbrechung **174**
Unterhalt, Reparaturen, Ersatz **7**
Unverlangte Ansichtsendung **164**
Urteilsfähigkeit **118**
Usanz **120**

V
Verdeckter (versteckter) Mangel **206**
Verfalltag **203**
Verfalltagsgeschäft **203**
Verfügung **137**
Verjährung **173**
Verlust **44**
Vermittlungsverfahren **135**
Vermutung **122**
Verschulden **146**
Versicherungsaufwand **7**
Vertrag **144**
Vertragserfüllung **197**
Vertragsfähigkeit **162**

Vertragstatbestand **162**
Verwaltungsaufwand **7**
Verwaltungsgericht **137**
Verwaltungsprozess **137**
Verwaltungsrecht **137**
Verzugszins **207**
Volksinitiative **99**, **100**
Volksmehr **100**, **102**
Volljährigkeit **118**
Vollkanton **100**

W
Wahlrecht **103**, **202**, **203**, **206**
Wandelungsklage **206**
Warenaufwand **7**
Werbeaufwand **7**
Werkeigentümerhaftung **147**
Wesentlicher Irrtum **168**
Widerrechtlichkeit **146**
Widerruf **164**

Z
Zession **177**
ZGB **115**
Zivilgesetzbuch **115**
Zivilprozess **134**
Zivilrecht **114**
Zwei- oder mehrseitiges Rechtsgeschäft **165**
Zweiseitiger Vertrag **172**